LEO XIV.

-Taken, doelen en verwachtingen.

LEO XIV.

- Taken, doelen en verwachtingen.

Dit volume wordt ook in het Duits gepubliceerd (ISBN 978-3-8192-4845-0).

In de theologische boekenreeks DEUS EX MACHINA zijn boeken gepubliceerd:

- DEUS EX MACHINA – Oder: Vom fragenden Leben (Part I). ISBN 978-3-7693-2074-9.
- Heimkehr vom Papst – Eine Quintessenz der Nächstenliebe (Part II). ISBN 978-3-8192-9551-5
- Glauben ist wie Tanzen – Vom Glauben bewegt als Christ:in wachsen. Trainingsbuch zum Aufbau religiöser Kompetenzen (Part III). ISBN 978-3-8192-9630-7.
- Ich werde Bischöfin! - Das 1x1 der Predigten zum Glücklichsein und weitere religiöse Politikfeld-Analysen (Part IV). ISBN 978-3-8192-2787-5.

Afdruk

Circe, Eureka: **LEO XIV - Taken, doelen en verwachtingen.**
Hamburg, 2025.
ISBN 978-3-8192-1166-9

Uitgever: BoD · Books on Demand GmbH, Überseering 33, 22297 Hamburg, bod@bod.de.
Gedrukt door: Libri Plureos GmbH, Friedensallee 273, 22763 Hamburg.
Deze release is vertaald door AI.
© 2025 Eureka Circe in documentatie en vertaling met AI.
Bibliografische referenties in de Duitse nationale bibliotheek op: https://portal.dnb.de

Eureka Circe is redacteur en curator van de boekenreeks "DEUS EX MACHINA".

De serie omvat: "DEUS EX MACHINA - Of: Over het leven in vraag stellen" (Deel I), "Thuiskomst van de paus - Een kwintessens van naastenliefde" (Deel II), "Glauben ist wie Tanzen - Vom Glauben bewegt als Christus:in wachsen. Trainingsboek voor het opbouwen van religieuze vaardigheden" (Deel III), en "Ik word een vrouwelijke bisschop! - De basis van preken over geluk en andere religieuze beleidsveldanalyses (Deel IV)".

Met het werk "DEUS EX MACHINA" wil de curator de teksten over kunstmatige intelligentie documenteren en eventueel bespreken in een religieuze en theologische context. Haar stelling: "Kunstmatige intelligentie (AI) vertegenwoordigt een diepgaand keerpunt omdat het de relatie tussen mensen, kennis en toegang tot de wereld fundamenteel verandert - niet alleen technisch, maar ook cultureel, epistemologisch en sociaal. Het opent nieuwe toegang tot kennis en leidt tot de vermenigvuldiging en democratisering ervan: AI-systemen maken informatie beschikbaar tegen een lage drempel - vaak zonder traditioneel lezen of diepgaande voorkennis. Dit verandert fundamenteel hoe we denken, leren en begrijpen, en bevordert tegelijkertijd een nieuwe vorm van individualisering van het denken - wat ook kan worden geïllustreerd door spiritueel geloof. Bovendien genereren machines nu betekenis - teksten, beelden, argumenten - waar voorheen alleen menselijke expertise nodig was. Dit heeft gevolgen op de lange termijn voor onderwijs, wetenschap, politiek en religie."

"God houdt van jullie allemaal. Het kwaad zal niet winnen."

Meteen aan het begin begroette Leo XIV de wereld met "Vrede zij met u allen" en benadrukte dat deze vredesgroet "alle naties en alle mensen" moest bereiken. In navolging van paus Franciscus benadrukte Leo XIV dat Gods liefde *"onvoorwaardelijk* is *voor alle mensen"*. Hij verzekerde letterlijk: *"God houdt van jullie allemaal. Het kwaad zal niet winnen"*. Deze woorden *omvatten* impliciet *alle* mensen - inclusief *queer* people - omdat er geen uitzondering wordt gemaakt voor God en nu ook voor het Vaticaan. De universele formulering maakt duidelijk dat niemand is uitgesloten van het ontvangen van goddelijke liefde.

"Om 'wakker' genoemd te worden in een wereld die door lijden heen slaapt is geen belediging - het is een evangelie. ... Wees wakker. Wees liefdevol. Wees wakker."

Tot slot dook er in de eerste dagen van het pontificaat van Leo XIV ook een citaat op dat veel circuleerde op sociale media en dat wordt toegeschreven aan paus Leo XIV. Hierin bedankt hij eerst iedereen voor gebeden en liefde aan het begin van zijn ambt en formuleert vervolgens een hartstochtelijke oproep die de term *"woke"* positief herinterpreteert in christelijke zin. Een fragment uit dit circulerende citaat luidt als volgt: *"Om 'wakker' genoemd te worden in een wereld die door het lijden heen slaapt is geen belediging - het is een evangelie. ... Wees wakker. Wees liefdevol. Wees wakker."*. Deze drastische woorden, waaronder *"Wakker zijn betekent gewekt worden door mededogen ... We zullen het koninkrijk [van God] niet bouwen met muren, maar met liefde ... Wees wakker. Wees liefdevol. Be woke."*, werd duizenden keren gedeeld op Facebook, Instagram & Co. Hoewel het vermeende "woke" citaat - "woke" komt van "wakker", wat betekent "wakker zijn", "alert zijn" op sociaal onrecht en discriminatie - de sociale en barmhartige toon weergeeft die Leo XIV volgens velen had, is het niet een van de bevestigde uitspraken van de paus. Het Vaticaan heeft daarom nog geen officiële mededeling over dit citaat gepubliceerd, en ook anderen hebben duidelijk gemaakt dat er geen bewijs is voor deze uitspraak, maar dat het slechts een verwachting van het nieuwe pontificaat zou kunnen zijn.

Inhoud

🕊 *Hoofdstuk 15:*

Uitdagingen en mogelijkheden van zijn pontificaat: Mondiaal perspectief en regionale uitdagingen

🕊 *Hoofdstuk 16:*

Vooruitblik - Visie op een moderne en inclusieve kerk

Inleiding: *Quod formandum esset*
"Wat moet worden gevormd...:
Taken, doelen en verwachtingen
- De nieuwe paus LEO XIV.

In turbulente tijden zijn oriëntatie, helderheid en moedige visies nodig. Met de verkiezing van Robert Francis Prevost tot Paus Leo XIV in mei 2025 staat de Katholieke Kerk opnieuw op een belangrijk keerpunt in haar geschiedenis. Paus Leo XIV neemt een moeilijke maar inspirerende erfenis op zich: Na het tijdperk van Franciscus, dat werd gekenmerkt door sterke pastorale impulsen, een duidelijke optie voor de armen en de poging om bruggen te slaan tussen traditie en moderniteit, staat de nieuwe paus voor de taak om deze verworvenheden te beschermen en tegelijkertijd nieuwe wegen te banen die de Kerk in staat zullen stellen een duurzame toekomst te hebben.

Dit boek wil meer zijn dan een eerste portret van Leo XIV. Het ziet zichzelf eerder als een metgezel die de lezer door de uitdagingen, mogelijkheden en verwachtingen van het nieuwe pontificaat gidst. De focus ligt op de taken, doelen en verwachtingen die Leo XIV zelf formuleerde en al zichtbaar maakte in zijn eerste officiële handelingen - evenals de hoop, verwachtingen en eisen die de samenleving, het publiek, journalisten, theologen en, last but not least, de gelovigen als taken en behoeften aan hem stelden. Er ontstaat een alomvattend beeld van een paus die niet bang is om brandende kwesties aan te pakken en altijd de dialoog zoekt - zowel binnen de Kerk als met de samenleving als geheel.

Leo XIV brengt een breed scala aan persoonlijke kwaliteiten mee naar zijn ambt: De missionaire toewijding uit zijn lange jaren in Peru, de diplomatieke vaardigheden uit zijn tijd als hoofd van een wereldwijde religieuze orde, de academische diepgang van een canoniek jurist en een diepe spirituele geworteldheid in de Augustijnse traditie. Al deze aspecten komen samen om van hem een leider te maken die zowel visionair als pragmatisch is. De huidige hoofdstukken overspannen een boog van zijn biografie naar zijn theologische en spirituele accenten naar concrete, noodzakelijke, urgente en onvermijdelijke hervormingskwesties, waar duidelijke verwachtingen van de gelovigen en dringende sociale realiteiten om overtuigende antwoorden vragen.

Geen van de grote vragen wordt uit de weg gegaan: hoe gaat Leo XIV om met de centrale hervormingskwesties, zoals de wijding van vrouwen, de rol van leken, de opname van LGBTQIA+ mensen, bijvoorbeeld in de sacramentele viering van hun huwelijk, of het verplichte celibaat? Welke maatregelen neemt hij om seksueel misbruik en machtsmisbruik te voorkomen? Hoe beheert hij de evenwichtsoefening tussen traditie en noodzakelijke modernisering - in een kerk die steeds diverser, digitaler en globaler wordt?

De kwesties van ecologische verantwoordelijkheid, inclusieve seksuele ethiek, financiële transparantie en synodale besluitvormingsstructuren worden ook diepgaand en transparant behandeld. In het laatste deel van het boek wagen we ons ook aan een vooruitblik op mogelijke scenario's voor de langetermijnontwikkeling van de Kerk onder Leo XIV, met concepten als netwerkkerk, participatief leiderschap, digitale transformatie, de erkenning van partnerschappen tussen personen van hetzelfde geslacht en bescherming tegen machtsmisbruik bovenaan de agenda.

Dit boek wil alle geïnteresseerden - zowel katholieken als maatschappelijk geëngageerde lezers - een gefundeerd en opwindend inzicht bieden in de wereld van het katholieke denken, de ervaringen en doelen en de persoonlijkheid van Leo XIV. Het wil lezers informeren, inspireren en aanmoedigen om een actieve en kritische rol te spelen in het vormgeven van de toekomst van de Kerk.

Moge het lezen van dit boek je veel ideeën en inzichten geven en tegelijkertijd je eigen inzet voor een levendige, (gender)rechtvaardige, inclusieve en authentieke kerk versterken. We hopen dat je veel plezier beleeft aan het lezen van de afzonderlijke hoofdstukken en wensen je veel reflectie en inzicht.

Eureka Circe, begin mei 2025.

🕊 *Hoofdstuk 1:*
Inleiding en biografische basisgegevens - LEO XIV.

Robert Francis Prevost, de huidige Paus Leo XIV, kan terugkijken op een ongewoon gevarieerd leven. Geboren in Chicago in 1955 in een diep katholieke familie, ontwikkelde hij al op jonge leeftijd een hechte band met zijn geloof. Als tiener bezocht hij een katholiek seminarie en voelde zich geroepen tot het religieuze leven. Op 22-jarige leeftijd trad Prevost toe tot de Augustijner orde (Orde van Sint Augustinus). Daar vond hij niet alleen een geestelijk thuis, maar ook de basis voor zijn missionaire roeping. De Augustijnen, beïnvloed door de geest van hun religieuze vader Augustinus, hechten veel waarde aan gemeenschap en dienstbaarheid aan anderen - waarden die ook Prevost zich vanaf het begin eigen maakte. Nadat hij zijn noviciaat had voltooid en theologie had gestudeerd, legde hij in 1981 zijn plechtige geloften af en werd een jaar later in Rome tot priester gewijd. Zijn interesse in een gedegen opleiding werd al vroeg duidelijk: Aan de Pauselijke Universiteit van *St. Thomas van Aquino* in Rome (het Angelicum) behaalde Prevost in 1987 zijn doctoraat in het canonieke recht. Zijn proefschrift *was getiteld "De rol van de lokale prior in de Orde van Sint Augustinus"* - een onderwerp dat aangeeft hoezeer hij geïnteresseerd was in kwesties van gemeenschapsleiderschap en de organisatie van het religieuze leven. Dit academische onderzoek naar het alledaagse leven van de orde zou hem later goed van pas komen in zijn leiderschapsrollen.

Missiewerk in Peru en sociale betrokkenheid

Na zijn studie werd Robert Prevost aangetrokken tot de wereldkerk: hij volgde zijn roeping als missionaris en ging halverwege de jaren tachtig naar Peru. In de territoriale prelatuur van Chulucanas, een arme plattelandsregio in het noorden van Peru, werkte hij van 1985 tot 1987 als jonge religieuze priester actief in de pastorale zorg. Deze tijd maakte een diepe indruk op hem. Prevost leefde in eenvoudige omstandigheden met de lokale bevolking en deelde hun zorgen en hoop. Hij zette zich in het bijzonder in voor achtergestelde gemeenschappen: Hij voerde campagne voor sociale rechtvaardigheid en stond mensen bij in noodsituaties. Metgezellen uit Peru beschrijven de huidige paus als *"hands-on en energiek"*, een man die niet aarzelde om een handje te helpen als er hulp nodig was. Tijdens de ernstige overstromingen in 2017 bijvoorbeeld, organiseerde hij hulpacties en hielp hij er persoonlijk voor te zorgen dat er voor de slachtoffers werd gezorgd. Toen veel mensen geen zuurstof hadden tijdens de COVID-19 pandemie, startte bisschop Prevost solidariteitscampagnes en financierde hij de bouw van een zuurstoffabriek om levens te redden. Migranten en andere gemarginaliseerde groepen vonden in hem ook een toegewijde pleitbezorger. Deze praktische daden tonen de oprechte bezorgdheid van Prevost: een kerk die **er is voor de armen** en reageert op de concrete behoeften van mensen.

Zijn jaren in Peru - eerst als eenvoudige missionaris, later in een leidinggevende functie - hebben Robert Prevost ook in cultureel en spiritueel opzicht gevormd. Hij zag zichzelf daar nooit als een buitenlandse Amerikaan, maar als een *"broeder in het geloof"* die de taal en cultuur van de mensen overnam. Deze nederige nabijheid tot de Latijns-Amerikaanse bevolking creëerde een wederzijds vertrouwen. Prevost leerde vloeiend Spaans spreken en voelde zich zo verbonden met Peru dat hij in 2015 zelfs de Peruaanse nationaliteit aannam. Zijn tijd in Peru heeft hem spiritueel, theologisch en cultureel gevormd, benadrukt een Peruaanse priester die hem daar heeft meegemaakt. Deze achtergrond verklaart waarom Paus Leo XIV vandaag de dag wordt gezien als een bruggenbouwer tussen verschillende culturen en mentaliteiten.

Academische carrière en promotie in de Orde

Naast zijn praktische pastorale werk heeft Prevost altijd een academische en organisatorische carrière binnen de kerk nagestreefd. Na het afronden van zijn doctoraalscriptie over de rol van de plaatselijke religieuze overste, bracht hij wat hij geleerd had direct in de praktijk: Eind jaren 1980 en in de jaren 1990 nam hij taken op zich in de opleiding van toekomstige priesters en religieuzen in Peru. Hij leidde een opleidingscentrum voor jonge Augustijner priesters uit verschillende delen van het land en doceerde vakken als canoniek recht, patristiek en moraaltheologie aan het seminarie in Trujillo. **De goede opleiding van geestelijken** was een bijzondere zorg van hem - in zijn eigen woorden: *"de opleiding van geestelijken [...] en de inzet voor sociale rechtvaardigheid lagen hem na aan het hart"*. Prevost toonde al vroeg leiderschapskwaliteiten: Al in 1988 werd hij prior (overste) van zijn orde in Peru en later provinciale overste, d.w.z. hoofd van de Augustijnen in heel Peru. In deze functies, promootte hij een *synodaal*, inclusief kerkelijk leiderschap waarin priesters, religieuzen en leken samen overleggen en beslissingen nemen. Dit coöperatieve leiderschapsmodel zou een kenmerk worden van zijn leiderschapsstijl.

Zijn succesvolle werk in Peru bleef niet onopgemerkt in de Orde. In 1998 keerde Robert Prevost terug naar zijn thuisprovincie Chicago en nam daar het ambt van Provinciaal Overste over. Maar slechts een paar jaar later riepen de Augustijnen hem om hen wereldwijd te leiden: van 2001 tot 2013 was Prevost **Prior General van de Augustijner Orde**. In Rome gaf hij leiding aan een van de meest traditionele katholieke orden met leden op alle continenten. Gedurende deze tijd reisde hij naar vele landen, bezocht Augustijner kloosters in Europa, Afrika, Azië en Amerika en leerde de wereldwijde diversiteit van de kerk kennen. Prevost spreekt vloeiend verschillende talen (waaronder Engels, Spaans, Italiaans en Portugees) en gebruikte zijn talenkennis en culturele openheid om bruggen te bouwen tussen verschillende gemeenschappen. Zijn stijl van leidinggeven als Generaal Overste werd beschreven als evenwichtig en dialooggericht - kwaliteiten waar in de multiculturele orde evenveel vraag naar was als vandaag de dag in de universele kerk.

Carrièremijlpalen (selectie):

Hij heeft de volgende belangrijke mijlpalen op zijn CV staan:

- 1977: treedt toe tot de orde van de Augustijnen - het begin van zijn levenslange missionaire toewijding.

- 1985-1998: Zendingswerk in Peru - pastor, trainer en professor in achtergestelde gebieden.

- 1987: Doctoraat met het proefschrift "The role of the local prior in the Augustinian Order" - een teken van zijn interesse in kerkstructuur en leiderschapskwesties.

- 2001-2013: Prior General van de Augustijner Orde - wereldwijd leiderschap, hervormingen en vernieuwing van de Orde.

- 2014-2023: Bisschop van Chiclayo (Peru) - Toewijding aan sociale programma's en de uitbreiding van de lokale kerk.

- 2023: Prefect van het Dicasterium voor Bisschoppen - was verantwoordelijk voor de benoeming van bisschoppen en bevorderde de synodale oriëntatie van de Kerk.

- September 2023: Kardinaal - Waardering voor zijn sleutelrol in het leiderschap van de kerk.

- Mei 2025: Verkiezing tot Paus Leo XIV - voortzetting van zijn focus op missie, gerechtigheid en vernieuwing.

Deze levensfasen alleen al laten zien dat Leo XIV zijn hele werk onder de leidende principes **van zending, rechtvaardigheid en vernieuwing** verstond. Zijn decennialange activiteiten in Latijns-Amerika maakten hem tot een fervent voorvechter van sociale doelen. Tegelijkertijd werd hij gevormd door de Augustijnse traditie met haar focus op gemeenschap, onderwijs en spiritueel leven.

Van bisschop tot paus: de universele kerk dienen

Na meer dan tien jaar aan het hoofd van zijn orde te hebben gestaan, volgde een nieuwe roeping: in 2014 benoemde paus Franciscus Robert Prevost tot apostolisch administrator - en kort daarna tot bisschop - van het bisdom **Chiclayo** in het noorden van Peru. Prevost keerde dus terug naar het land dat zijn tweede thuis was geworden, maar nu als hoofdpastor van een bisdom met ongeveer drie miljoen katholieken. In Chiclayo nam hij een bisdom over dat voorheen gedomineerd werd door zeer conservatieve krachten en leidde het met zachte hand in een meer open, dialooggerichte richting. Wat vooral opviel was hoe hij de verschillende kerkelijke groeperingen samenbracht - van basisgemeenschappen tot conservatieve bewegingen. "*Hij bouwde bruggen tussen de verschillende kerkelijke bewegingen*", zegt een waarnemer over Prevosts werk als bisschop. De gelovigen ervoeren hem als een pastor die dicht bij de mensen stond, die vaak persoonlijk de barrios (stadswijken) inging om met de mensen te praten en de realiteit van hun leven te leren kennen. **Sociale rechtvaardigheid** bleef een kernpunt van zijn bisschoppelijk ambt: Prevost kwam op voor de armen, de inheemse bevolking en migranten en versterkte het werk van Caritas in zijn bisdom. Hij nam ook verantwoordelijkheid op zich binnen de Peruaanse Bisschoppenconferentie - soms als plaatsvervangend voorzitter - waar hij in het bijzonder zijn stem liet horen voor de noden van de meest kwetsbaren.

Zijn integratieve aard en ervaring leidden ertoe dat Prevost steeds meer aandacht kreeg in het Vaticaan. In januari 2023 haalde paus Franciscus hem uiteindelijk naar Rome en vertrouwde hem de leiding over een van de belangrijkste Curia-autoriteiten toe: Prevost werd Prefect van het **Dicasterium voor Bisschoppen**, verantwoordelijk voor de benoeming van bisschoppen wereldwijd. In dit ambt toonde hij opnieuw zijn diplomatieke vaardigheden. Hij bemiddelde bijvoorbeeld tussen de Vaticaanse autoriteiten en de Duitse bisschoppen in het conflict over de "synodale weg" in Duitsland en probeerde de spanningen te verminderen door middel van dialoog. De internationale pers prees hem als een pragmatische diplomaat die duidelijke principes had, maar ook kon luisteren. In september 2023 werd Robert Prevost door Franciscus tot kardinaal verheven. Dit maakte hem officieel een van de naaste adviseurs van de paus - en een van de pauselijke kiezers in het volgende conclaaf.

Het volgende conclaaf liet niet lang op zich wachten: Na de dood van paus Franciscus begin 2025 kwamen de kardinalen bijeen in de Sixtijnse Kapel om een nieuw hoofd van de kerk te kiezen. Robert Prevost werd door velen beschouwd als een *middenweg kandidaat*. Dankzij zijn internationale ervaring, zijn religieuze spiritualiteit en zijn vermogen om verschillende kampen binnen de kerk aan te spreken, werd hij gezien als een bruggenbouwer tussen conservatieve en progressieve krachten. De kardinalen waren het verrassend snel met hem eens: op 8 mei 2025 kozen ze Robert Francis Prevost **tot paus** in de vierde stemronde. Hij nam de naam **Leo XIV** aan - een bewuste keuze die deed denken aan paus Leo XIII en zijn toewijding aan de sociale leer van de kerk. Leo XIV was de eerste Amerikaans-Amerikaan die de stoel van Petrus besteeg, die ook een *"Zuid-Amerikaan in hart en nieren"* was geworden door tientallen jaren in Latijns-Amerika. Honderdduizenden juichten op het Sint-Pietersplein toen hij die avond op de loggia van de Sint-Pietersbasiliek verscheen en de zegen *Urbi et Orbi* uitsprak. In zijn eerste toespraak als paus riep Leo XIV op **om bruggen te bouwen en vrede te stichten** - een motto dat als een rode draad door zijn hele leven liep.

In zijn eerste toespraak als paus legde Leo XIV ook de nadruk op eenheid, vrede en inclusie: "Allen behoren tot de Kerk", riep hij de menigte toe - en kon dus bijvoorbeeld queer people en andere klanten en doelgroepen van de katholieke kerk niet hebben uitgesloten - en riep op tot wereldwijde barmhartigheid in het algemeen. Deze houding - openstaan voor alle mensen en tegelijkertijd een duidelijke kerkelijke identiteit van naastenliefde behouden - weerspiegelt de bepalende waarden die de carrière van Prevost en zijn toekomstige pontificaat kenmerken.

Over het geheel genomen kan Paus Leo XIV al zijn uiteenlopende ervaring als Robert Prevost in zijn nieuwe ambt inbrengen: Zijn **biografische wortels** - van kerkrector in Chicago tot Augustijner missionaris in Peru, van religieus generaal in Rome tot bisschop aan de Peruaanse noordkust - geven hem een breed begrip van de behoeften en hoop van mensen over de hele wereld. Leo XIV belichaamt een kerk die *"dicht bij de mensen staat"* en de zorgen van de armen kent. Hij is een man van traditie en tegelijkertijd een voorvechter van vernieuwing in de geest van het Tweede Vaticaans Concilie. Zijn missionaire passie, zijn inzet voor sociale rechtvaardigheid en zijn dialooggerichte leiderschapsstijl geven een idee van de accenten die hij als paus zou willen leggen. In de volgende hoofdstukken van dit boek gaan we dieper in op **zijn taken, doelen en verwachtingen** - maar het leven van LEO XIV is nu al een levend getuigenis van de waarden waar hij voor staat: geloof, gerechtigheid, inclusie en gemeenschap, evenals de onvermoeibare wil om bruggen te bouwen tussen mensen.

🐦 *Hoofdstuk 2:*
Theologische en spirituele oriëntatie

Na zijn snelle verkiezing tot het nieuwe hoofd van de Rooms-Katholieke Kerk in 2025 heeft paus Leo XIV al duidelijk gemaakt welke theologische en spirituele accenten hij wil leggen. Als eerste Amerikaan die op de stoel van Petrus zit en ook de eerste paus uit de Orde van de Augustijnen (OSA), brengt Leo XIV een uniek karakter in zijn pontificaat. Van zijn religieuze charisma en zijn jarenlange missiewerk in Latijns-Amerika tot zijn spirituele nabijheid tot de koers van zijn voorganger Franciscus, de basisprincipes van Leo XIV zijn duidelijk. Waarnemers beschrijven hem unaniem als een **"man van het midden"** - een evenwichtige, spiritueel geïnspireerde paus die ideologische extremen vermijdt en in plaats daarvan bruggen bouwt tussen de kampen. Zijn eerste optredens en toespraken als paus onderstrepen dit profiel: de **begroeting van vrede** en **het opnemen van iedereen** kwam op de eerste plaats, gevolgd door oproepen tot rechtvaardigheid en eenheid. Over het geheel genomen is het beeld dat naar voren komt dat van een nederige herder met een grote intellectuele diepgang en een warmhartig charisma, die stevig geworteld is in het gebed. In het volgende zullen de spirituele invloeden en het gebedsleven van Leo XIV, zijn inzet voor sociale rechtvaardigheid, zijn basistheologische houding tussen traditie en hervorming en de leidende principes van zijn pontificaat in meer detail worden onderzocht.

Spirituele indrukken en gebedsleven

De spirituele wortels van Leo XIV liggen diep in de traditie van zijn orde. **Als Augustijn** volgde hij de regel van Augustinus van Hippo, een van de oudste in de Westerse Kerk. Nadat hij wiskunde, filosofie en theologie had gestudeerd, trad hij op jonge leeftijd toe tot de Augustijner orde en bracht tientallen jaren door in de gemeenschap van de broeders. Deze invloed is vandaag de dag nog steeds te zien in zijn wapen en motto: het pauselijke **wapen van Leo XIV** bevat symbolen uit het Augustijnse embleem, die doen denken aan de dramatische bekering van de kerkvader Augustinus. Onder het wapen staat het Latijnse motto *"In Illo uno unum"* - **"In hem die één is, zijn wij één"**, een veelomvattend citaat van Augustinus. Dit motto, dat Leo XIV jarenlang onveranderd heeft gelaten, drukt zijn visie uit van een inclusieve kerk als eenheid in Christus. Het weerspiegelt een diep **gemeenschapsgericht en divers, pluralistisch begrip van de kerk**: de gelovigen moeten één zijn in de Ene - een verwijzing naar de saamhorigheid van allen in God.

De mariale spiritualiteit van de nieuwe paus valt ook op. Op zijn wapenschild staan mariale symbolen, wat duidt op een speciale devotie voor de Moeder Gods. Als religieus kende Leo XIV de vaste ritmes van het gebedsleven: van de getijdenliturgie tot de gezamenlijke rozenkrans en de viering van de Eucharistie, zijn dag was altijd gestructureerd door gebed. Naaste metgezellen benadrukken zijn diepe vroomheid en innerlijke concentratie. De Filippijnse kardinaal Luis Tagle, die de paus al vele jaren kent, beschrijft Leo XIV **als een man van gebed en voorzichtigheid**: hij luisterde geduldig, dacht na en bad zorgvuldig voordat hij beslissingen nam. In ontmoetingen straalde hij een kalme, hartelijke warmte uit, "**gekenmerkt door gebed en missionaire ervaring**". Deze mengeling van contemplatie en actieve dienstbaarheid kenmerkte Prevosts decennialange werk als pastor en trainer in Peru. Volgens Tagle deed hij daar een *"missionaire ervaring"* op die hem leerde de nabijheid van mensen te combineren met een diep vertrouwen in Gods leiding.

Als **religieus** bracht Leo XIV ook de spirituele ervaring van het gemeenschapsleven naar het ambt van paus. De voorzitter van het Centraal Comité van Duitse Katholieken, Irme Stetter-Karp, ziet dit als een grote schat: "Geen paus kan vandaag de dag alleen regeren - de ervaring van christelijk gemeenschapsleven en gedeelde spirituele verantwoordelijkheid helpt om collegiaal te leiden. Leo XIV, die vele jaren de Augustijnen wereldwijd leidde, belichaamde deze *"vita communis"* op het hoogste niveau. Zijn **nederigheid** en **dienstbaarheid** zijn hier kenmerkend voor. Zelfs als bisschop waarschuwde hij dat bisschoppen geen "prinsesjes" op hun eigen troon moesten zijn, maar vooral nederig het volk moesten dienen en dicht bij hen moesten staan. Deze houding van eenvoudige dienstbaarheid is geworteld in zijn spirituele leven: Net als zijn rolmodel Augustinus erkent Leo XIV dat ware grootheid voor een kerkleider bestaat uit het dienen van God en zijn naaste, niet uit uiterlijke pracht en praal.

Ook al droeg Leo XIV traditionele regalia zoals de rode schoudercape (**mozetta**) en een met goud geborduurde stola bij zijn eerste optreden als paus, dit duidt minder op opzichtigheid dan op een **geworteldheid in de traditie**. Tegelijkertijd leefde hij persoonlijk een bescheiden levensstijl. Vanuit zijn religieuze spiritualiteit brengt hij het principe mee van *"eenvoudig leven om anderen te dienen"*. Het is daarom niet verwonderlijk dat paus Leo XIV - zoals waarnemers opmerken - intellectuele opvoeding combineerde met spirituele diepgang zonder daarover op te scheppen. Hij combineerde intellectuele nieuwsgierigheid met een geest van gebed, wat zijn pontificaat een solide spirituele basis gaf.

Last but not least trad Leo XIV in de spirituele voetsporen van zijn voorganger, maar op zijn eigen manier. Na een Jezuïet (Franciscus) staat er nu een Augustijn aan het hoofd van de Kerk - **geen toeval** voor kardinaal Tagle. *"Augustinus en Ignatius waren beiden zoekers [...] totdat ze in Jezus vonden waar hun hart naar verlangde. Hun scholen zijn geworteld in de genade van God. Leo XIV zal de Ignatiaanse geest van zijn voorganger voortzetten op zijn eigen Augustijnse manier,"* zei Tagle. Deze prachtige vergelijking laat het zien: Leo XIV begrijpt zijn ambt in diepe continuïteit met de voorgaande geestelijke koers, maar gevormd door de spiritualiteit van St. Augustinus - met een focus op de innerlijke relatie met God, de gemeenschap van gelovigen en de nederige pelgrimage van het volk van God. In zijn eerste toespraak citeerde Leo XIV zelf Augustinus: *"Wij zijn pelgrims op weg naar een waar thuis."* Deze woorden suggereren dat de nieuwe paus een **pelgrimerende Kerk** voor ogen heeft **die samenkomt** - een gemeenschap die nederig op weg is, geleid door gebed, altijd op zoek naar haar uiteindelijke thuis bij God.

Toewijding aan sociale rechtvaardigheid en liefdadigheid

Kort na zijn verkiezing maakte Leo XIV duidelijk dat hij verder wilde gaan op de weg die paus Franciscus was ingeslagen op het gebied van **sociale rechtvaardigheid** en liefdadigheid. In zijn allereerste toespraak vanaf het balkon van de Sint-Pietersbasiliek benadrukte hij nadrukkelijk zijn inzet voor **vrede en gerechtigheid** in de wereld. In feite had hij al een reputatie als een toegewijde bruggenbouwer tussen arm en rijk. Zijn religieuze generaal Alejandro Moral Anton prees hem als iemand die *"van iedereen houdt, zowel de armen als de rijken"* en zich onmiddellijk richtte op zaken als rechtvaardigheid en vrede. Deze universele liefde is terug te vinden in de biografie van Leo XIV: Geboren in de VS, bracht hij vele jaren door als missionaris en later bisschop in **Peru**, waar hij vooral actief was in de armere gebieden. Daar ervoer hij de sociale ontberingen van de mensen van dichtbij en was toegewijd aan het helpen van de meest kwetsbaren. Hij hielp bijvoorbeeld vluchtelingen uit het door crisis geteisterde Venezuela en kwam voor hen op. Dit hart voor migranten en mensen in nood kenmerkt ook zijn visie als paus: waarnemers interpreteren zijn verkiezing tot paus zelfs als een signaal in tijden van wereldwijde migratiebewegingen - Prevosts inzet voor vluchtelingen zou begrepen kunnen worden als een stille kritiek op een hardvochtig beleid van isolatie.

Een ander aandachtspunt is het **bepleiten van sociale rechtvaardigheid in de zin van de katholieke sociale leer**. Velen zien het feit dat de nieuwe paus zichzelf de naam *Leo XIV* heeft gegeven als een bewust programma. Irme Stetter-Karp wijst er bijvoorbeeld op dat **Leo XIII** wordt beschouwd **als de vader van de katholieke sociale ethiek**. Leo XIII, die in 1891 de eerste sociale encycliek *Rerum Novarum* schreef, was de eerste paus ooit die opkwam voor de rechten van arbeiders en eerlijke lonen eiste. Door deze naam te kiezen, volgt de nieuwe paus duidelijk deze traditie: Leo XIV wil een kerk die duidelijk aan de kant van de achtergestelden staat, die opkomt voor **de rechten van arbeiders, sociaal evenwicht en de waardigheid van ieder mens**. Zijn werk tot nu toe bevestigt dit - hij wordt beschouwd als nuchter en aandachtig voor sociale grieven. Zijn internationale ervaring (niet alleen in de VS en Europa, maar ook in het mondiale Zuiden van Latijns-Amerika) heeft hem gevoelig gemaakt voor de zorgen van zowel het Noorden als het Zuiden. In zijn optreden probeerde Leo XIV **Noord en Zuid** met **elkaar te verbinden**: als eerste paus uit Noord-Amerika met Latijns-Amerikaanse invloed sloeg hij een brug tussen de continenten, wat ook de wereldwijde sociale kwesties ten goede kwam.

Naast de klassieke sociale kwestie zette Leo XIV zich sterk in voor de **bescherming van de schepping** en ecologische rechtvaardigheid. Paus Franciscus zette met zijn encycliek *Laudato Si'* de standaard voor de klimaatkwestie - Leo XIV maakte duidelijk dat hij op de ingeslagen weg verder wilde gaan. Als kardinaal in 2024 waarschuwde hij dat het tijd was *om "woorden om te zetten in daden"* in de strijd tegen klimaatverandering. Hij benadrukte dat de door God gegeven **autoriteit "over de natuur" niet op een tirannieke manier** moet worden uitgeoefend - in plaats daarvan is een *"relatie van wederkerigheid"* met het milieu nodig. Zulke duidelijke woorden laten zien dat Leo XIV een **holistische benadering had**: voor hem horen sociale rechtvaardigheid en verantwoordelijkheid voor het milieu bij elkaar, omdat vooral de armen lijden onder de achteruitgang van het milieu en klimaatverandering. Daarom riep hij de Kerk op om vastberaden actie te ondernemen tegen de vernietiging van het milieu en om een eenvoudigere, duurzamere manier van leven te bevorderen. Hij deelt deze zorg voor een ecologische herbezinning met zijn voorganger en - kerkelijke waarnemers zijn het hierover eens - zal er waarschijnlijk een kenmerk van zijn pontificaat van maken.

Leo XIV drukte ook zijn stempel op het gebied van concrete **liefdadigheid** - met andere woorden, georganiseerde liefdadigheid. Hij staat in hoog aanzien bij kerkelijke hulporganisaties, vooral in Latijns-Amerika. De katholieke hulporganisatie *Adveniat* verwelkomde zijn verkiezing uitdrukkelijk en beschreef hem als een *"open, populaire herder"* die de zorgen van de armen begrijpt. Tijdens zijn verblijf in Peru werkte de nieuwe paus nauw samen met basisgemeenschappen en sociale projecten, of het nu ging om onderwijsinitiatieven, gezondheidsprogramma's of pastorale zorg voor gewone mensen. Zijn vermogen om mensen in de marge te bereiken onderscheidt hem. **"Hij is een evenwichtig, spiritueel persoon die dicht bij iedereen staat,"** benadrukte zijn Augustijnse confrater Alejandro Moral Anton goedkeurend. Deze nabijheid komt bijvoorbeeld tot uiting in het feit dat Leo XIV altijd benaderbaar bleef, zelfs als hooggeplaatst kerklid, en de tijd nam om naar de zorgen van mensen te luisteren. Het is te verwachten dat hij als paus zaken als **armoedebestrijding, hulp aan vluchtelingen en het bevorderen van vrede** steeds meer op de agenda zal zetten. Kardinaal Reinhard Marx sprak de hoop uit dat Leo XIV sterke sociale en vredesethische impulsen zou geven die een impact zouden hebben buiten de Kerk. Hij geeft nu al aan dat de Kerk onder zijn leiding een **Kerk van bruggenbouwers** zal zijn die er is voor mensen en werkt voor gerechtigheid en vrede wereldwijd.

Basistheologische houding: tussen traditie en hervorming

Theologisch wordt paus Leo XIV beschouwd als een gematigde en evenwichtige geest. Hij belichaamde een basishouding die **traditie en hervorming** niet als tegenstrijdig zag, maar als een actieterrein waarin het belangrijk was om verstandig te navigeren. In sommige kwesties is hij progressief en open, terwijl hij in andere kwesties de continuïteit met de leer van de kerk benadrukt - een benadering die volledig in lijn is met die van *"gematigde hervormers"*. Waarnemers in de VS hebben hem al op deze manier gekarakteriseerd: *Prevost wordt gezien als diplomatiek en pragmatisch. Net als Franciscus heeft hij progressievere opvattingen over sommige kwesties en conservatievere opvattingen over andere.* Deze **mengeling van ruimdenkendheid en vasthouden aan principes** kenmerkt zijn theologische profiel.

Aan de ene kant stond Leo XIV stevig op de grond van de kerkelijke traditie en dogmatiek. Hij maakte duidelijk dat bepaalde **doctrinaire lijnen** voor hem **nauwelijks onderhandelbaar** waren. Zo **verwierp hij een tiental jaar geleden nog de wijding van vrouwen tot het priesterschap**, omdat hij van mening was dat vrouwen ook zonder wijding al een centrale functie in de Kerk hadden. Op dit punt volgt hij de koers van zijn voorgangers Johannes Paulus II en Benedictus XVI. Hij signaleert ook terughoudendheid als het gaat om ingrijpende veranderingen zoals het verplichte celibaat of vragen over de seksuele moraal van de kerk. Zijn verkiezing temperde aanvankelijk de verwachtingen van progressieve hervormingsgroepen: Theologe Jacqueline Straub, bijvoorbeeld, toonde zich teleurgesteld en geloofde dat Leo XIV *"helaas niet veel zou veranderen binnen de kerk"* op het gebied van bijvoorbeeld de behandeling van hertrouwde gescheiden vrouwen of LGBTQIA+ mensen. Dergelijke beoordelingen geven aan dat Leo XIV **gestaag en voorzichtig** handelde in controversiële doctrinaire kwesties in plaats van iets revolutionairs te durven doen of misschien wel noodzakelijk en gelijkwaardig. Zijn achtergrond als doctor in het canonieke recht suggereert dat hij hervormingen alleen zou aanpakken binnen het kader van solide theologische en juridische fundamenten - maar **ze** ook **blijvend zou willen verankeren**. Experts verwachten bijvoorbeeld dat hij het door Franciscus geïnitieerde synodale proces zal omzetten in concrete, juridisch veilige structuren. Dit toont zijn waardering voor ordelijke hervormingen die voortbouwen op het leergezag in plaats van het te ondermijnen.

Aan de andere kant was Leo XIV zeker niet alleen maar een conservatief. Hij wordt gezien als een **"bruggenbouwer" tussen conservatieve en progressieve krachten**, die afgerekend wil worden op zijn resultaten en die er als kardinaal al in geslaagd is verschillende stromingen bij elkaar te houden. Als kardinaal in Rome werd hij door kerkelijke vertegenwoordigers uit alle kampen gewaardeerd om zijn diplomatieke, pragmatische en tegelijkertijd bescheiden stijl. Zijn persoonlijke carrière weerspiegelt deze middle-of-the-road houding: vele jaren van nauwe samenwerking met paus Franciscus hebben hem op vele manieren gevormd, bijvoorbeeld in termen van pastorale openheid. Tegelijkertijd blijft hij theologisch duidelijk geworteld in de leer van de Kerk. Deze evenwichtsoefening - openheid in pastorale zorg, aanwezigheid in de leer - zou kenmerkend kunnen worden voor zijn pontificaat . Leo XIV was dus in lijn met de zogenaamde "pastorale koers": de boodschap van de Kerk moest vertaald worden naar de huidige tijd en *barmhartig* toegepast worden zonder de kern van het geloof los te laten.

Een centraal sleutelwoord in zijn theologie is **synodaliteit**. Leo XIV benadrukte meteen aan het begin: *"Wij willen een synodale kerk onderweg zijn"*. Daarmee bouwde hij voort op de visie van zijn voorganger op de kerk, die gebaseerd was op meer participatie, dialoog en samen luisteren naar de Heilige Geest. In zijn eerste boodschap erkende hij duidelijk deze openheid en gaf hij het signaal af dat de katholieke kerk *een volk van God* moet zijn *dat samen op pelgrimstocht is*. Deze fundamentele theologische overtuiging - dat de Kerk haar weg vindt door samen **te luisteren en te onderscheiden** - combineert traditie (de geest van het Concilie van de Apostelen en het Tweede Vaticaans Concilie) met vooruitgang (nieuwe vormen van participatie door de gelovigen). Leo XIV lijkt vastbesloten om het begonnen synodale proces niet alleen beleefd voort te zetten, maar het ook met leven en nadruk te vullen en de resultaten te implementeren. Tegelijkertijd gaf hij een signaal aan de meer conservatieve krachten dat synodaliteit geen willekeur betekende: hij maakte duidelijk dat eenheid in essentiële geloofszaken kon worden gehandhaafd - trouw aan zijn motto *"In hem die één is, zijn wij één"*. Dit motto kan gelezen worden als een theologisch programma: Verscheidenheid en eenheid komen samen in Christus. Op deze manier wil de paus een **integrerende rol** spelen, zowel binnen de kerk als daarbuiten, om verschillende, uiteenlopende culturen, mentaliteiten en stijlen van vroomheid samen te brengen. Zijn internationale biografie en meertaligheid komen hem goed van pas; interculturele gevoeligheid en een globale, maar pluralistische visie op de Kerk worden hem toegeschreven.

De theologische benadering van Leo XIV wordt ook gekenmerkt door zijn **bereidheid om te luisteren**. Zijn vermogen om te luisteren naar andere meningen en stemmen werd al benadrukt in de eerste reacties. Paul Zulehner, een bekende theoloog, prees de nieuwe paus als een theologisch diepzinnige en *"spiritueel geïnspireerde man"* die niet ideologisch koppig was. Deze lofprijzing laat zien dat Leo XIV zijn beslissingen minder baseerde op kerkpolitiek of persoonlijke voorkeuren, maar eerder de wil van God probeerde te voelen door gebed en gesprek. Zijn aanpak in zijn belangrijke rol als prefect voor de benoeming van bisschoppen toonde dit al aan: hij werd beschouwd als iemand die **zorgvuldig** verschillende stemmen **afwoog** en er rekening mee hield voordat hij personeelsvoorstellen aan de paus voorlegde. Hij voerde zelfs een kleine revolutie door in dit ambt door voor het eerst vrouwen te benoemen in de adviescommissie voor de benoeming van bisschoppen - een stap die brak met de traditionele procedures, maar die in lijn was met het mandaat van paus Franciscus zonder luidkeels te breken. Dit voorbeeld is emblematisch voor Leo's aanpak: voorzichtige hervormingsstappen in lijn met de doctrine om de kerk meer eigentijds en participatief te maken.

In het algemeen kan Leo XIV gezien worden als **een "paus van het centrum en van inclusieve samenwerking"**. Hij streefde niet naar een scherpe breuk met de traditie of een eenvoudig *'business as usual'*, maar eerder naar een pad van **voortdurende vernieuwing**. Veranderingen moeten organisch groeien en theologisch gefundeerd zijn. Tegelijkertijd is hij niet bang om **gedurfde accenten te zetten** waar hij dat nodig acht - bijvoorbeeld bij de hervorming van de curie of de versterking van de leken. Zijn basistheologische houding zou je daarom kunnen omschrijven als *principieel conservatief, toegepast hervormingsgericht*. Het doel lijkt te zijn om de kerk authentiek te houden en toch **"aggiornamento"** - d.w.z. vernieuwing in het heden - mogelijk te maken.

Spirituele en ethische grondbeginselen van zijn pontificaat

Uit al deze aspecten komen duidelijke leidende principes naar voren, waarop paus Leo XIV zijn pontificaat baseerde. Een eerste leidend principe is de eerder genoemde **eenheid in Christus**. Zijn motto *"In Illo uno unum"* vat het in een notendop samen: In Christus, die één is, moeten allen één zijn. Dit principe van eenheid doordringt zijn visie op zowel geestelijk als ethisch niveau. Spiritueel betekent het dat de Kerk altijd haar weg terug moet vinden naar het centrum, naar Christus - in gebed, in onderwijs, in de sacramenten. Ethisch betekent het dat verdeeldheid en onrecht moeten worden overwonnen zodat de **gemeenschap van de menselijke familie** wordt versterkt. Leo XIV zag de Kerk als een instrument van eenheid in een verdeelde wereld: ze moet mensen samenbrengen, bruggen bouwen en fungeren als een *"sacrament van eenheid"*.

Nauw hiermee verbonden is het principe van **bruggenbouwers**. Al bij zijn inhuldiging beloofde Leo XIV een kerk *"die bruggen bouwt"* - tussen naties, culturen, sociale klassen en ook binnen de eigen geledern. Dit model van bruggen bouwen komt zowel tot uiting in zijn diplomatieke vaardigheden als in zijn persoonlijke benadering. Hij zet zich in **voor het bevorderen van dialoog en verzoening** overal waar conflicten zijn. In een wereld die gekenmerkt wordt door oorlogen, polarisatie, scheiding en ongelijkheid wil de paus de verzoenende rol van de Kerk versterken. Zijn eerste boodschap aan de stad en de wereld was veelzeggend: *"Vrede zij met u allen!"* - een oproep die werd opgevat als een programmatisch signaal in het licht van voortdurende oorlogen en crises. Voor Leo XIV was vredeswerk dan ook geen politieke bijzaak, maar een spirituele en ethische kerntaak. Hiermee bouwde hij voort op de erfenis van zijn naamgenoot Leo XIII, die al werd beschouwd als de **"Paus van de Vrede"** en hielp internationale conflicten op te lossen.

Een ander leidend principe is de **optie voor de armen** en achtergestelden. Leo XIV maakte herhaaldelijk duidelijk dat de **kerk van de armen** centraal moest blijven staan - in navolging van Johannes XXIII, Franciscus en vele anderen. Zijn eigen carrière - van een eenvoudige missionaris in arme gemeenschappen tot het pausdom - suggereert dat hij het pausdom zag als een dienst aan de minsten onder hen. Zijn broer John Prevost verwoordde het in een notendop: Leo XIV zou de koers van paus Franciscus voortzetten *"en opkomen voor de minderbedeelden en de armen"*. Dit ethos van naastenliefde wordt weerspiegeld in veel van zijn uitspraken en gebaren tot nu toe: de nieuwe paus zoekt actief toenadering tot de gemarginaliseerden, zij het door ontmoetingen, door voorspraak in toespraken of door structurele beslissingen (zoals de eerder genoemde betrokkenheid van leken en vrouwen in verantwoordelijke processen). Voor hem is **naastenliefde** - opgevat als actieve liefde - niet slechts een actieterrein van de Kerk, maar een uitdrukking van haar essentie. Daarom benadrukt hij ook de heiligheid van elk menselijk leven en de plicht van de Kerk om een pleitbezorger te zijn voor de zwakken, van ongeboren kinderen tot ouderen, zieken of vluchtelingen.

Een niet te onderschatten leidend principe van Leo XIV is **nederigheid en de bereidheid om leiding te geven**. Na zijn verkiezing beschreef hij zichzelf nederig als een *"pelgrim"* op weg met de gelovigen. Dit beeld laat zien dat hij het ambt van paus niet zag als een aardse machtspositie, maar als een geestelijk ambt. Zijn begrip van autoriteit wordt in wezen bepaald door het voorbeeld van Christus, die de voeten van zijn discipelen waste. Daarom wordt Leo XIV vaak geciteerd met de vermaning dat bisschoppen - en nog meer pausen - mensen **authentiek en nederig moeten benaderen** en *"met hen moeten lijden"* in plaats van als heersers op te treden. Deze houding zou zijn leiderschapsstijl moeten kenmerken: collegiaal, luisterend, dienend. Het schept vertrouwen - zowel onder de bisschoppen wereldwijd (van wie velen hem al kennen vanwege zijn werk in de Congregatie van Bisschoppen) als onder het volk van God, dat kan voelen of een herder echt deelt in hun vreugde en hoop, verdriet en angst.

Leo XIV laat ook zien dat hij veel belang hecht aan **geloofwaardigheid** en **transparantie**. Hij behoort tot een generatie kerkleiders die zich zeer bewust is van de geloofwaardigheidscrisis van de kerk - bijvoorbeeld door misbruikschandalen met seksueel geweld of machtsmisbruik. In Peru deinsde hij er niet voor terug om op te treden tegen invloedrijke conservatieve netwerken zoals de schandalige orde *Sodalicio*, wat getuigt van moed en principiële trouw. Zulke ervaringen zouden zijn stelregel kunnen onderbouwen dat spiritueel gezag alleen standhoudt door morele integriteit en door eerlijk om te gaan met mislukkingen. Het is daarom te verwachten dat **herwaardering en preventie** belangrijk zullen blijven in zijn pontificale agenda, gekoppeld aan een eenvoudige, geloofwaardige levensstijl in de geest van *"armoede van geest"*, zoals door Franciscus wordt geïllustreerd.

Een van de leidende principes van Leo XIV was immers de **openheid van zijn geloof naar de wereld**. Zoals Regina Polak hem beschreef, zag hij zichzelf als een *"man van de wereld"*: minder charismatisch en extravert dan zijn voorganger, maar universeel aanspreekbaar en duurzaam in zijn missie. Zijn internationale profiel (meertalig, intercultureel bedreven) komt hier naar voren. Leo XIV wilde duidelijk een **universele benadering** vinden die mensen met verschillende achtergronden zou bereiken. Dit bleek al uit het feit dat zijn eerste zegen *Urbi et Orbi* ("aan de stad en de wereld") werd ingeleid door een eenvoudige, algemene vredeswens - geen extravagant theologisch manifest, maar een begrijpelijke boodschap voor alle mensen van goede wil. Het resoneert met het verlangen om de Kerk te presenteren als de *moeder en leraar van alle volkeren*, die in eenvoudige taal tot de harten spreekt en geloofwaardig aan de kant van de mensheid staat.

Samengevat geeft **Leo XIV** dus een holistisch beeld van een paus die spiritueel geworteld is in de augustijnse traditie, theologisch het centrum opzoekt en pastoraal gericht is op de marges. Zijn **spirituele oriëntatie** - gekenmerkt door gebed, gemeenschapszin en vertrouwen in Gods genade - geeft diepte en richting aan zijn werk. Zijn **theologische oriëntatie** - gekenmerkt door trouw aan de leer en een gelijktijdige wil tot hervorming - toont hem als een hoeder van de traditie die deze op creatieve wijze wil uitdragen naar de toekomst. En zijn **ethische oriëntatie** - zichtbaar in zijn pleidooi voor rechtvaardigheid, inclusie, vrede en de integriteit van de schepping - geeft de richting aan die zijn pontificaat waarschijnlijk zou nemen: naar een kerk die een pleitbezorger is van de zwakken, die **bruggen bouwt** en *tekens van hoop* in de wereld zet. Leo XIV verenigt veel draden van de recente kerkgeschiedenis in zijn persoon en programma: de sociale leer van Leo XIII, de pastorale geest van het Tweede Vaticaans Concilie, de spirituele erfenis van grote religieuzen en het nieuwe begin van het heden. Met zijn **evenwichtige, spirituele en mensgerichte manier van doen** is er gerechtvaardigde hoop dat hij de katholieke kerk geloofwaardig de toekomst in kan - en moet - leiden en nieuwe impulsen kan geven aan geloof en samenleving. De universele kerk kan zich erop verheugen te zien hoe Leo XIV deze richtlijnen in de komende jaren tot leven zal brengen en gedocumenteerde resultaten zal boeken, zoals de noodzakelijke veranderingen in het kerkelijk recht - tekenen van een veelbelovend nieuw begin zijn al duidelijk zichtbaar.

🕊️ Hoofdstuk 3:
Continuïteit en verschillen over paus Franciscus

Paus Leo XIV neemt een moeilijke erfenis op zich: zijn voorganger paus Franciscus gaf de katholieke kerk meer dan tien jaar lang vorm met een nieuwe stijl en een focus op barmhartigheid, nabijheid en een geest van hervorming. Franciscus - de eerste paus uit Latijns-Amerika en jezuïet - volgde **een theologie van barmhartigheid** die vaak dogmatische strengheid opzij zette ten gunste van pastoraal mededogen. Hij benadrukte een "*kerk als veldhospitaal*", die in de eerste plaats de gewonden en gemarginaliseerden zou moeten dienen.

Theologische en pastorale lijn in vergelijking

Zijn pastorale aanpak werd sterk gekenmerkt door persoonlijke **nabijheid tot de gelovigen**: Franciscus zocht direct contact, gebruikte eenvoudige taal en brak met menig traditioneel protocol om dicht bij de mensen te staan. Deze menselijke en nederige manier kwam bijvoorbeeld tot uiting in het feit dat hij vaak spontane toespraken hield en uitnodigende signalen afgaf aan groepen katholieken (bijvoorbeeld in formuleringen als *"Wie ben ik om te oordelen?"* met betrekking tot queer LGBTQIA+ mensen). Franciscus benadrukte ook openheid in zijn theologie: hij benadrukte het **belang van gewetensonderzoek en spiritueel onderscheidingsvermogen** - een benadering die voortkomt uit zijn jezuïetenerfenis - en plaatste onderwerpen als sociale rechtvaardigheid, milieubescherming en de armen centraal in zijn onderwijs (bijvoorbeeld in de encyclieken *Laudato Si'* over verantwoordelijkheid voor de schepping en *Fratelli Tutti* over broederschap). Over het algemeen werd Franciscus gezien als een paus die nieuwe wegen insloeg om de *"geur van de schapen"* waar te nemen - d.w.z. de zorgen van de eenvoudige gelovigen - zelfs als hij conservatieve kritiek moest accepteren.

Hoe past paus Leo XIV hier in? De eerste aanwijzingen suggereren dat hij in veel opzichten de koers van Franciscus zal voortzetten, maar met een eigen accent. Leo XIV is niet alleen de **eerste VS-Amerikaan op de pauselijke troon** en een religieus (Augustijn) die lange tijd in **Latijns-Amerika** heeft gewerkt. Zijn internationale biografie op (VS, Peru, Vaticaan) heeft zijn begrip van de universele kerk duidelijk gevormd. Theologisch en pastoraal staat hij naar verluidt dicht bij Franciscus - hij wordt beschouwd als een *"gematigde hervormer"* die veel van de zorgen van de overleden paus deelt. Leo XIV leek dus nadrukkelijk nederig en maakte gebaren die dicht bij het volk stonden. In zijn allereerste toespraak als paus, bijvoorbeeld, begroette hij de gelovigen van zijn voormalige Peruaanse bisdom in **het Spaans**, wat het publiek deed opkijken: voor het eerst was er geen Italiaans (en Latijn) te horen tijdens deze traditionele zegeningsceremonie op de loggia van de Sint-Pietersbasiliek. Dit detail geeft aan dat Leo XIV rekening houdt met de **meertaligheid en wereldwijde diversiteit** van de Kerk en - net als Franciscus - bewust breekt met conventies ten gunste van de nabijheid van de mensen. Georg Bätzing, de voorzitter van de Duitse Bisschoppenconferentie, beschrijft Leo XIV **als "gereserveerd en vriendelijk"**, maar tegelijkertijd bereid om duidelijke taal te spreken als het erop aankomt. Hier tekent zich een paus af die de warme hartelijkheid van Franciscus deelt, maar die misschien conflictmijdender en diplomatieker is. Prevost wordt inderdaad beschreven als een **pragmaticus en diplomaat**: Hij bemiddelde bijvoorbeeld achter de schermen tussen de hervormingsgezinde Duitse bisschoppen en het Vaticaan in 2023, toen de *Synodale Weg* van Duitsland op weerstand stuitte in Rome. Deze bemiddelende rol past bij zijn imago als een *man van de middenweg* die verschillende kerkelijke kampen bij elkaar wil houden. Franciscus daarentegen schuwde polariserende beslissingen niet - zoals zijn harde kritiek op misbruiken door curialen of zijn initiatief om de traditionele liturgie aan banden te leggen - wat hem zowel veel steun als veel tegenstand opleverde. Leo XIV zou hier waarschijnlijk voorzichtiger te werk gaan: Zijn verkiezing zelf werd gezien als een **compromis en een signaal van eenheid** in het verdeelde College van Kardinalen. Over het algemeen kan gezegd worden dat beide pausen **theologisch** in lijn blijven met de katholieke leer, maar er zijn kleine verschillen in hun **pastorale stijl** - Franciscus als charismatische "buitenstaander" en apostel van barmhartigheid, Leo XIV als consensusgerichte bruggenbouwer en wereldburger. De echte continuïteiten en verschillen zijn echter vooral duidelijk in hun benadering van specifieke hervormingskwesties.

Verschillen in de aanpak van belangrijke hervormingskwesties

Zowel Franciscus als Leo XIV worden/waren geconfronteerd met vergelijkbare dringende hervormingskwesties die al jaren onderwerp zijn van controversieel debat binnen de Kerk - en geen vooruitgang hebben geboekt. Deze omvatten vooral de **versterking van synodale structuren**, de **rol van vrouwen in kerkelijke ambten zoals het ambt van paus**, de behandeling van **LGBTQIA+ mensen** (d.w.z. de kwestie van kerkelijke, sacramentele erkenning en inclusie van homoseksuele, biseksuele, trans* en queer gelovigen) en het verplichte celibaat voor priesters. Franciscus heeft op al deze gebieden debatten op gang gebracht - zij het in verschillende mate - en Leo XIV moet nu beslissen hoe hij deze impulsen voor vernieuwing oppakt of, indien nodig, op een nieuwe en betere manier bijstuurt. Een nadere beschouwing van de standpunten van de twee laat zowel **continuïteit** als nuanceverschillen zien.

Synodaliteit: deelname van de gelovigen

Synodaliteit - d.w.z. een meer synodale, consultatieve en gelovige-inclusieve besluitvormingsstructuur van de kerk - was een kenmerk van Franciscus' pontificaat. De voorganger van Leo XIV benadrukte herhaaldelijk dat de kerk "een **kerk van participatie**" moet worden, waarin geestelijken en leken samen luisteren naar de Heilige Geest. In het bijzonder riep Franciscus talrijke synoden bijeen en breidde hun invloed uit: Onlangs bijvoorbeeld mochten vrouwen en niet-geestelijken voor het eerst stemmen op de wereldsynode van 2023 in Rome. Franciscus initieerde zelfs een wereldwijd **synodaal proces** van meerdere jaren, dat de hele Kerk betrok in een dialoog over dringende kwesties en zou uitmonden in twee bijeenkomsten in 2023 en 2024. Kort voor zijn dood legde hij de basis voor nog een grote kerkelijke vergadering in 2028 om deze weg van deelname voort te zetten. Leo XIV gaf duidelijk aan dat hij deze synodale koers wilde voortzetten. Hij wordt beschouwd als een fervent voorstander van een meer transparante, luisterende kerk: zelfs als kardinaal benadrukte hij de noodzaak om de **stemmen van de gelovigen meer te laten horen en om de hiërarchische stijl van leiderschap te veranderen** ten gunste van meer luisteren. Onmiddellijk na zijn verkiezing maakte Leo XIV duidelijk dat hij door zou gaan op de weg van synodaliteit die Franciscus was ingeslagen. Waarnemers zoals pater Mauritius Wilde verwachten zelfs dat Leo de synodale consultaties zal leiden in de franciscaanse geest van luisteren, maar uiteindelijk **besluitvaardiger zal handelen**: Als Amerikaan hecht hij belang aan concrete resultaten en uitkomsten. Deze pragmatische aanpak - *luisteren, erbij betrekken, dan beslissen* - zou een klein verschil in stijl kunnen betekenen. In principe staat Leo XIV echter voor **continuïteit**: de opening naar regelmatig overleg met de universele kerk en meer medezeggenschap van de leken zal onder hem waarschijnlijk verder gaan. De uitdaging zal zijn om synodaliteit op zo'n manier te implementeren dat het de kerk wereldwijd verenigt in plaats van nieuwe verdeeldheid te creëren. Hier komen Leo's diplomatieke vaardigheden om de hoek kijken, die hij al heeft laten zien. Hij zal het evenwicht moeten bewaren **tussen** de roep om echte deelname - bijvoorbeeld vanuit de basis van de kerk en progressieve kringen - **en** de bezorgdheid van sommige traditionalisten dat synodale processen de hiërarchische orde en de eenheid van het geloof in gevaar kunnen brengen.

Vrouwen in kerkelijke ambten: tussen gelijkheid en dogma

Bijna geen enkel ander onderwerp symboliseert de hervormingsachterstand zo goed als de kwestie van **gelijke rechten voor vrouwen** in de kerk en in het pausambt. Onder Franciscus zijn er in dit opzicht voorzichtige veranderingen geweest: Het is waar dat Franciscus ook vasthield aan het **niet toelaten van vrouwen tot gewijde** ambten (priesterschap en bisschopsambt), zoals zijn voorgangers dat magisterlijk hadden gedefinieerd. Hij bevorderde echter wel **de vooruitgang van vrouwen in leidinggevende posities in de kerk** - hij benoemde vrouwen in leidinggevende posities in de Romeinse Curie en in adviesorganen en stelde officiële (zij het niet gewijde) bedieningen zoals lector *en acoliet* voor het eerst open voor vrouwen. Franciscus stelde ook commissies in om bijvoorbeeld de historische kwestie van het diaconaat van vrouwen (diakens in de vroege kerk) te onderzoeken. Deze voorzichtige stappen toonden zijn bereidheid om vrouwen **er meer bij te betrekken,** maar zonder nog te raken aan het verbod om vrouwen te wijden. Leo XIV volgde deze lijn van voorzichtige hervormingen - misschien met iets meer terughoudendheid. **Tot nu toe heeft Robert Prevost, nu Leo XIV, de wijding van vrouwen afgewezen** en hier zelfs op gezinspeeld: op de Wereldsynode van 2023 waarschuwde hij tegen de *"clericalisering van vrouwen",* d.w.z. tegen het willen geven van meer invloed aan vrouwen door hen simpelweg het priesterschap te geven. Dit is geen oplossing en zou eerder nieuwe problemen creëren, benadrukte hij - vrouwen hebben al verschillende centrale rollen in de kerk. Hij liet echter open welke oplossingen overwogen zouden kunnen worden in het geval van een tekort aan geestelijken en welke wegen bewandeld zouden kunnen worden om gelijke rechten te implementeren - bijvoorbeeld in overeenstemming met de Duitse basiswet. Deze verklaring suggereert dat Leo XIV **niet** uit was **op veranderingen op korte termijn** in de toelating van vrouwen tot het diaconaat of priesterschap . In plaats daarvan zou hij, zoals voorspeld door experts, waarschijnlijk doorgaan met **pragmatische verbeteringen**: Hij zou bijvoorbeeld meer vrouwen in verantwoordelijke posities kunnen benoemen en de reeds begonnen openingen consolideren (stemrecht voor vrouwen in synoden, leiderschap van autoriteiten door lekenvrouwen, enz.) Dit zou een wijziging van het **Definiendum** zijn zonder tegelijkertijd de **Definiens** dienovereenkomstig aan te passen: Invoering in de praktijk, zonder aanpassing van de geschreven definiërende leer - het zou dus overeenkomen met de mogelijkheid om tegelijkertijd gelovig te zijn (**credens**) zonder actief deel te nemen aan het zondagse leven van de kerk (**practicans**) - een scheiding die in toenemende mate de realiteit is in het leven van veel mensen, zoals de standaard van zogenaamd heteroseksuele geestelijken die echter weten gevoelens van hetzelfde geslacht te hebben. Georg Essen, professor theologie aan de HU in Berlijn, verwacht bijvoorbeeld dat Leo de rol van vrouwen "pragmatisch versterkt" zonder het fundamentele verbod op wijding te veranderen. Een evenwichtsoefening waarbij de inhoud niet de vorm volgt. Er zullen dus - naar alle waarschijnlijkheid - geen grote sprongen zoals de wijding van vrouwen tot het priesterschap van deze paus komen als hij in de mindset-status van zijn kardinaalschap blijft en zijn eigen visie van de Vader voor allen met beperkingen niet waarmaakt.

Aan de andere kant groeit de druk van basisbewegingen, vooral in Europa: Groepen zoals de Katholische Frauengemeinschaft Deutschlands (kfd) en initiatieven zoals *Maria 2.0* roepen al lang op om **vrouwen toe te laten tot alle gewijde ambten.** Ze hopen dat Leo XIV "de deuren van de kerk wijd zal openen - voor alle mensen. Bijvoorbeeld het *Maria 1.0* initiatief - dat van de nieuwe paus verwacht dat hij zijn poot stijf **houdt tegen de valse hoop van de onrealistische conservatieven.** Leo XIV moet daarom een middenweg vinden tussen hervormers en traditionalisten. Er is **continuïteit** in zoverre dat Franciscus ook deze evenwichtsoefening moest doen en uiteindelijk vasthield aan het nee tegen de wijding van vrouwen - maar de nadruk kan **anders liggen:** Franciscus liet in ieder geval het theologische debat (bijvoorbeeld over diakens) open, terwijl Leo XIV in dit opzicht al sceptischer was. Uiteindelijk zal de beslissende factor zijn of Leo XIV op geloofwaardige wijze aan de vele toegewijde vrouwen in de Kerk kan overbrengen dat hun bijdrage overbodig is als de **sacramenten** en het ambt van paus alleen aan mannen zijn voorbehouden.

LGBTQ-integratie: verwelkomen zonder het onderwijs te veranderen?

Tegenwoordig is er veel aandacht voor hoe open de kerk staat tegenover **queer people** - dat wil zeggen mensen met verschillende seksuele oriëntaties en genderidentiteiten. Paus Franciscus werd gekenmerkt door een veel **meer dialogische en barmhartige toon** op dit gebied, maar zonder de traditionele leer fundamenteel te herzien (die homoseksuele handelingen bijvoorbeeld als "ongeordend" classificeert). Zijn uitspraak *"Wie ben ik om te oordelen?"* met betrekking tot een gelovige met homoseksuele gevoelens werd beroemd. Onder Franciscus waren er geïsoleerde tendensen naar openheid: hij moedigde pastors aan om mensen van hetzelfde geslacht niet de deur te wijzen en sprak zich uit voor wettelijke bescherming van partnerschappen tussen mensen van hetzelfde geslacht. In 2023 liet

Franciscus doorschemeren dat **zegeningen voor paren van hetzelfde geslacht** onder bepaalde omstandigheden mogelijk zouden kunnen zijn - zelfs als anderen het **sacramentele huwelijk van queer paren** op de agenda zetten voor volledige gelijkheid en inclusie. Deze op zijn minst pastorale flexibiliteit werd door velen gezien als een stap in de richting van meer inclusie, hoewel de katholieke morele leer formeel ongewijzigd bleef.

De eerdere uitspraken van Robert Prevost geven aan dat Leo XIV **meer betrokken moet zijn bij het onderwerp** dan Franciscus. LGBTQIA+ katholieken uitten hun bezorgdheid na zijn verkiezing en verwezen naar eerdere uitspraken van de nieuwe paus. In feite had Prevost jaren geleden als bisschop van Chiclayo (Peru) geprotesteerd tegen de introductie van genderkwesties in schoollessen: *"Het promoten van gender ideologie is verwarrend omdat het genders probeert te creëren die niet bestaan,"* zei hij toen. Prevost werd nog duidelijker in 2012 tijdens een bisschoppensynode in Rome: hij zei dat de westerse media *"enorme sympathie opwekken voor overtuigingen en praktijken die in strijd zijn met het evangelie - bijvoorbeeld abortus, homoseksuele levensstijlen, euthanasie"*.

De eerdere gelijkstelling van liefde van hetzelfde geslacht met euthanasie lijkt vandaag de dag een moeilijk te begrijpen dwaalspoor en een vergissing van een jonge man destijds. Het kan hem worden toegeschreven dat hij in die tijd werd gesocialiseerd in de context van een provincie in Peru en de bijbehorende perspectieven en ervaringen miste. Vandaag echter staat hij als **paus voor de taak om verder te gaan dan persoonlijke houdingen en een institutionele en integrerende impact te hebben**, standpunten te onderhandelen in dialoog met betrokken belangengroepen, kerkelijke verenigingen en gelovigen en hun kritische vragen onder ogen te zien. Achteraf gezien lijken zulke vroege formuleringen, die bepaalde levensstijlen over de hele linie als immoreel bestempelen, veel minder ervaren dan de verzoenende toon van een ervaren functionaris als paus Franciscus. Het is duidelijk dat deze citaten een aantal jaren geleden zijn gemaakt.

Of Leo XIV zijn houding als paus kan en zal nuanceren valt nog te bezien - zijn eerste toespraken gaven aan dat hij zijn pontificaat wilde beginnen onder de vlag van verzoening, inclusie en vrede, wat ons hoop geeft dat ook deze groepen gelovigen erbij betrokken zullen worden. Wie zijn pontificaat op deze manier begint, moet ook resultaten boeken, of zoals we in de volkstaal zeggen: wie A zegt, moet ook handelen met en naar B. De sacramentele huwelijksceremonie is het symbool van **volledige gelijkheid voor queer people in de katholieke kerk**.

Voorlopig **is de continuïteit** echter vooral herkenbaar in het feit dat Leo XIV - net als Franciscus voor hem - niet probeert om de leer van de Kerk over seksuele moraal te veranderen - ook niet voor heteroseksuelen, voorbehoedsmiddelen of echtscheidingen: hij heeft immers nog een paar dagen voor een eerste beoordeling van 100 of meer dagen. Het zal waarschijnlijk zo blijven dat het huwelijk door de Kerk wordt gedefinieerd als een verbintenis tussen een man en een vrouw en dat een sacramentele huwelijksceremonie voor koppels van hetzelfde geslacht uitgesloten blijft: daarom moet men zich afvragen waarom liefde anders zou moeten zijn of seksuele geaardheid zou moeten discrimineren. Leo XIV staat echter, net als Franciscus, voor de taak om **pastorale manieren te vinden** om **LGBTQIA+ gelovigen en queer huwelijkspartners** op gelijke voet in de kerk te verwelkomen. Hij verwerpt de spanning tussen een waarderend welkom en het behoud van de traditionele moraal niet fundamenteel - maar het vereist wel gevoeligheid. Leo XIV zou de door Franciscus gestarte dialoog met LGBTQIA+ groepen kunnen voortzetten en duidelijk maken dat ieder mens - ongeacht zijn of haar seksuele geaardheid - geliefd en gerespecteerd wordt in de kerk, d.w.z. niet sacramenteel wordt uitgesloten. Het blijft dus een open vraag hoe Leo XIV een duidelijk antwoord zal geven op de prangende kwestie van kerkelijke erkenning van homoseksuele paren in sommige landen, of dat hij net als zijn voorganger een zeker pastoraal **grijs gebied** zal laten bestaan.

Verplicht celibaat: celibaat op de proef gesteld

Het priestercelibaat - het verplichte celibaat van katholieke priesters in de Latijnse Kerk - is al tientallen jaren onderwerp van hervormingsdebatten. Franciscus heeft de bestaande regeling gehandhaafd en het verplichte celibaat over het algemeen niet afgeschaft. Hij stond echter wel open voor discussie: Zo liet hij op de Amazonesynode van 2019 de wijding van bewezen getrouwde mannen (zogenaamde *viri probati*) bespreken om het extreme tekort aan priesters in afgelegen gebieden tegen te gaan. Dit concept is onlangs uitgebreid met *"homines probati"* en *"laici probati"* door het werven van voorheen gemarginaliseerde leden van de katholieke kerk, zoals lekenvrouwen.

Uiteindelijk besloot Franciscus in zijn postsynodale brief *Querida Amazonia* een dergelijke uitzondering niet toe te staan - tot grote teleurstelling van degenen die hadden gehoopt op beweging in deze kwestie. Desondanks benadrukte Franciscus herhaaldelijk dat het celibaat **"geen dogma"** is, maar een kerkelijke discipline. Hij maakte dus duidelijk dat de regel van het celibaat in principe kon worden veranderd - zij het niet lichtvaardig. Onder paus Leo XIV rijst nu opnieuw de vraag: zal hij de status quo over het celibaat handhaven zoals zijn voorgangers, of zijn er tekenen van verandering?

Als religieus was Leo XIV persoonlijk toegewijd aan het ideaal van het celibaat, maar vanuit zijn praktische pastorale werk was hij zich bewust van de behoefte aan een tekort aan priesters, vooral uit Latijns-Amerika. Sommige kerkleden **achten het denkbaar** dat er onder Leo XIV voorzichtige openingen werden overwogen. Theoloog Thomas Söding, zelf lid van het Centraal Comité van Duitse Katholieken, zei dat het *"niet onmogelijk"* was dat Leo XIV beweging zou brengen in de kwestie van het celibaat - juist omdat hij de pastorale realiteit kende en als canoniek jurist wist dat het celibaat geen onherroepelijk dogma was. Natuurlijk is een dergelijke intentie niet bevestigd. Eerder moet worden opgemerkt dat Leo XIV uit een nogal conservatief Amerikaans kerkelijk spectrum kwam, waar het celibaat minder in twijfel wordt getrokken dan bijvoorbeeld in Europa. Maar het westerse en Amerikaanse idee van gelijkheid tussen vrouwen en mannen raakt een paus vandaag des te harder.

Net als Franciscus zal Leo XIV waarschijnlijk **een zorgvuldige afweging moeten maken**: Aan de ene kant gaan er luide stemmen op - zelfs van prominente vertegenwoordigers van de kerk zoals kardinaal Reinhard Marx - om het celibaat af te schaffen zodat priesters een "normaler" leven kunnen leiden en misschien ook meer roepingen aantrekken. Aan de andere kant staat het celibaat voor een eeuwenoude spirituele traditie die nauw verbonden is met de identiteit van het katholieke priesterschap. Franciscus besloot uiteindelijk om deze traditie nog niet los te laten, en Leo XIV zou uit een gevoel van eenheid en vanwege zijn vormende socialisatie op dezelfde manier kunnen handelen. Kerkhistoricus Hubert Wolf verwacht bijvoorbeeld **niet dat** Leo XIV **radicale hervormingen zou doorvoeren** met betrekking tot gehuwde priesters. Continuïteit zou dus betekenen dat het verplichte celibaat voorlopig zou blijven bestaan. Leo XIV moest de realiteit echter serieus nemen: Er is een tekort aan priesters in veel parochies, en niet in de laatste plaats heeft het seksueel misbruikschandaal van mannelijke priesters tegen kinderen en jongeren de celibataire levensstijl weer ter discussie gesteld (zonder dat een oorzakelijk verband onomstotelijk is bewezen, maar een nabijheid tot seksueel geweld onder verdere omstandigheden moet en kan worden vastgesteld). Een mogelijke **compromisoplossing** zou zijn om meer ruimte te geven aan de al bestaande uitzonderingen - bijvoorbeeld om gehuwde permanente diakens meer in te zetten voor pastorale zorg, of om in speciale gevallen ervaren gehuwden tot priester te wijden, zoals gebruikelijk is in de oosterse kerken die met Rome verenigd zijn. Het valt nog te bezien of Leo XIV zo'n stap zal durven zetten, maar het is zeker dat de kwestie op de agenda zal blijven staan en op zijn minst **verder moet worden overwogen** door de nieuwe paus - iets waar elke vrouw allang over heeft nagedacht.

De hervormingsimpulsen van Franciscus en hun verdere ontwikkeling onder Leo XIV.

Als je de hele agenda van paus Franciscus bekijkt, wordt het duidelijk dat hij een uitgebreide hervormingskoers is ingeslagen - van het hervormen van de Curie tot het stellen van nieuwe prioriteiten in de leer en het veranderen van het imago van de Kerk. Paus Leo XIV heeft grotendeels een **erfenis van vernieuwing geërfd** en heeft aangegeven veel daarvan te willen voortzetten, maar ook zijn eigen accenten te willen leggen in de hervormingsagenda. Enkele centrale *Franciscaanse* hervormingsimpulsen en hoe Leo XIV daarmee omging:

- **Hervorming van de Curie en decentralisatie van de macht:** Franciscus heeft de Romeinse Curie fundamenteel geherstructureerd met de Apostolische Constitutie *Praedicate Evangelium* (2022) - autoriteiten werden samengevoegd, leken (zowel vrouwen als mannen) kunnen nu topfuncties bekleden en de missie van de Curie moet meer gericht zijn op het dienen van de universele kerk. Leo XIV nam deze hervormde administratieve structuur aan en moest deze nu **met leven vullen**. Als voormalig hoofd van de Congregatie van Bisschoppen kent hij het werk van de Curie door en door en wordt hij beschouwd als een bekwaam organisator. Er wordt van hem verwacht dat hij de koers van Franciscus voortzet, bijvoorbeeld door **competente leken** te blijven benoemen **in leidinggevende functies** en door de samenwerking tussen het Vaticaan en de lokale bisschoppenconferenties te versterken. Zijn diplomatieke aard zou kunnen helpen om de **decentralisatie** die Franciscus is begonnen op een evenwichtige manier voort te zetten - dat wil zeggen, om de lokale kerken meer autonomie te geven zonder de eenheid in gevaar te brengen.

- **Sociale en ecologische betrokkenheid:** Een van de kenmerken van het pontificaat van Franciscus was zijn focus op de dringende **sociale en milieukwesties** van onze tijd. Hij publiceerde de eerste pauselijke encycliek die volledig gewijd was aan klimaatverandering en milieubescherming (*Laudato Si'*) en koos partij voor de armen, migranten en andere groepen. Leo XIV toonde hier expliciet **continuïteit**. Zelfs als kardinaal sprak hij, net als Franciscus, herhaaldelijk de noodzaak uit van doortastend optreden tegen klimaatverandering. Ook de keuze van zijn naam is opmerkelijk: **Leo XIV** verwijst bewust naar paus **Leo XIII** (pontificaat 1878-1903), die in 1891 de eerste sociale encycliek van de Kerk publiceerde, *Rerum Novarum*. Deze brief legde de basis voor de katholieke sociale leer en was gewijd aan de situatie van de verarmde arbeidersklasse. Door zich naar deze Leo XIII te vernoemen, geeft Robert Prevost op zijn minst een **programmacontinuïteit in de sociale leer** aan - namelijk de toewijding aan sociale rechtvaardigheid, de rechten van arbeiders en de optie voor de armen. Als er geen andere nieuwe Novarum is - nomen est omen: en als hij de naam Leo kiest in deze traditie en met de kennis en de dringende hervormingskwesties, mag het geen lege huls blijven zoals een onbeheerde dienst in de plaatselijke parochiekerk. In feite wordt Leo XIV al beschreven als **de "meest internationale paus"**, die zowel de zorgen van gewone mensen kent ("het hart van de kleine mensen") als de diplomatieke wereld. We kunnen daarom van hem verwachten dat hij de inzet van Franciscus voor vrede, gerechtigheid en het behoud van de schepping zal voortzetten en vernieuwen - meer dan het minimum. Zelfs in zijn allereerste woorden als paus stelde Leo XIV de **vrede van allen** centraal. Gezien de oorlogen en conflicten wereldwijd zien veel gelovigen hem als een mogelijke *"Paus van inclusie"* en *"Paus van vrede"*, die de oproepen tot vrede en pogingen tot integratie van zijn voorganger voortzet. Er is hier geen verschil, maar eerder een sluiten van de gelederen: Beide pausen erkennen dat geloofwaardigheid tegenwoordig ook wordt afgemeten aan hoe de kerk staat tegenover wereldwijde humanitaire uitdagingen - of het nu gaat om de klimaatcrisis, sociale ongelijkheid, gelijke rechten, vrouwen en mannen of oorlog en vrede.

- **Omgaan met seksueel misbruik en transparantie:** Het wereldwijde **kerkschandaal van seksueel misbruik** is een triest, aanhoudend onderwerp dat Franciscus al intensief heeft beziggehouden. Franciscus nam een aantal belangrijke stappen om het onderzoek te verbeteren - hij hief bijvoorbeeld het pauselijk geheim op in misbruikprocedures zodat interne kerkdossiers konden worden doorgegeven aan de staatsrechtspraak en verplichtte geestelijken wereldwijd om verdachte gevallen te melden. Toch moet er nog veel gebeuren onder Franciscus: verenigingen van slachtoffers bekritiseerden zijn aarzelende aanpak, en in veel landen is een onafhankelijk onderzoek naar misbruik door geestelijken nog steeds niet afgerond. Leo XIV zal **dringend moeten handelen** om het verloren vertrouwen te herstellen. Hij heeft een zekere ervaring - in zijn tijd in Peru steunde Prevost slachtoffers van misbruik en werd hij gezien als iemand die hun zorgen serieus nam. Er zijn echter ook punten van kritiek: Hij wordt ervan beschuldigd dat hij als bisschop in Chicago en Chiclayo niet in alle gevallen consequent actie heeft ondernomen, wat hij ontkent. Feit is dat Leo XIV kan voortbouwen op de structuren die Franciscus heeft gecreëerd (zoals nieuwe kerkelijke strafnormen en commissies). De nieuwe paus heeft de kans om de **"hete aardappel" van** misbruik nog resoluter aan te pakken - bijvoorbeeld door mannelijke bisschoppen die het in de doofpot hebben gestopt ter verantwoording te roepen en wereldwijd transparante onderzoeken te bevorderen. Het valt nog te bezien in hoeverre hij de hervormingsimpuls van zijn voorganger zal voortzetten en misschien versterken: Franciscus heeft een basis gelegd, maar de **zero-tolerance cultuur** moet consequent worden doorgevoerd om geloofwaardig te zijn. Leo XIV heeft al aangegeven dat de Kerk in de voetsporen van Franciscus moet treden; dit geldt met name op dit gebied, dat bepalend is voor de morele integriteit van de Kerk.

Samenvattend kan gezegd worden dat Leo XIV in veel hervormingskwesties duidelijk op de schouders van Franciscus staat - hij neemt zijn centrale zorgen over zoals synodaliteit, sociale rechtvaardigheid, klimaatbescherming en een pastorale kerk van nabijheid. Tegelijkertijd zal hij zijn eigen **prioriteiten** stellen - en dat zal hij moeten doen met concrete, effectieve en duurzame resultaten - op het gebied van de uitvoering: mogelijk op een meer nuchtere, bemiddelende manier en met het oog van een ervaren bestuurder. Juist omdat Franciscus zulke grote visies heeft geschetst, is het nu aan Leo XIV om deze visies te vertalen naar de bestuurlijke en dagelijkse realiteit van de Kerk. De inzet is hoog - net als de problemen: handelen kan betekenen dat er minder mediagebaar moet worden gemaakt, maar dat er op de achtergrond bestuurlijke hervormingen moeten worden doorgevoerd en dat dialoogprocessen resultaatgericht moeten worden gemodereerd. Net als in een staatsparlement: Alleen schriftelijke wetswijzigingen creëren een nieuwe realiteit.

Nieuwe uitdagingen en noodzakelijke antwoorden

Zelfs als er veel is dat wijst op een saaie **continuïteit**, staat Leo XIV voor een reeks nieuwe of intensievere uitdagingen, waarvan sommige al virulent waren onder Franciscus, maar nu nog dringender om een antwoord vragen. Groepen die dicht bij de Kerk staan vragen zich dat heel duidelijk af. Hieronder volgt een overzicht van de belangrijkste probleemgebieden waarvoor de nieuwe paus oplossingen zal moeten vinden - zonder vooruit te lopen op hoe hij zal beslissen, is het mogelijk om de **opties** op tafel en de **uitdagingen die** voor ons liggen te schetsen:

- **Een verdeelde kerk:** De universele katholieke kerk is verdeeld in verschillende kampen - **progressieve** krachten eisen hervormingen (vrouwenpastoraat, LGBTQIA+ erkenning, democratie in de kerk), terwijl **conservatieve** kringen vragen om een terugkeer naar de traditionele leer zonder transformatieve interpretatie en erkenning van een nieuwere realiteit. Vooral in het thuisland van Leo XIV, de VS, is de kerk *"diep verdeeld"* als gevolg van politieke polarisatie. De nieuwe paus moet deze verdeeldheid tegengaan. De optie is een **inclusieve leiderschapsstijl** die naar beide kanten luistert en gemeenschappelijke zorgen probeert te benadrukken (bijv. toewijding aan het leven, gerechtigheid). De uitdaging blijft dat compromissen in geloofskwesties moeilijk te bereiken zijn - Leo XIV moet daarom vooral vertrouwen scheppen dat hervorming en trouw aan de kern van het geloof elkaar niet uitsluiten.

- **Vrouwen en gelijke rechten:** De kwestie van **gendergelijkheid** blijft een grote rol spelen. Het wordt in de samenleving nauwelijks begrepen dat vrouwen worden uitgesloten van belangrijke functies; dit draagt bij aan de vervreemding van veel gelovigen in West-Europa. Leo XIV moet nieuwe antwoorden vinden over hoe vrouwen gelijke deelname en erkenning kunnen krijgen. Eén optie (naast de reeds genoemde leiderschapsrollen) zou **de theologische opwaardering van hun ambten** zijn: Vrouwen zouden bijvoorbeeld officieel doopsters, predikanten of kerkleiders kunnen worden, zelfs zonder priesterwijding. Het zetten van de tweede stap hier vereist een antwoord op de vraag waarom vrouwen geen paus mogen worden, maar wel bedieningen krijgen aan de basis. Het zou ook denkbaar zijn om het onderwerp van **het diaconaat voor vrouwen** opnieuw te bekijken - een beslissing die Franciscus open heeft gelaten. De uitdaging ligt in het bereiken van veranderingen zonder een breuk te veroorzaken met de eerdere doctrinaire traditie. Leo XIV zal voorzichtig maar snel te werk moeten gaan om zowel de roep om gelijkheid serieus te nemen als een **breuk** met de **opvatting** van de katholieke kerk **over het priesterschap** te voorkomen.

- **Omgaan met LGBTQIA+ mensen:** In een tijd waarin veel staten het huwelijk en rechten voor paren van hetzelfde geslacht erkennen en diversiteit van identiteiten sociaal geaccepteerd is, staat de Kerk onder druk om haar standpunt overtuigend te communiceren. Leo XIV moet beslissen of en hoe hij **pastorale openingen** voor LGBTQIA+ mensen zal vormgeven. Opties zouden zijn, bijvoorbeeld, een officiële hand-out die pastorale **sacramentele vieringen** voor liefdevolle, toegewijde partnerschappen tussen mensen van hetzelfde geslacht toestaat (zoals individuele bisschoppen willen praktiseren), - Kan het een gebod van naastenliefde zijn om dit niet te definiëren als een kerkelijke huwelijksceremonie, terwijl zelfs God van iedereen houdt zoals hij ze geschapen heeft? Een andere toevoeging is het opstellen van een pastorale brief over de waardering van mensen met een homoseksuele geaardheid om discriminatie binnen de kerk te verminderen. De uitdaging is om **de universele kerk, de sociale realiteit en het leergezag in harmonie** te houden: In sommige culturen (vooral in het globale Noorden) neemt de druk om te erkennen toe, terwijl in andere (Afrika, Azië) zelfs een kleine opening reflecties zou kunnen inhouden. Leo XIV moet een koers vinden die de universele Kerk meeneemt - mogelijk door deze kwestie sterker op te lossen op het niveau van de respectieve regio's (sleutelwoord: **differentiatie naar**

culturele groepen). Los van structurele oplossingen wordt verwacht dat hij - net als Franciscus - in ieder geval op zijn toon duidelijk zal maken dat **ieder mens, ieder getrouwd stel door God geliefd is** en dat de kerk niemand uitsluit. Dit is zijn visie op de inclusieve kerk.

- **Gebrek aan priesters en celibaat**: De wereldwijde **afname van priesterroepingen** - vooral in Europa en Amerika, maar ook in delen van Latijns-Amerika - komt tot een hoogtepunt. Parochies worden samengevoegd en eucharistievieringen kunnen op sommige plaatsen nog maar zelden plaatsvinden. Dit roept de vraag op of het verplichte celibaat nog wel bij de tijd past of dat de Kerk andere wegen moet inslaan en het moet afschaffen. Leo XIV zal volgens velen oplossingen moeten vinden voor het tekort aan priesters. Naast een sterkere pastorale zorg voor roepingen is er de optie om **de voorwaarden voor toelating** tot het priesterschap **te verruimen**: bijvoorbeeld door in uitzonderlijke gevallen geselecteerde gehuwde diakens of bewezen ouders tot priester te wijden. Deze optie werd openlijk bepleit op het Duitse Synodale Pad en elders. De uitdaging is dat een versoepeling van de celibaatseis in conservatieve kringen zou worden gezien als een transformatie van een heilige traditie, waar ze vanuit hun wereldbeeld mee zouden moeten instemmen. Het is ook onduidelijk of het toestaan van gehuwde priesters het aantal roepingen daadwerkelijk aanzienlijk zou doen toenemen. Leo XIV moest een afweging maken tussen **het behoud van een spirituele, opgelegde manier van leven** en de pragmatische behoefte aan pastorale zorg. Alternatieve benaderingen - bijv. een grotere betrokkenheid van lekenpastors of nieuwe modellen van parochieleiding waarbij priesters worden afgelost - zouden ook een deel van het antwoord kunnen zijn. Deze weg inslaan laat echter zien dat mensen op het randje zitten en niet bereid zijn om te veranderen in de hoop van de oudere of meer conservatieve dat het kan voldoen aan de verwachtingen van de jongere of meer progressieve - hoewel dit niet hoeft samen te vallen.

- **Vertrouwenscrisis door misbruikschandaal**: Een van de belangrijkste redenen voor het enorme verlies aan geloofwaardigheid van de kerk zijn de schandalen rond seksueel misbruik en de inadequate aanpak van het verleden. De samenleving verwacht van de paus **een zero tolerance** en maximale transparantie. Leo XIV staat voor de taak om wereldwijd bindende normen op te stellen voor het omgaan met het verleden. Noodzakelijke stappen zouden kunnen zijn: de oprichting van onafhankelijke onderzoekscommissies in elke bisschoppenconferentie, doortastender optreden tegen doofpotbisschoppen (tot en met ontslag uit het ambt) en nauwere samenwerking met staatsautoriteiten. Franciscus heeft belangrijke deuren geopend (afschaffing van het pauselijk geheim, nieuwe canonieke normen), maar de uitvoering is nu in handen van Leo XIV. De uitdaging zal zijn om de **wereldwijde kerk** - met zeer verschillende rechtssystemen en mentaliteiten - op één lijn te krijgen en de slachtoffers te laten zien dat de kerk van haar fouten heeft geleerd. Er is hier geen ruimte voor witwassen; het pontificaat van Leo XIV zal moeten worden afgemeten aan de vraag of hij erin slaagt het verloren vertrouwen beetje bij beetje terug te winnen door middel van maatregelen.
- **Sociale en wereldwijde politieke verwachtingen:** Naast de hervormingskwesties binnen de Kerk werd Leo XIV geconfronteerd met grote **wereldwijde politieke en sociale verwachtingen.** Veel mensen - ook buiten de Kerk - hoopten op een sterk moreel kompas in een wereld vol crises. Vrede is, zoals gezegd, een centraal thema: Van Leo XIV wordt verwacht dat hij naam maakt als **vredestichter** en zijn bemiddelingspogingen voortzet, bijvoorbeeld in het Oekraïne-conflict of andere oorlogen. Zijn stem zou ook gewicht in de schaal kunnen leggen in de **wereldeconomie en het sociale beleid** als het gaat om armoedebestrijding, migratie of mondiale rechtvaardigheid. De uitdaging voor de nieuwe paus is om **geloof en ethiek in het publieke discours** te brengen zonder zich te laten inpalmen door

politieke actoren. Als eerste paus uit de VS heeft Leo XIV hier een speciale rol te spelen: Hij kent de westerse wereldmacht uit eigen ervaring en zou - zo wordt gespeculeerd - een tegenwicht kunnen vormen tegen tendensen tot isolatie en verdeeldheid. Tegelijkertijd moet hij oppassen dat hij een mondiaal perspectief behoudt en niet alleen als de "Amerikaanse paus" wordt gezien. Leo XIV heeft de kans om de **Franciscaanse openheid naar de wereld** voort te zetten (Franciscus reikte de hand naar zowel de machtigen als de gemarginaliseerden) en om nieuwe bruggen te slaan met zijn kosmopolitische biografie.

Samengevat staat paus Leo XIV voor een evenwichtsoefening: hij moet zowel **continuïteit als vernieuwing** belichamen. In veel opzichten treedt hij in de voetsporen van Franciscus: beiden hebben een hart voor mensen in de marge, een gevoel voor rechtvaardigheid en de wil om de Kerk dichter bij de gelovigen te brengen. De verschillen zijn duidelijker in stijl en nadruk: Leo XIV treedt diplomatieker en gematigder op - een *"gematigde hervormer"* die hervormingen wil, maar zonder mediapubliciteit en een breuk met de traditie. De komende jaren zal blijken of hij erin slaagt de onopgeloste problemen van de kerk - van de vrouwenkwestie tot misbruik - resoluut aan te pakken. Zeker is dat **de maatschappelijke realiteit** om antwoorden vraagt - want iedereen heeft vragen. Leo XIV zal geen persoonlijke voorkeuren als maatstaf kunnen gebruiken, maar het welzijn van de hele kerk en haar gelovigen. De geschiedenis leert ons dat elke paus anders is. Maar de spanning tussen continuïteit en verandering zal op bepalen of Leo XIV de Kerk geloofwaardig de toekomst in kan leiden. De wereld kijkt met hoge verwachtingen naar deze nieuwe paus - als *hervormer, kosmopoliet en pragmaticus* - en in zijn werk zullen de **lijnen van Franciscus** op nieuwe manieren moeten worden voortgezet en ontwikkeld.

 Hoofdstuk 4:
Persoonlijke kwaliteiten en leiderschapsstijl

Toen Leo XIV op de avond van zijn verkiezing de zegen "Urbi et Orbi" gaf op de loggia van de Sint-Pietersbasiliek en zelfs een paar woorden in het Spaans tot zijn voormalige bisdom richtte, barstten een paar nonnen duizenden kilometers verderop in tranen uit. Deze zusters uit Chiclayo in Peru hadden hun vroegere bisschop herkend - **een pastoor "die dicht bij de mensen stond"**, zoals zuster Karina Gonzales Risco rapporteerde. In feite werd de nieuwe paus al beschouwd als iemand **die dicht bij de herders en nederigen** in Peru stond: hij reed urenlang op de rug van een muilezel over onverharde wegen om afgelegen dorpen te bereiken, **"gebruikte de transportmiddelen van de mensen"**, zoals de non vertelde - zo wilde hij *"één van ons zijn"*. Zijn nauwe band met de eenvoudige mensen en de armen leverde hem zelfs de bijnaam **"Heilige van het Noorden"** op, zoals hij in Peru bekend stond. *"Hij had tijd voor iedereen"*, herinnert een Augustijner priester uit Peru zich, *"hij was iemand die je onderweg oppikte"*. Deze geest van **nabijheid en menselijkheid** kenmerkt Leo XIV vandaag de dag nog steeds.

Karakter en persoonlijke waarden

Robert Francis Prevost komt uit Chicago, maar Peru werd zijn tweede thuis. De jonge Augustijner priester kwam in 1985 als missionaris naar Latijns-Amerika en werd verliefd op het land en de mensen. **Met zijn open karakter en charisma** kreeg hij al snel toegang: *"Hij had een uitstraling die mensen aansprak. De mensen stroomden naar hem toe,"* herinnert zich een voormalige misdienaar van de jonge pater Prevost. Ondanks aanvankelijke taalbarrières deed Prevost zijn best om met de lokale bevolking te leven, te leren en zelfs te spelen - hij organiseerde sport en excursies voor jongeren om hen weg te houden van criminaliteit. Hij toonde **moed en loyaliteit** in gevaarlijke tijden: Toen de terreur van de *Sendero Luminoso* (Lichtend Pad) Peru in de jaren 80 op zijn grondvesten deed schudden en missionarissen met de dood werden bedreigd, **bleef Prevost standvastig bij de mensen** in plaats van in veiligheid te vluchten. *"Wat hen deed blijven waren de mensen,"* zegt een priester over Prevost en zijn medebroeders en -zusters. Deze **diep gevoelde solidariteit** met de lokale gelovigen loopt als een rode draad door Prevosts leven.

Bescheidenheid, toewijding en een gevoel voor rechtvaardigheid behoorden tot de bepalende waarden van Leo XIV. Tijdens zijn periode als bisschop van Chiclayo leefde hij de *optie voor de armen* in de geest van paus Franciscus: *"Veel mensen zijn arm. Bisschop Prevost leefde de optie voor de armen in de geest van paus Franciscus en was er altijd voor iedereen, zelfs voor de armste mensen,"* zegt Jürgen Huber, een Duitse expert op het gebied van de Peruaanse kerk. Prevost aarzelde niet om zijn stem te verheffen tegen sociale misstanden - *"keer op keer sprak de bisschop politici vermanend toe,"* zegt Huber. **Milieu- en klimaatbescherming** lagen hem ook na aan het hart: zijn bisdom had te lijden onder extreme weersomstandigheden en overstromingen veroorzaakt door *El Niño*, en Prevost organiseerde hulp voor de slachtoffers en stelde de verwaarlozing van de openbare infrastructuur aan de kaak. Deze praktische aanpak leverde hem veel waardering op - *"iedereen mocht hem"*, herinnert zuster Gonzales Risco zich. Zelfs toen hij in 2023 al benoemd was tot hoge curieambtenaar in Rome**, bleef Prevost tot het einde bij zijn mensen in Peru** om de gevolgen van de zware regenval op te vangen. *"Hij wilde helpen tot het einde, zelfs toen hij al benoemd was in Rome,"* zegt de non over die tijd. Dit plichtsbesef en **inlevingsvermogen in het lijden** zijn kwaliteiten die nu ook Leo XIV kenmerken in het ambt van paus.

Managementstijl en leiderschapscompetentie

Leo XIV bracht een indrukwekkende schat aan ervaring in leidinggevende functies met zich mee - van het leiderschap van de orde tot het bestuur van de Curie. Prevost werd tweemaal verkozen tot **Prior Generaal van de Augustijner Orde** en stond zo aan het hoofd van een wereldwijde orde met een eeuwenoude traditie. In deze rol leerde hij **internationaal en collegiaal leiding te geven**, in voortdurende uitwisseling met broeders en zusters uit verschillende culturen. Augustijnen cultiveren - net als de Jezuïeten, uit wier gelederen zijn voorganger Franciscus kwam - een gemeenschapsgeest: geloof wordt gedeeld en samen beslist. Je kunt deze afdruk zien bij Leo XIV. Hij wordt gezien als een **teamspeler** die goed kan luisteren en zich richt op evenwicht in plaats van autoritair ingrijpen. **Zijn winnende manier** schept vertrouwen - kwaliteiten die ook duidelijk waren in het conclaaf: Waarnemers zien het feit dat de kardinalen het ongewoon snel eens waren over Prevost als nieuwe paus als een teken van de grote steun en het vertrouwen dat hij geniet onder kerkleiders.

Prevost heeft zich niet alleen bewezen in de spirituele gemeenschap, maar ook als **beheerder en manager**. *"Hij is een religieus man ... en uiteindelijk is hij een manager*," merkte Vaticaanexpert Tilmann Kleinjung op na de verkiezing, aangezien paus Franciscus Prevost in 2023 naar Rome had gehaald en hem *een van de belangrijkste kantoren in het Vaticaan had toevertrouwd: het Departement voor Bisschoppen - de personeelsafdeling* van de universele kerk. Als prefect van het Dicasterium voor Bisschoppen was kardinaal Prevost verantwoordelijk voor de selectie van nieuwe bisschoppen wereldwijd - een taak met een enorme verantwoordelijkheid die diplomatieke vaardigheden, kennis van de menselijke natuur en besluitvaardigheid vereist. Collega's getuigen van zijn grote gevoeligheid op dit gebied: *"Als hoofd van de bisschoppenautoriteit in het Vaticaan geniet kardinaal Prevost groot vertrouwen binnen de Katholieke Kerk,"* zei een Oostenrijkse bisschop goedkeurend. Prevost wordt gezien als iemand die **op een doordachte manier structuren** kan **hervormen** en tegelijkertijd persoonlijke ontmoetingen zoekt. Als prefect hield hij bijvoorbeeld toezicht op een kleine revolutie toen vrouwen voor het eerst stemrecht kregen bij de selectie van bisschoppen - een initiatief van paus Franciscus dat Prevost in praktijk bracht.

Prevosts **dynamische leiderschapsstijl** was ook duidelijk op diocesaan niveau. In Chiclayo, waar hij in 2015 bisschop werd, **bracht hij een frisse wind in een verstarde lokale kerk**. *"Chiclayo was vroeger een Opus Dei bisdom, zeer conservatief en klerikaal,"* legt Jürgen Huber uit. Maar onder het leiderschap van Prevost **opende de lokale kerk zich**: *"Vandaag de dag zijn er veel actieve en toegewijde leken..."* Dit zijn *allemaal dingen die bisschop Prevost daar heeft gezaaid.* In het bijzonder heeft hij nieuwe accenten gezet in de opleiding van priesters. Veel van de jonge priesters die in zijn tijd werden opgeleid waren **open**

en synodaal - wat Huber expliciet toeschrijft aan de invloed van Prevost: *"Dit is te danken aan de manier waarop bisschop Prevost zijn seminarie opzette en organiseerde.* In plaats van het bevorderen van klerikaal elitarisme, legden de Augustijnen onder Prevost de nadruk op **onderwijs en nederigheid**, vervolgt Huber. Prevost beoefende met succes dit coöperatieve begrip van leiderschap gebaseerd op het evangelie en de wereld van vandaag in Peru - en het lijkt naadloos te zijn overgegaan in zijn pontificaat. Veel waarnemers zien zijn verkiezing zelf als een **signaal voor evenwicht en eenheid** in de Kerk: *"Zijn verkiezing wordt gezien als een compromis - en tegelijkertijd als een signaal van eenheid"*, schreef een tijdschrift over Leo XIV, *"Prevost combineert Amerikaanse afkomst, Latijns-Amerikaanse invloed en Romeinse ervaring"*. Hij past in geen enkel eenvoudig hokje en kan bruggen bouwen. Of zoals *Stern* het scherp formuleerde: *"Hij is geen liberaal. Maar hij is ook geen concreet hoofd... Paus Leo XIV past in geen enkel hokje"*. Het is precies dit **vermogen om een evenwicht te vinden** - om noch streng, noch ultraliberaal op te treden - dat zijn leiderschapsstijl definieert en velen hoop geeft dat hij in staat zal zijn om de Kerk door turbulente tijden te loodsen.

Communicatieve vaardigheden en externe impact

Al in de eerste dagen van zijn pontificaat liet Leo XIV zien dat hij **een meester** was **in communicatie** - niet met hoogdravende woorden, maar met eenvoudige gebaren en dialogen. De nieuwe paus **sprak** vloeiend **verschillende talen**: Naast Engels en Spaans - zijn twee "thuistalen" - spreekt hij ook Italiaans en waarschijnlijk wat Frans. Zijn manier van doen is zowel hoffelijk als dicht bij de mensen. Tijdens de eerste zegening in de Sint-Pietersbasiliek begroette hij de menigte in verschillende talen en concentreerde hij zich op een eenvoudige maar centrale kern van de boodschap: *"God houdt van ons, God houdt van iedereen,"* riep hij de mensen op het plein toe. Dit weerspiegelde onmiskenbaar de erfenis van zijn voorganger Franciscus, die altijd **Gods barmhartigheid** centraal stelde. Ook inhoudelijk bracht Leo XIV hulde aan Franciscus, maar hij deed dat op **zijn eigen, oprechte manier**.

Kort na zijn verkiezing toonde hij gevoel voor **humor en menselijkheid in zijn omgang met de media**. Tijdens zijn allereerste audiëntie voor de ongeveer 3000 journalisten die in het Vaticaan aanwezig waren, oogstte hij gelach en applaus toen hij gekscherend in het Engels opmerkte: *"Ze zeggen dat het niet uitmaakt of mensen klappen aan het begin. Als u aan het einde van mijn toespraak nog wakker bent en wilt applaudisseren - hartelijk dank"*. Met zulke spontane woorden won hij de harten van de mediavertegenwoordigers. Maar Leo XIV had niet alleen een grap in zijn bagage, hij had ook een **gewichtige boodschap over de verantwoordelijkheid van de media**. *"We moeten nee zeggen tegen de oorlog van woorden en beelden. We moeten het oorlogsparadigma verwerpen"*, waarschuwde hij en riep op om communicatie altijd te richten **op het zoeken naar waarheid, dialoog en vrede**. De media en het publiek moeten zich niet laten leiden door agressieve taal en puur sensatiezucht, zei de paus. *"Vrede begint bij ieder van ons, in de manier waarop we kijken naar, luisteren naar en spreken over onze medemensen,"* verklaarde Leo XIV nadrukkelijk. Deze woorden vonden enorme weerklank - ze onderstrepen zijn reputatie als **bruggenbouwer en vredestichter** die een verzoenende toon wilde zetten in gepolariseerde tijden.

Het publieke imago van de nieuwe paus wordt tot nu toe gekenmerkt door een grote onbevangenheid. Zelfs seculiere media zijn verbaasd over hoe evenwichtig en onbevooroordeeld Leo XIV overkomt. *"Geboren in de VS - thuis in Latijns-Amerika. Hij past in geen enkel hokje"*, zo karakteriseerde *Stern* hem, waarbij hij benadrukte dat Prevost geen dogmatische hardliner was, maar ook geen uitgesproken progressief. Deze middenweg, die moeilijk te categoriseren is, lijkt zijn kracht te zijn: hij zendt signalen uit naar **alle delen van de kerk**. Er werd bijvoorbeeld benadrukt dat hij als Noord-Amerikaan ook *"deel uitmaakt van een wereldwijde religieuze gemeenschap"* - zijn wortels en ervaringen reiken veel verder dan de VS. Veel katholieken in Latijns-Amerika voelen zich voor het eerst echt vertegenwoordigd door hem in het pausambt; Leo XIV heeft tenslotte zelfs de Peruaanse nationaliteit. **De vreugde in Peru** over zijn verkiezing was enorm: in Chiclayo, zijn voormalige bisdom, vierden duizenden op straat hun "geadopteerde zoon" en prezen zijn *"grote hart"* voor het volk. De verkiezing werd ook met belangstelling begroet in de Verenigde Staten, waar velen hopen dat een paus uit Chicago in staat zal zijn om bruggen te slaan tussen de tegenstrijdige vleugels van de Amerikaanse kerk.

Binnen de Curie van het Vaticaan en onder bisschoppen wereldwijd wordt Leo XIV al beschouwd als een **sterke communicator en benaderbaar**. Tal van kerkmensen melden dat Prevost *"zeer competent is, goed luistert en situaties snel begrijpt"*. Deze lof komt van iemand die het kan weten: Jürgen Huber leerde Prevost kennen als pauselijk vertegenwoordiger in een gecompliceerde kerkelijke situatie en was onder de indruk van hoe kalm en begripvol de huidige paus zelfs complexe problemen aanpakt. Leo XIV's **vermogen om te luisteren** - een vaak aangehaalde deugd van paus Franciscus - zet zich voort. In Rome, net als in Peru, heeft hij de reputatie verworven benaderbaar te zijn: geen afstandelijke hiërarch, maar een **voorvechter van menselijke waardigheid** die het liefst in gesprek gaat, zelfs met vragen. Deze openheid wordt gevoeld door zowel gewone gelovigen als journalisten en hoogwaardigheidsbekleders. Een Oostenrijkse bisschop prees Leo XIV als een *bruggenbouwer, vredestichter en voorvechter van menselijke waardigheid en gerechtigheid*, ervan overtuigd dat hij de koers van dialoog en verzoening die Franciscus heeft ingezet, zou voortzetten. Zulke stemmen laten zien dat de nieuwe paus in de eerste dagen al het **vertrouwen en de sympathie** van veel verschillende kampen heeft gewonnen.

Omgaan met uitdagingen en crises

Ondanks al zijn populariteit staan Leo XIV enorme taken te wachten - *"bijna bovenmenselijke taken"*, volgens commentatoren. De katholieke kerk staat voor uitdagingen die de volledige **wil** van de nieuwe paus vereisen **om leiding te geven en zijn vermogen om crises te doorstaan. Binnen de Kerk dreigen spanningen** de eenheid te verscheuren: *tussen het Zuiden en het Noorden, tussen hervormers en behoudsgezinden, tussen verschillende vrouwen en verschillende mannen*. Het overbruggen van deze kloven was misschien wel de grootste test voor Leo XIV, die nu *"een paus voor allen" moest zijn*. Maar zijn vorige staties hebben hem hier zo goed als op voorbereid. In Peru heeft hij ervaren wat het betekent om **culturele verschillen te overwinnen** - als Noord-Amerikaan heeft hij het vertrouwen van de mensen daar gewonnen zonder zijn identiteit te verloochenen. Hij kent zowel de zorgen van de jonge kerken in Latijns-Amerika en Afrika als de problemen van de oude kerken in Europa en Noord-Amerika. Dit mondiale perspectief zou hem kunnen helpen om conflicten te matigen. Zijn verkiezing zelf wordt door velen gezien als een compromis tussen verschillende richtingen, wat de verwachting wekt dat Leo XIV een **verzoenend en verzoenend effect zal hebben, maar geen troostend effect.** Een eerste aanwijzing hiervoor: na het conclaaf bad de nieuwe paus nadrukkelijk voor zijn voorganger Franciscus en diens missionaire nalatenschap, **maar hij sloeg ook een nieuwe toon aan**, bijvoorbeeld door zijn pauselijke naam Leo te kiezen als bewuste verwijzing naar Leo XIII. Leo XIII is de paus die in 1891 de eerste sociale encycliek schreef en de kerk gevoelig maakte voor de rechten van arbeiders. De naamkeuze van Leo XIV kan daarom worden gezien als **een programma:** Net als zijn voorgangers wil deze paus opkomen voor **sociale rechtvaardigheid** - een duidelijke boodschap in een wereld vol ongelijkheid - en niet alleen in financiële termen.

Een dringende uitdaging is om consequent **om te gaan met het misbruikschandaal** in de Kerk - een *"donkerste hoofdstuk"* dat slechts gedeeltelijk is overwonnen onder Franciscus. Franciscus heeft strengere regels en wetten uitgevaardigd tegen seksueel geweld; nu is het aan Leo XIV om ervoor te zorgen dat ze **over de hele linie en zonder compromissen worden toegepast.** Hoe gaat de nieuwe paus zelf om met deze gevoelige kwestie? Zijn staat van dienst is niet vrij van kritiek: zo klaagden drie vrouwelijke religieuzen dat hij onvoldoende gevolg had gegeven aan een melding van misbruik tegen een priester in Chiclayo in 2022. Bekende stemmen ter plaatse steunen de nieuwe paus echter: Edinson Farfán, de opvolger van Prevost als bisschop van Chiclayo, wees de beschuldigingen resoluut van de hand. *"Dat is een leugen. Hij luisterde, hij respecteerde de procedures,"* verduidelijkte Farfán. Integendeel, Prevost had *"**het snelst van iedereen in** de Peruaanse kerk gereageerd op deze gevallen"* en gerechtigheid mogelijk gemaakt. De ene slak pikt de andere niet? - Dit standpunt wordt ook ondersteund door een onafhankelijke bron: Pater Hans Zollner, een van de bekendste deskundigen op het gebied van kerkmisbruik, beschouwt de beschuldigingen aan het adres van Prevost als *"lasterlijk"* en benadrukt dat Prevost in beide gevallen in kwestie juist heeft gehandeld. De achtergrond van de beschuldigingen is blijkbaar een conflict met de door schandalen geteisterde Sodalitium Christi cultus, een groep in Peru die door paus Franciscus is ontbonden. Prevost had een sleutelrol gespeeld bij het opschonen van dit machtige netwerk, dat was bezoedeld door ernstige gevallen van misbruik. Het feit dat hij nu beschuldigd wordt van een doofpotoperatie wordt door experts zoals Huber gezien als een **reactie uit machteloze kringen**. Leo XIV is daarom waarschijnlijk geen naïeve figuur in het bijzonder op dit gebied, maar iemand die de **machtsstrijd om transparantie en verantwoordelijkheid** uit eigen ervaring kent. De verwachtingen zijn hooggespannen dat hij nadrukkelijk de door Franciscus ingezette koers zal voortzetten - *"het aanscherpen van de regels is niet genoeg, ze moeten eindelijk consequent worden toegepast"*. Slachtofferverenigingen en hervormers hopen dat Leo XIV **geen clementie** zal toestaan **ten opzichte van daders of doofpotaffaires**, maar consequent de *zero-tolerance lijn* zal doortrekken.

Een andere belangrijke bouwput is de **hervorming van de curie en de financiële herstructurering** van het Vaticaan. Hier komt Prevosts *managementtalent* om de hoek kijken. Het Vaticaan worstelt met aanzienlijke financiële tekorten - het meest recente jaarlijkse tekort bedroeg ongeveer 80 miljoen euro. Van Leo XIV wordt verwacht dat hij de in gang gezette administratieve hervormingen voortzet, zorgt voor **transparantie en professionaliteit** en de financiën stabiliseert. Als voormalig generaal van een religieuze orde heeft hij ervaring met budgetteren en als bisschop van een missiebisdom weet hij hoe je veel kunt bereiken met schaarse middelen. Hij heeft ook een goed overzicht van de **wereldwijde personele middelen** van de kerk dankzij zijn tijd in het bisschoppenpastoraat - hij kent veel bisdommen en hun uitdagingen vanuit personeelsperspectief. Deze kennis zou nuttig kunnen zijn bij het plaatsen van de juiste mensen op de juiste plaats, of dat nu in de Curie is of in belangrijke bisdommen.

Tot slot had Leo XIV ook te maken met **pastorale spanningen** die gevoeligheid vereisten. Een voorbeeld is de gelijkheid - en niet de rol - van vrouwen in de Kerk. Franciscus heeft een aantal vrouwen benoemd op leidinggevende posities in het Vaticaan, maar ze worden nog steeds gewijde ambten ontzegd - *"Voor hoe lang nog?"* vroeg commentator Kleinjung. **De verwachtingen van verandering** - bijvoorbeeld in het diaconaat van vrouwen of het opnemen van lekenvrouwen in leidinggevende functies - zijn hooggespannen, vooral in Europa en Noord-Amerika. Tegelijkertijd was er felle weerstand tegen elke uitbreiding van lekenrechten of liturgische hervormingen, vooral vanuit traditionalistische kringen. Leo XIV zal voorzichtig te werk moeten gaan: **Hervormingen doorvoeren zonder de eenheid van de kerk in gevaar te brengen.** Zijn CV suggereert dat hij **klaar is voor een synodale stijl** - met andere woorden, hij wil samenwerken met bisschoppen en gelovigen om oplossingen te vinden. In Peru heeft hij zich gericht op de deelname van leken en jongeren. En het lopende wereldwijde synodale proces van de Kerk (de "Wereldsynode") is nu in zijn handen. Velen hopen dat Leo XIV de zaak van een *"synodale kerk"* met overtuiging zal bevorderen. *"Ik hoop dat hij de synodale kerk over de hele wereld zal bevorderen,"* zegt pater Szeles hoopvol. Het is passend dat Prevost ook als bisschop altijd uitwisseling heeft gezocht - bijvoorbeeld met protestanten: Toen de verjaardag van de Reformatie en Martin Luther, de Augustijner monnik, ter sprake kwamen tijdens retraites in 2017, *"glimlachte* Prevost *breed, met die gastvrije glimlach die we nu ook kennen uit de media"*. Deze glimlach symboliseert misschien zijn **bereidheid om de dialoog aan te gaan**: hij gaat moeilijke onderwerpen niet uit de weg, maar benadert ze steeds vaker openlijk - zonder vooroordelen.

Leo XIV keek ook met grote verwachtingen naar de wereld buiten de Kerk. Hij had zijn stempel al gedrukt, vooral op het gebied van **vrede en sociale rechtvaardigheid**. Het feit dat hij zijn pontificaat begon met een uitgebreide vredesgroet - *"Moge de Heer u vrede geven"* waren zijn eerste woorden aan de stad en de wereld - wordt door velen gezien als een krachtig teken. *"Hoe wanhopig heeft deze wereld een sterke pleitbezorger voor vrede nodig,"* merkte een televisiestation op, en Leo XIV lijkt vastbesloten om die pleitbezorger te zijn. In een tijd waarin oorlog woedt in Europa en conflicten op veel plaatsen smeulen, is de **stem van** de **paus voor verzoening** dringend nodig. Leo XIV heeft ook aangegeven dat hij duidelijk wil spreken (en schrijven) op het internationale toneel. Zelfs als kardinaal was hij niet bang om een duidelijk standpunt in te nemen over de kwestie van migratie, bijvoorbeeld. *"Trump zal verrast zijn wat de paus hem te zeggen heeft,"* voorspelde Jürgen Huber met een knipoog, verwijzend naar Prevosts inzet voor migranten in Peru. In feite combineert Leo XIV op unieke wijze de achtergrond van een Amerikaan met het hart van een Latijns-Amerikaan. Hij kent **beide werelden**: de welvarende maatschappij en de realiteit van de armen. Dit geeft hem geloofwaardigheid wanneer hij bruggen wil bouwen tussen Noord en Zuid.

Samengevat wordt Paus Leo XIV gekarakteriseerd als een **man van evenwicht en geëngageerde actie**. Zijn persoonlijke weg - van een jeugdmissionaris in de Peruaanse Andes tot een doener van bisschoppen in Rome - gaf hem vaardigheden waar nu vraag naar is: Empathie en vastberadenheid, nederigheid en leiderschap, het vermogen tot dialoog en het vasthouden aan principes met een succesvol vermogen tot hervorming. Metgezellen prijzen zijn menselijkheid en nabijheid, de media prijzen zijn ruimdenkendheid en compromisbereidheid. Eén ding is zeker: de komende jaren zal blijken hoe Leo XIV deze kwaliteiten gebruikt om de verschillende crises en taken het hoofd te bieden. De lof vooraf is aanzienlijk - nu **bidden katholieken over de hele wereld en kijken hoopvol naar Leo XIV**, die zich voorbereidt om de Kerk in het heden te leiden als een *bruggenbouwer* en *welwillende herder*.

🕊 *Hoofdstuk 5:*
Pastorale doelen en prioriteiten

Toen paus **Leo XIV** op de avond van zijn verkiezing op de loggia van de Sint-Pietersbasiliek verscheen, begroette hij de wereld met een eenvoudig, diepgaand woord: *"Vrede zij met u allen."* Hij schetste daarmee een pastorale visie van *verzoening, inclusie, rechtvaardigheid en openheid*. Zijn missionaire zelfbeeld, zijn optie voor de armen en inclusieve pastorale zorg, d.w.z. ook queer pastorale zorg, zijn dialoog met de samenleving en culturen evenals zijn inzet voor onderwijs en sociale rechtvaardigheid verweven zich en geven vorm aan de missie van deze paus.

Missionair zelfbeeld en visie

Leo XIV is een paus met **een missionair hart** - gevormd door tientallen jaren als pastor en missionaris in Peru, waar hij *"hoopte, huilde en leerde met de mensen"*. Deze ervaringen hebben in hem de visie gerijpt van een *"kerk die voorwaarts gaat"* en bij de mensen is. Het was geen toeval dat hij koos voor het motto *In illo Uno unum* - *"In de Ene zijn we één"*, een citaat van Augustinus. Eenheid in Christus en een gemeenschappelijke reis kenmerken zijn zelfbeeld als herder. In zijn eerste toespraak tot de kardinalen bevestigde Leo XIV zijn *"volledige toewijding"* aan de weg die door **het Concilie van Vaticanum II** was uitgestippeld en prees hij de visie van Franciscus op een vernieuwde Kerk in overeenstemming met het programma van de vreugde van het Evangelie (*Evangelii Gaudium*, 2013).

Het ideaal van een **synodale, missionaire kerk** stond centraal voor Leo XIV. *"Wij willen een synodale kerk zijn voor al uw broeders en zusters (...), een kerk die in beweging is,"* verkondigde hij. Hij benadrukte daarmee dat de kerk samen met de gelovigen op weg moest gaan en naar hen moest luisteren. Leo XIV stond in de lijn van de *"Kerk in beweging"*, zoals beschreven door paus Franciscus: vrijmoedig de Blijde Boodschap verkondigen, de deuren openen, naar buiten gaan. In zijn eerste boodschap somde hij ook de leidmotieven op die hij voor ogen had: Christus als het *"licht dat de wereld nodig heeft"*, een kerk die **openstaat en bereid is de dialoog met** mensen aan **te gaan, trouw aan het evangelie**, een gemeenschappelijke *"vooruitgang in synodaliteit"*, een verenigde kerk die werkt voor **vrede en gerechtigheid**, nabijheid tot hen die lijden - en telkens weer de vermaning *om niet bang te zijn*. Dit *"wees niet bang"* is een echo van Johannes Paulus II, maar Leo XIV vult het met de geest van Franciscus: vertrouwen in Gods hulp bij het *bouwen van bruggen* zodat *"wij allen één volk* kunnen *zijn, altijd in vrede"*. Leo XIV's **pastorale visie** wordt zo duidelijk geschetst: een missionaire kerk die zich uitstrekt naar de wereld in eenheid en barmhartigheid, geworteld in het evangelie en open voor de tekenen van de tijd.

Zijn naam geeft zijn agenda aan: net als Leo XIII wil hij de dialoog van de Kerk met de moderne wereld bevorderen en het geloof omzetten in concrete daden van gerechtigheid. Kunstmatige intelligentie, **globalisering**, nieuwe sociale ontwrichtingen - hij ziet dit allemaal als uitdagingen die de Kerk moet aangaan met haar leer en haar inzet voor menselijke waardigheid. *"De Kerk biedt iedereen de schat van haar sociale leer als antwoord op een nieuwe industriële revolutie en ontwikkelingen op het gebied van AI, omdat deze nieuwe uitdagingen vormen voor de verdediging van de menselijke waardigheid, gerechtigheid en werk,"* verklaarde Leo XIV programmatisch. Dit resoneert al met zijn optie om de koers voort te zetten *"die paus Franciscus begon met zijn optie voor de armen"*. Zijn missionaire zelfbeeld is dus onlosmakelijk verbonden met zijn inzet voor sociale rechtvaardigheid - een punt dat in de volgende paragraaf nader onderzocht zal worden.

Optie voor de armen en inclusieve pastorale zorg

De **"optie voor de armen"** - prioriteit geven aan de onderdrukten, gemarginaliseerden en zwakkeren - is een kenmerk van het pastorale werk van Leo XIV. Zelfs als bisschop in Peru was hij een voorbeeld van een kerk *"voor de armen"*. Waarnemers merken op dat Leo XIV zo *de kerk* voortzette die door Franciscus werd gepropageerd *als een "veldhospitaal"* - een genezende kerk aan de zijde van de gewonden. Zijn naam Leo sluit aan bij Leo XIII en dus bij een lange traditie van sociale rechtvaardigheid; Andreas Frick van Misereor noemde Leo XIV een *"paus van de vrede"* die met zijn programma *"Vrede in gerechtigheid en vrijheid, voor allen, vooral de armen"* aansluit bij Franciscus en Leo XIII. In feite had Leo XIV *"alle mensen van alle naties, die één volk zijn"* in *gedachten* - niemand mag over het hoofd worden gezien.

Deze inclusieve houding is duidelijk in woord en daad. Leo XIV besteedde speciale aandacht aan de **armen, de gemarginaliseerden en andere groepen gelovigen**, of het nu ging om daklozen, individuele groepen of **mensen met een handicap**. Tegelijkertijd benadrukte hij dat *alle* leden van de samenleving kinderen van God zijn die dicht bij het hart van de Kerk staan. In een vroege toespraak maakte de paus duidelijk: *"Niemand is vrijgesteld van het werken aan respect voor de waardigheid van ieder mens, vooral de meest kwetsbare"*. Hij somde de vele vaak over het hoofd geziene groepen op die beschermd en begeleid moeten worden: *van ongeborenen tot ouderen, van zieken tot werklozen, zowel burgers als migranten*. De **alomvattende bescherming van het leven** en de sociale ethiek van de kerk vinden hier duidelijk weerklank - van het opkomen voor de waardigheid van het ongeboren kind tot de zorg voor werklozen of vluchtelingen die er alleen voor staan.

De pastorale stijl van Leo XIV wordt gekenmerkt door zijn **openheid naar de gemarginaliseerden**. Hieronder vielen ook groepen die lange tijd aan de rand van de kerk hadden gestaan, zoals **LGBTQIA+** mensen. Paus Franciscus had altijd benadrukt dat homoseksuele mensen welkom waren in de kerk. Leo XIV volgde dezelfde lijn: hij **combineerde een gastvrije pastorale aanpak met eerder onderricht**. Meteen aan het begin van zijn pontificaat bevestigde hij de traditionele opvatting van de Kerk dat het gezin gebaseerd is op de *"stabiele vereniging van man en vrouw"*. Tegelijkertijd benadrukte hij echter ook dat *niemand* alleen vanwege zijn levensstijl van de Kerk mag worden uitgesloten. Deze uitspraak is opmerkelijk in het licht van het feit dat Robert Prevost (de echte naam van Leo XIV) zich in 2012 nog kritischer had uitgelaten en in de tussentijd waarschijnlijk meer acceptatie had getoond voor partnerschappen tussen mensen van hetzelfde geslacht. Nu echter - ongeveer tien jaar later, onder invloed van de houding van Franciscus - spreekt hij zelfs van **een gastvrije cultuur** en van mensen niet veroordelen, maar pastoraal opnemen. Deze op inclusie gerichte pastorale zorg strekt zich ook uit tot andere voorheen gemarginaliseerde groepen: Gescheiden hertrouwden, alleenstaande moeders, mensen die voorhuwelijkse seks hebben gehad of de pil slikken - Leo XIV *wil dat iedereen* voelt dat de Kerk hen een thuis wil bieden. Daarbij bleef hij een klassieke koers varen wat betreft de leer (zoals het afwijzen van abortus en euthanasie), maar de **toon** was er een van barmhartigheid en respect. *"God zorgt voor jullie, God houdt van jullie allemaal,"* riep hij de mensen toe, in navolging van Franciscus - een sleutelzin die zijn pastorale programma samenvat: Gods liefde is er voor iedereen, vooral voor de kwetsbaren en de verlorenen, en de Kerk moet dit weerspiegelen in haar daden en decreten.

Dialoog met de samenleving en interculturele dialoog

Leo XIV trad duidelijk op als **bemiddelaar tussen de Kerk en de wereld**. Zijn pontificaat kwam in een tijd van wereldwijde spanningen - oorlogen, polarisatie, culturele conflicten - en de paus zag het als zijn taak om bruggen te bouwen en de dialoog te bevorderen. Slechts enkele dagen na zijn verkiezing ontmoette hij het corps diplomatique dat bij de Heilige Stoel was geaccrediteerd en riep hij op om de internationale samenwerking nieuw leven in te blazen en **de dialoog tussen religies** te intensiveren om samen naar vrede te zoeken. Deze woorden onderstrepen de overtuiging van Leo XIV: De Kerk mag zich niet in zichzelf sluiten, maar moet actief de hand uitsteken naar **de politiek, de burgermaatschappij en andere geloofsgemeenschappen**. Hij heeft aangekondigd dat zijn eerste buitenlandse reis uitgerekend naar **Turkije zal** gaan - waar hij samen met andere christenen de 1700e verjaardag van het Concilie van Nicea wil herdenken. Deze stap is zeer symbolisch: een paus uit Amerika die de gedeelde christelijke geschiedenis viert met orthodoxe broeders en zusters in Klein-Azië - een teken van Leo XIV's inzet voor **oecumene** en het bouwen van interculturele bruggen.

In het algemeen is Leo XIV voorbestemd voor **de interculturele dialoog** vanwege zijn levensreis. Hij is de eerste paus uit de **VS** en tegelijkertijd zeer vertrouwd met het zuidelijk halfrond dankzij zijn lange carrière in **Latijns-Amerika**. Zijn talenkennis is een polyglot, waardoor hij mensen van de meest uiteenlopende afkomst direct kan benaderen. De *Neue Zürcher Zeitung* beschreef hem als een *"pragmatische man van het* *midden en bemiddelaar tussen de werelden van het Amerikaanse katholicisme"*, inderdaad als een kosmopoliet. In feite combineert de biografie van Leo XIV de meest uiteenlopende culturele ervaringen: de intellectuele invloed in Noord-Amerika, de pastorale invloed in de Andesdorpen van Peru, de bestuurlijke ervaring in Rome. Deze mix maakt hem tot een paus die denkt en handelt *in termen van de universele Kerk*. Voor hem betekent **de universele Kerk** het waarderen van de verscheidenheid aan culturen in de Kerk en tegelijkertijd het bewaren van de eenheid in het geloof. Op deze manier zette hij voort wat het Tweede Vaticaans Concilie was begonnen: de openstelling van de Kerk voor een *cultuur van dialoog*. Leo XIV benadrukte herhaaldelijk het belang van *ontmoetingen* - ontmoetingen met politieke besluitvormers, met andere religies, met niet-gouvernementele organisaties en basisbewegingen. Al vroeg ontmoette hij vertegenwoordigers van joodse en moslimgemeenschappen voor beleefdheidsbezoeken en bevestigde hij opnieuw zijn verlangen naar vriendschappelijke uitwisseling (in het verlengde van de interreligieuze dialoog van Franciscus, zoals het *Abu Dhabi Document* van 2019).

Leo XIV kwam ook tussenbeide in de maatschappij met een duidelijke morele stem. **Sociale actoren** zoals politici, verenigingen en NGO's luisterden aandachtig wanneer hij een standpunt innam. In de eerste weken van zijn pontificaat **veroordeelde** Leo XIV bijvoorbeeld de Russische aanvalsoorlog tegen Oekraïne als *"imperialistisch"* en deed hij een dringende oproep voor vredesinspanningen in Oekraïne en het Midden-Oosten. Deze duidelijke woorden trokken wereldwijd de aandacht. Tegelijkertijd pleitte hij voor een cultuur van geweldloosheid: *Niet alleen wapens, maar ook woorden kunnen pijn doen en doden*, waarschuwde hij - vrede betekent meer dan de afwezigheid van oorlog, het is een taak voor iedereen. Zijn oproep om *"bruggen te bouwen, geen muren"* heeft zowel politieke als intermenselijke dimensies. Leo XIV wilde samenwerken met alle mensen van goede wil, of het nu staatshoofden of eenvoudige gelovigen waren, om te werken aan een rechtvaardiger wereld. Daarbij schuwde hij het niet om **grieven aan de kaak te stellen**: In voorgaande jaren heeft hij bijvoorbeeld herhaaldelijk kritiek geuit op het beleid van de Amerikaanse president **Donald Trump** op zijn persoonlijke Twitter-account (nu **X**), in plaats daarvan toonde hij **sympathie voor vluchtelingen** en medeleven in de zaak George Floyd -

wat suggereert dat hij niet onverschillig staat tegenover wereldwijde vluchtelingenkwesties en kwesties van racisme en politiegeweld. Dergelijke uitspraken van een curiale bisschop en nu paus zijn een signaal: De Kerk onder Leo XIV wil een **profetische stem** zijn in de politieke publieke sfeer, tussenbeide komen, maar altijd met het doel de zwakken een stem te geven, te integreren en vrede en het algemeen welzijn te bevorderen.

Dat **kerkelijke hulporganisaties en sociale organisaties** hem als een bondgenoot zien, bleek meteen na zijn verkiezing. De internationale alliantie van katholieke ontwikkelingsorganisaties CIDSE verwelkomde Leo XIV en benadrukte dat zijn naamprogramma (in opvolging van Leo XIII) zowel een aanmoediging als een mandaat is om het werk voor *gerechtigheid, vrede, inclusie en het behoud van ons gemeenschappelijk huis* met hernieuwde kracht voort te zetten. Josianne Gauthier, secretaris-generaal van CIDSE, prees de eerste woorden van de paus, die hoop wekten op *een gedeelde en rechtvaardige wereld en op vrede voor alle mensen*, en benadrukte de noodzaak van een *"synodale kerk die iedereen verwelkomt en de stemmen van de meest afgelegen mensen omvat"*. Misereor in Duitsland was ook verheugd: Leo XIV volgde de koers van Franciscus, had *"de mensen van alle naties in gedachten"* en zijn vredesboodschap omvatte *"allen, vooral de armen"*. Zulke stemmen van waarnemers en metgezellen maken duidelijk dat Leo XIV wordt gezien als een *voorvechter van de armen* en *een vermaner van dialoog* - iemand die bruggen bouwt tussen de Kerk en de wereld, Noord en Zuid, rijk en arm, gelovigen en andersgelovigen.

Educatieve programma's en bevordering van sociale rechtvaardigheid

Een ander aandachtspunt in het pastorale werk van Leo XIV is **onderwijs** - opgevat in de breedste zin van het woord als opvoeding, training en bewustwording - en het verband met sociale rechtvaardigheid. De paus was ervan overtuigd dat onderwijs de *sleutel* was tot een rechtvaardiger wereld en dat de Kerk hierin een belangrijke rol te spelen had. Als jonge religieus werkte Robert Prevost (Leo XIV) al als **leraar in een seminarie** in Peru en later gaf hij leiding aan een seminarie voor de opleiding van geestelijken - hij kent het onderwijs dus van de grond af aan. Hij moedigt nu katholieke scholen, universiteiten en parochies aan om onderwijsprogramma's op te zetten die **geloof en maatschappij combineren**. Hij spreekt van *"evangelisatie door onderwijs en onderwijs door evangelisatie"* - met andere woorden, de overdracht van kennis en waarden moet hand in hand gaan. Op deze manier moeten jongeren in staat gesteld worden om **zelfstandig en verantwoordelijk** hun **eigen** weg te gaan, geworteld in ethische principes.

In een toespraak tot de **broeders en zusters van de christelijke scholen** - een traditionele onderwijsorde - maakte Leo XIV duidelijk voor welke uitdagingen de jeugd van vandaag staat: *"Denk aan het isolement veroorzaakt door oppervlakkige relatiemodellen, aan individualisme en emotionele instabiliteit; aan denkpatronen verzwakt door relativisme; en aan het levensritme dat weinig ruimte laat voor luisteren en reflectie"*. Maar de paus combineert deze scherpe analyse van de *"cultuur van willekeur"* met vertrouwen: juist deze uitdagingen moeten *"springplanken"* worden om nieuwe wegen in de pedagogie in te slaan. Hij riep christelijke opvoeders op om creatief te zijn en de taal van jongeren te spreken om hun hart echt te raken. Leo XIV zag **onderwijs** als een *dienst en een missie: "Het onderwijs moet worden opgevat als een dienst en als een missie om jonge mensen te helpen het beste van zichzelf te geven volgens Gods plan,"* riep hij op. Concreet betekent dit de nadruk leggen op **het onderwijzen van waarden en karakterontwikkeling** naast academische vorming. De paus herinnerde aan St. John Baptist de La Salle, die in de 18e eeuw gratis scholen voor de armen oprichtte - een rolmodel voor vandaag. Net als La Salle stond Leo XIV een *inclusief onderwijs voor ogen dat voor iedereen openstond*, vooral voor kansarme kinderen en jongeren.

Voor Leo XIV is het **bevorderen van sociale rechtvaardigheid** nauw verbonden met onderwijs. In de traditie van de katholieke sociale leer moeten onderwijsprogramma's mensen in staat stellen om te werken voor het algemeen welzijn en **solidariteit** te beoefenen. De paus moedigt bijvoorbeeld aan om de katholieke sociale leer - vaak beschreven als het "best bewaarde geheim van de Kerk" - bekender te maken. Onderwerpen als **menselijke waardigheid, arbeidsrechten, vrede, diversiteit en inclusie, de optie voor de armen en de**

integriteit van de schepping moeten onderwezen worden in catechese, scholen en jeugdwerk, zodat het geloof niet abstract blijft, maar concrete sociale gevolgen heeft. Leo XIV ziet jongeren als een belangrijke partner in dit streven: *"De jongeren van vandaag zijn een vulkaan van leven, energie, gevoelens en ideeën,"* zei hij enthousiast. Dit potentieel moet gekoesterd en tegelijkertijd begeleid worden zodat het zich harmonieus en ten goede ontwikkelt. Daarom promoot hij **jeugdpastorale** programma's die jongeren niet alleen catechetisch onderricht geven, maar hen ook actief betrekken bij sociale projecten - van milieubescherming tot het voeden van de armen. **Initiatieven voor beroepsopleidingen** in achtergestelde regio's of studiebeurzen voor arme studenten liggen hem ook na aan het hart, omdat ze een uitweg uit de armoede bieden.

Leo XIV besteedde bijzondere aandacht aan **milieueducatie en ecologisch bewustzijn**. Trouw aan het leidende principe van de encycliek *Laudato si'* van Franciscus, beschouwde hij de zorg voor de schepping als een integraal onderdeel van sociale rechtvaardigheid. *"Hij sprak zich herhaaldelijk uit - toen hij nog kardinaal was - voor beslissende actie tegen door de mens veroorzaakte klimaatverandering,"* aldus de pers. Leo XIV was nog maar net paus en waarschuwde dat de Kerk zich meer moest inspannen tegen de *"vernietiging van de aarde"*. Hij waarschuwde tegen **het tirnniek overheersen van** de schepping die God ons heeft toevertrouwd, alsof de mens boven alles staat. In plaats daarvan pleit hij voor een relatie van *verantwoordelijkheid en "wederkerigheid"* met de natuur. Hij wil dat deze houding verankerd wordt in het onderwijs: Kinderen en volwassenen moeten leren het milieu te respecteren als een gemeenschappelijk huis. Hij erkent en steunt uitdrukkelijk de initiatieven van zijn voorganger - zoals het **Laudato-si actieplan** en ecologische projecten in het Vaticaan en de Kerk. Experts verwachten dat Leo XIV in de voetsporen zal treden van Franciscus - die in sommige opzichten vrij groot kan zijn - en zal optreden als *"hoeder van de schepping"*. Als kardinaal heeft hij al laten zien dat dit niet alleen theorie is: in november 2024 riep hij bijvoorbeeld op tot een overgang van *"woorden naar daden"* tijdens een klimaatconferentie in Rome en prees hij praktische maatregelen zoals zonnepanelen in het Vaticaan. Zulke voorbeelden zouden een precedent moeten scheppen in de hele wereldkerk.

Leo XIV combineert dus onderwijs met **empowerment**: mensen - vooral jongeren, armen en gemarginaliseerde groepen - moeten kennis, waarden en concrete vaardigheden krijgen om hun lot in eigen handen te nemen en bij te dragen aan de opbouw van een rechtvaardigere samenleving. Deze benadering weerspiegelt de diepe overtuiging van de paus dat ware evangelisatie altijd *bevrijding* betekent - bevrijding van onwetendheid, uitbuiting en onrecht. Wanneer de Kerk opvoedt, geneest en verzoent, vervult zij trouw haar zending. En Leo XIV zelf geeft het voorbeeld: als een nederige leraar en herder die luistert en het goede voorbeeld geeft om de visie van een inclusieve, rechtvaardige en filantropische kerk werkelijkheid te laten worden.

In de **missionaire ijver** van deze paus, in zijn **keuze voor de armen**, in zijn **dialoog** met de wereld en in zijn **inzet voor het onderwijs** komt een rode draad naar voren: Leo XIV was altijd bezig om de boodschap van het Evangelie concreet te maken - in liefde en dienstbaarheid aan anderen. Daarmee bouwde hij voort op de erfenis van zijn voorganger en zette die op zijn eigen manier voort. De uitdaging van zijn ambtstermijn zal zijn om deze hoge idealen te verwezenlijken met concrete daden in de structuren van de Kerk en in het dagelijks leven van de gelovigen. Maar de richting is bepaald: een pastorale kerk die uit zichzelf gaat, *"iedereen welkom heet"* en geloofwaardig opkomt voor geloof, liefde en hoop in de wereld van de 21e eeuw - nu moet het nog schriftelijk worden geïmplementeerd in het canonieke recht en dogma en in de socialisatie van de geestelijkheid.

 *Hoofdstuk 6:*

Omgaan met belangrijke hervormingskwesties: vrouwenwijding en genderrechtvaardigheid

De kwestie van **de vrouwenwijding** - d.w.z. de toelating van vrouwen tot de gewijde ambten van de katholieke kerk en in het bijzonder tot het ambt van paus - is een van de meest controversiële hervormingskwesties van onze tijd. Onlosmakelijk hiermee verbonden is de kwestie van **genderrechtvaardigheid** in de Kerk, d.w.z. de volledige erkenning van de waardigheid en gelijke rechten van vrouwen op alle gebieden van het kerkelijk leven. Na de verkiezing van paus **Leo XIV** vragen veel mensen zich af: Hoe zal de nieuwe paus omgaan met deze centrale zorgen? Welke houding heeft hij tot nu toe getoond, welke mogelijkheden opent hij voor juridische gelijkheid en niet alleen de deelname van vrouwen - en wat zou er moeten veranderen in termen van theologie en kerkelijk recht zodat priesters of op een dag een vrouwelijke paus in de nabije toekomst denkbaar zijn?

Leo XIV's eerdere standpunt over de wijding van vrouwen

Paus Leo XIV, wiens echte naam Robert Francis Prevost is, wordt in veel opzichten beschouwd als een consensusgerichte **centrale figuur** van de Kerk - maar niet als een revolutionaire radicale hervormer. Kort na zijn verkiezing in mei 2025 maakte hij duidelijk dat hij gevoelige kwesties voorzichtig zou aanpakken. Vooral over de kwestie van **de wijding van vrouwen tot het priesterschap** heeft Leo XIV tot nu toe een meer gereserveerde en **reflectieve toon aangeslagen** in plaats van een duidelijk perspectief van openheid te bieden. Iets wat misschien niet mogelijk is vóór de verkiezing - maar wel binnen de macht van de beslissing in functie ligt en wellicht uitgebreider moet worden beoordeeld.

In zijn eerste dagen als paus was er nog geen officiële doctrinaire brief of gezaghebbende toespraak over de wijding van vrouwen - begrijpelijk, zo kort na het conclaaf. Toch kunnen er conclusies getrokken worden uit eerdere uitspraken van de nieuwe paus. **Als kardinaal Prevost**, bijvoorbeeld, gaf hij commentaar op dit onderwerp tijdens de Wereldsynode in oktober 2023. In een persconferentie tijdens de synodevergadering werd hem gevraagd wat zijn standpunt was over vrouwen in leidinggevende posities in de kerk en over wijding in het bijzonder. Zijn antwoord was ondubbelzinnig: *"Het klerikaliseren van vrouwen zal de bestaande problemen van de kerk niet oplossen,"* legde hij toen uit. Deze zin - ruwweg vertaald in het Duits: *Het wijden van vrouwen tot priester zal de huidige problemen van de kerk niet oplossen* - vat zijn sceptische standpunt samen. Prevost wilde zeggen dat louter **structurele veranderingen** zoals het openstellen van het priesterschap voor vrouwen niet automatisch alle uitdagingen waarmee de kerk wordt geconfronteerd zouden wegnemen. Integendeel, hij waarschuwde dat een dergelijke maatregel *"misschien een nieuw probleem zou kunnen creëren"*. Hij stelde zich dus kritisch op tegen de eis om vrouwen simpelweg gelijk te maken in alle bedieningen zonder de onderliggende opvatting over macht en dienstbaarheid in de kerk ter discussie te stellen. Hij sprak niet tegen vrouwen, maar over het voortdurende gebrek aan oplossingen. Of vrouwen als pausen een oplossing zouden kunnen zijn - dat zou niet alleen afhangen van een proefproject, maar zou in ieder geval genderrechtvaardigheid in de katholieke kerk aanpakken. Want ook hiervoor is geen oplossing, niet alleen een nieuwe of opgewaardeerde rol gerealiseerd. Wie wil er nu zonder volledige gelijkheid? Dit is het punt dat aan mannelijke geestelijken moet worden overgebracht.

Leo XIV rechtvaardigde zijn positie **theologisch**, vooral door te verwijzen naar de **apostolische traditie**. Hij benadrukte dat de Katholieke Kerk gedurende 2000 jaar alleen mannen tot priester had gewijd omdat Jezus Christus zelf twaalf mannen tot apostel had geroepen - een vaststelling die de Kerk altijd als normatief heeft opgevat. Prevost zei letterlijk tijdens de synodebriefing op 25 oktober 2023: *"We zijn ons allemaal bewust van de zeer belangrijke en lange traditie van de Kerk, en de apostolische traditie is iets dat zeer duidelijk is verwoord, vooral als je het wilt hebben over de kwestie van de wijding* *van vrouwen tot het priesterschap."* Hij verwees daarmee impliciet naar de officiële leer van de Kerk, die in de jaren negentig werd vastgelegd door paus Johannes Paulus II. In 1994 verklaarde Johannes Paulus II in de brief *Ordinatio Sacerdotalis* **dat de Kerk niet bevoegd was om** vrouwen tot het priesterschap te wijden en dat dit besluit definitief door alle gelovigen moest worden aanvaard. Kort daarna, op , bevestigde de Vaticaanse Congregatie voor de Geloofsleer dat dit een "definitieve leer" was - met andere woorden, praktisch onherroepelijk. Op dat moment was kardinaal Prevost duidelijk volledig in lijn met deze leer. Zijn eigen woordkeuze "apostolische traditie" geeft aan dat hij **de lijn van zijn voorgangers** voortzet: Volgens deze leer kunnen vrouwen niet tot priester gewijd worden vanwege de gezaghebbende traditie, die teruggaat tot Christus en de apostelen. Toch waren er in de geschiedenis vrouwelijke geestelijken en hadden vrouwen zo'n rol, bijvoorbeeld als diaken, die door het patriarchaat uit de geschiedenisboeken werd gedrukt. Om tijd te winnen, gaf paus Franciscus ook opdracht tot verklarende studies over het onderwerp.

Interessant genoeg liet Leo XIV echter ook een breder perspectief doorschemeren: hij suggereerde dat misschien het begrip van **leiderschap, macht, autoriteit en dienstbaarheid** in de kerk als geheel moest worden heroverwogen - inclusief de gaven en perspectieven van zowel vrouwen als mannen. Met andere woorden, in plaats van simpelweg vrouwen in te voegen in een bestaand, mogelijk **klerikaal** systeem, pleitte hij ervoor om de kerkstructuur zelf te veranderen zodat deze minder machtsgericht zou zijn en meer open zou staan voor diverse charismatische gaven. Deze verklaring laat Leo XIV zien als iemand die weliswaar vasthield aan de sacramentele traditie, maar niettemin een **behoefte** zag **aan hervorming van** het begrip van kerkelijke rollen. Naar zijn mening zouden vrouwen in toenemende mate moeten deelnemen aan verantwoordelijke posities - niet noodzakelijk door wijding of in het ambt van een vrouwelijke paus, maar door een veranderde interactie tussen geestelijken en leken. Tenslotte, gaf Prevost toe: *"Vrouwen kunnen veel bijdragen aan het leven van de Kerk op veel verschillende niveaus"*. Deze bekentenis "vrouwen blijven lekenvrouwen" onderstreept dat Leo XIV expliciet de waarde van vrouwen in de kerk erkende - ook al zag hij (voorlopig althans) een beperking voor het **priesterschap**.

Toen Prevost nog bisschop in Peru was, ervoer hij dat vrouwen vaak effectief de leiding van parochies in afgelegen gemeenschappen overnamen als er geen priesters waren. Desondanks liet hij zich niet overhalen om op te roepen tot de wijding van vrouwen tot het priesterschap. Zijn uitspraken tot nu toe over de **rol en gelijkheid van vrouwen in de kerk** zijn over het algemeen nogal **voorzichtig en terughoudend**. Dit betekent echter niet dat hij onverschillig stond tegenover de zorgen van vrouwen - Leo XIV gaf waarschijnlijk de voorkeur aan een geleidelijke, mogelijk synodaal overeengekomen aanpak. Een senior vertegenwoordiger van de Zwitserse kerk becommentarieerde Prevosts verkiezing met de woorden: *"De verwachtingen moeten hoog zijn, maar niet naïef. Paus Leo XIV is geen revolutionair. Hij zal niet de eerste zijn die de wijding van vrouwen afkondigt. Maar hij is een man van processen, niet van snelle slogans"*. Dit citaat vat het in een notendop samen: onder Leo XIV kunnen we op korte termijn geen knal verwachten als het gaat om vrouwenpriesterschap. De nieuwe paus zou echter ruimte kunnen creëren binnen het kader van een langer proces om te blijven praten over de moeilijke kwesties - een **slakkenpost zonder verbod op denken**, maar ook zonder overhaaste acties. Zijn vermogen om te luisteren wordt gezien als een grote kracht.

Samenvattend wijst alles erop dat Leo XIV **zich persoonlijk houdt aan het Ja - Nee - Misschien van de Kerk over de wijding van vrouwen tot het priesterschap met een niet verrassend Nee of het uitzitten**, dit theologisch rechtvaardigt met traditie en Schrift en het niet op eigen gezag wil doorbreken. Tegelijkertijd toont hij respect voor vrouwen in de Kerk en geeft hij de voorkeur aan **evolutie boven revolutie**: veranderingen ja, maar in harmonie met de eenheid van de Kerk, het patriarchaat en de eerdere leer.

Perspectieven voor vrouwen in de Kerk onder Leo XIV.

Ook al heeft paus Leo XIV nog niet het signaal gegeven van een snelle openstelling van het gewijde ambt voor vrouwen, toch zijn er onder zijn pontificaat **nieuwe perspectieven** ontstaan **voor de deelname van vrouwen** aan het kerkelijk leven - ook al ontbreken de vooruitzichten op gelijkheid van alle seksen. **Paus Franciscus** heeft hier al een beslissende koers uitgezet, die Leo XIV zal voortzetten en mogelijk uitbreiden. Een voorbeeld is de **opname van vrouwen in leidinggevende posities** in de Curie en de universele kerk. Als curiale kardinaal was Robert Prevost zelf betrokken bij een van de meest "revolutionaire" hervormingen die Franciscus in gang zette: hij **liet vrouwen opnemen in de commissie voor de benoeming van bisschoppen**. Tot voor kort mochten alleen mannelijke kardinalen en bisschoppen deelnemen aan de commissie die nieuwe bisschoppen voorstelt voor alle bisdommen in de wereld - met andere woorden, een puur mannelijk domein. In 2022 benoemde Franciscus echter voor het eerst **drie vrouwen** in deze invloedrijke commissie, waaronder religieuze zuster en voorzitter van de vrouwenvereniging Maria Lia Zervino. Kardinaal Prevost nam begin 2023 de leiding van dit dicasterie (de Vaticaanse autoriteit voor bisschoppen) over en werkte dus rechtstreeks met deze vrouwen. Volgens Zervino behandelde Prevost hen met veel **waardering, openheid en gelijkwaardigheid**. Ze meldde dat Prevost naar vrouwen luisterde, hun mening serieus nam en hen als vanzelfsprekend liet deelnemen aan beslissingen - alsof het de normaalste zaak van de wereld was. Deze ervaring voedt de verwachting dat Paus Leo XIV **in de** toekomst vrouwen **in het kerkelijk leiderschap** zal blijven stimuleren. Zervino was meteen na zijn verkiezing overtuigd: *"Ik weet zeker dat hij niet hoeft te leren hoe hij met vrouwen moet werken en hen bij beslissingen moet betrekken - dat doet hij toch al."* Dergelijke uitspraken van vrouwelijke insiders suggereren dat Leo XIV Franciscus zijn koers van meer inclusief kerkleiderschap zal aanhouden. Hij zal waarschijnlijk doorgaan met het **benoemen van vrouwen op verantwoordelijke posities** waar dit mogelijk is zonder een gewijd ambt. Franciscus heeft al een aantal sleutelposities opengesteld voor vrouwen - bijvoorbeeld als ondersecretarissen, als adviseurs in belangrijke concilies of als afdelingshoofden bij Vaticaanse autoriteiten. Leo XIV zou deze weg kunnen bestendigen of zelfs versterken.

Een concreet voorbeeld: in 2021 benoemde paus Franciscus de Franse non **Nathalie Becquart** tot ondersecretaris van de bisschoppensynode - de eerste vrouw in de kerkgeschiedenis met stemrecht op een bisschoppensynode. Zuster Becquart werkte nauw samen met kardinaal Prevost tijdens de synodevergadering van 2023 en beschrijft hem als een coöperatieve collega. Zij en andere hooggeplaatste vrouwen in het Vaticaan verwachtten dat Leo XIV vrouwen niet alleen zou toestaan om *"hun zegje te doen"* maar ook om *"mee te beslissen"*. **Synodale deelname** is hier een sleutelbegrip: Leo XIV staat positief tegenover de wereldwijde synodale beweging (het "Synodale Proces" van 2021-2024). De Synode van 2023, waaraan Prevost deelnam, werd gekenmerkt door het feit dat vrouwen - religieuze vrouwen en lekenvrouwen - voor het eerst ook deelnamen als volwaardige stemgerechtigde leden. Prevost verwelkomde deze opening uitdrukkelijk en beschreef het als *"werk in uitvoering"*, d.w.z. een proces dat zal doorgaan. Het is aannemelijk dat Paus Leo XIV toekomstige synoden zal blijven vormgeven **met vrouwenstemmen en stemrecht**. Dit zal de deelname van vrouwen aan belangrijke consultaties en besluitvormingsprocessen **tot norm verheffen**.

Naast het niveau van de curie en de synode komt ook het lokale niveau in beeld. Leo XIV kwam uit de VS en werkte lange tijd als bisschop in Latijns Amerika. In beide contexten zijn er al veel manieren waarop leken, en vrouwen in het bijzonder, verantwoordelijkheid dragen in parochie leiderschap. Denk aan **pastoraal werkers**, parochiecoördinatoren of catechetisch leiders die in parochies werken. In landelijke gebieden van Peru bijvoorbeeld, waar Prevost bisschop was, dienden vrouwen als zogenaamde *"catechisten"*, die parochies over lange afstanden overzagen, vieringen van het Woord van God leidden en als centrale contactpersonen voor de gelovigen fungeerden. Zulke **niet-gewijde bedieningen** zijn al lang onmisbaar geworden in de katholieke kerk. Paus Franciscus heeft dit erkend en in 2021 het ambt van **catechist** als officiële aanstelling gecreëerd - open voor zowel vrouwen als mannen. Daarnaast heeft Franciscus de voorheen gewijde lagere ambten van **lector en acoliet** (voorlezer of helper bij het altaar) al opengesteld voor vrouwen. Dit betekent dat vrouwen nu officieel Bijbelteksten kunnen reciteren in de liturgie, kunnen dienen als communiehelpers of de dienst van kerkzorg op zich kunnen nemen, die voorheen symbolisch voorbehouden was aan mannen. Leo XIV zal deze maatregelen zeker bevestigen en voortzetten. Het is zelfs mogelijk dat hij andere **lekenfuncties voor vrouwen** zal versterken - zoals *"parochiaal leiderschap in teamvorm"* in parochies zonder priesters, wat in sommige landen wordt getest. Dergelijke modellen geven vrouwen de facto leidinggevende autoriteit zonder het gewijde priesterschap aan te tasten. Een rups zonder cocon, zogezegd.

De wijding van vrouwen tot diaken is ook een veelbesproken onderwerp. Het permanente diaconaat is het laagst gewijde ambt, na de priester, met taken als dopen, huwelijken voltrekken, preken en sociaal werk. Momenteel kunnen in de Rooms-Katholieke Kerk **getrouwde mannen** diaken worden, maar **vrouwen** niet. Het is interessant dat er *in* de vroege kerk wel *diakenen* waren: In het Nieuwe Testament wordt **Phoebe** bijvoorbeeld genoemd als *"diaken van de gemeente van Cenchrea"* (Rom 16:1), en historische bronnen tonen aan dat vrouwen het ambt van diaken uitoefenden tot ver in de vroege Middeleeuwen. Dit is precies de reden waarom paus Franciscus twee commissies heeft ingesteld (2016 en 2020) om de rol van vrouwelijke diakens in de geschiedenis te onderzoeken en om te onderzoeken of dit ambt vandaag de dag opnieuw zou kunnen worden ingevoerd. De resultaten van deze onderzoeken gaven geen uitsluitsel en Franciscus zelf nam - ondanks zijn openheid - pas bij zijn aftreden een besluit om vrouwen toe te laten tot het diaconaat. Kardinaal Prevost was voorzichtiger in 2023: hij zei dat de kwestie van de diakens "nog steeds open" was, maar waarschuwde opnieuw dat **het klerikaliseren van vrouwen niet automatisch problemen zou oplossen**. Maar "open" betekent ook dat de mogelijkheid niet definitief is afgewezen. Mocht de huidige Wereldsynode tot de conclusie komen dat de **wijding van vrouwen tot het diaconaat** een haalbare optie zou zijn, dan zou Leo XIV zich hiermee bezig moeten houden. Waarnemers verwachten dat hij op zijn minst zal **luisteren naar en onderzoeken** wat het "volk van God" wil en verwacht op dit punt. Als "man van processen" zou hij hier ook kunnen vertrouwen op een brede consensus: bijvoorbeeld een wereldwijd consultatieproces of een concilie voordat een beslissing wordt genomen. Op de korte termijn zou Leo XIV zich echter eerder richten op het **opwaarderen van niet-gewijde rollen** dan meteen de sacramentele wijding in te voeren.

Onder Leo XIV konden vrouwen daarom steeds meer **leidinggevende rollen op zich nemen** - in raden, in administratieve functies, als adviseurs, theologen, kerkjuristen of in de prediking en liefdadigheid. Dit alles draagt bij aan de *gelijkheid tussen mannen en vrouwen*, in zoverre dat de stem van vrouwen hoorbaarder wordt en hun invloed toeneemt. Toch blijft het pijnpunt: zolang het **priesterschap en alle hogere wijdingen voorbehouden** zijn **aan mannen - het patriarchaat** - blijven veel toegewijde katholieken in hun eigen kerk zich *"tweederangs vrouwen"* voelen. Zij zijn tweederangs mensen. En dat werkt niet. Het is niet ingewikkeld - bijvoorbeeld in termen van wereldwijde mensenrechten. Dit gevoel is de laatste jaren steeds luider geuit - door katholieke vrouwenorganisaties, theologen, maar ook door veel gelovigen aan de basis, vooral in West-Europa en Noord-Amerika. Zij vragen om echte **gelijkheid,** die volgens hen onvolledig blijft zonder toegang tot alle ambten. Paus Leo XIV bewandelt dus een **uiterst dunne lijn**: aan de ene kant wil hij zorgen voor gelijke in plaats van grotere rechtvaardigheid voor de vrouwelijke helft van de Kerk, terwijl hij aan de andere kant hecht aan de traditie en de eenheid met de universele Kerk (waarin zeer verschillende standpunten bestaan) niet in gevaar wil brengen. Zijn benadering tot nu toe wijst op **voorzichtige veranderingen** - geen snelle doorbraken, maar niettemin tekenen van **openheid binnen de grenzen van wat mogelijk is**.

Kerkgeschiedenis en canoniek recht: wat moet er veranderen?

Met het oog op de huidige leerstellige situatie rijst uiteindelijk de **theologische kernvraag**: Wat zou er moeten veranderen - in de interpretatie van de bijbelse fundamenten, in het kerkelijk recht en in de catechismus - om de wijding van vrouwen überhaupt denkbaar te maken? Met andere woorden: Welke obstakels staan momenteel in de weg, en hoe zouden die overwonnen kunnen worden als de kerk ooit tot een ander oordeel zou komen?

Allereerst de **huidige juridische situatie**: Het Katholiek **Canoniek Recht (CIC)** stelt ondubbelzinnig in Canon 1024: *"Alleen een gedoopte man kan geldig gewijd worden"*. Deze ene zin maakt alle gewijde ambten (diaken, priester, bisschop) ontoegankelijk voor vrouwen - de wijding van een vrouw zou juridisch *nietig zijn* als iemand deze toch zou uitvoeren. Deze norm is geen nieuwe uitvinding, maar weerspiegelt een eeuwenoude praktijk. Ze werd echter uitdrukkelijk herbevestigd in 1983 met het nieuwe Wetboek van Canoniek Recht en opgenomen in de

Katechismus van de Katholieke Kerk. De Catechismus (nr. 1577) legt uit: *"De Heer heeft mannen (viri) gekozen om het college van de twaalf apostelen te vormen ... daarom houdt de Kerk zich aan dit besluit van Christus. Daarom is het niet mogelijk voor de Kerk om vrouwen tot het priesterschap te wijden"*. Hier wordt duidelijk dat **Christus zelf** en zijn vermeende bedoeling worden aangeroepen. De kwestie wordt zo aan de menselijke controle onttrokken - het wordt beschouwd als een *geloofskwestie*, niet slechts als een veranderlijke discipline. Johannes Paulus II formuleerde het nog scherper, zoals hierboven vermeld, door een einde te willen maken aan elk debat: *De Kerk heeft geen enkele autoriteit* om dit te veranderen. Deze uitspraak werd door velen opgevat als quasi **onfeilbaar**, ook al werd ze niet formeel ex cathedra (direct onfeilbaar) afgekondigd. De Congregatie voor de Geloofsleer verklaarde het tot definitieve leer, wat suggereert dat het helemaal bovenaan staat. Zolang deze classificatie van toepassing is, zou de **wijding van vrouwen uitgesloten zijn van het kerkelijk recht en dogmatisch** - elke actie hiertegen zou ongeldig zijn en mogelijk onderhevig aan kerkelijke straffen voor de betrokkenen.

Om vrouwen priester of diaken te laten wijden, **zou deze passage in het kerkelijk recht** eerst moeten worden **veranderd.** Canon 1024 en de corresponderende secties van de Catechismus zouden geschrapt of opnieuw geformuleerd moeten worden. Dit kan alleen gedaan worden door de paus zelf, mogelijk als onderdeel van een groter besluit (zoals een concilie). Maar een simpele verandering in de wet alleen zou niet genoeg zijn - omdat er achter de wet een **theologisch oordeel schuilgaat** dat tot nu toe als bindend werd beschouwd. Dit oordeel luidt: *de wijding van mannen is een goddelijk bevel*. Als de kerk dit ooit anders zou willen zien, zou ze **theologisch zeer grondig moeten beargumenteren** waarom de vorige opvatting niet langer opgaat. Ze zou daarom een **nieuwe interpretatie van bijbelse getuigenissen** en traditie nodig hebben.

Wat betekent dit concreet? Allereerst zouden de bekende bijbelpassages en historische feiten opnieuw worden beoordeeld. Tot nu toe baseerde men zich op het feit dat Jezus alleen mannelijke apostelen aanstelde. Voorstanders van een opening stellen daar tegenover: Jezus had in de cultuur van die tijd ook redenen om geen vrouwen in de twaalf op te nemen - bijvoorbeeld om hun veiligheid en geloofwaardigheid in een patriarchale samenleving te waarborgen. Desondanks speelden vrouwen een beslissende rol onder de volgelingen van Jezus (Maria Magdalena wordt bijvoorbeeld vereerd als de "apostel van de apostelen" omdat zij de eerste getuige van de wederopstanding was).

Bovendien was er een apostel wiens geslacht in theologische en historische debatten wordt besproken als mogelijk vrouwelijk: Het is **Junia**.

In Romeinen 16:7 schrijft Paulus: *"Groet Andronikus en Junia(s), mijn bloedverwanten en medegevangenen, die gerespecteerd worden onder de apostelen...".*

De oorspronkelijke Griekse tekst geeft de naam Ἰουνίαν ("Iounian"). Eeuwenlang werd de vrouwelijke vorm "Junia" als ondubbelzinnig beschouwd, totdat vanaf de Middeleeuwen in de theologie de interpretatie verspreidde dat dit een mannelijke naam moest zijn ("Junias"), hoewel deze naam nauwelijks gedocumenteerd is in de oudheid.

Veel theologen, historici en taalkundigen nemen nu aan dat Paulus eigenlijk verwijst naar een vrouw met de naam Junia. Deze interpretatie zou betekenen dat Junia een vrouwelijke apostel was, wat grote gevolgen heeft voor het debat over de rol van vrouwen in de vroege kerk.

Tegenwoordig zijn veel bijbelgeleerden, waaronder officiële kerkelijke autoriteiten, van mening dat Junia inderdaad een vrouw was die erkend werd onder de apostelen. Het onderwerp wordt vaak besproken, vooral in de context van de huidige debatten over de wijding van vrouwen en gelijkheid in de kerk.

Deze sleutel maakt de hele doctrinaire structuur van de katholieke kerk over het patriarchaat ongeldig.

In de vroege kerk waren er ook profetessen, diakonessen en huiskerkleiders. **Paulus** noemt verschillende vooraanstaande vrouwen, zoals Phoebe (een diakones) of Junia, die in Romeinen 16:7 zelfs als een uitstekende apostel wordt beschreven, afhankelijk van de vertaling. Deze bevindingen zouden zeker sterker benadrukt worden in een nieuw besluit: Men zou kunnen beargumenteren **dat de Bijbel de**

gelijkwaardigheid van mannen en vrouwen voor God bevestigt (Gal 3:28: *"Er is geen man en vrouw meer, want u bent allen één in Christus Jezus"*) en dat het gemeenschappelijke priesterschap van alle gelovigen de basis is van waaruit het speciale ambtelijke priesterschap ook voor vrouwen zou kunnen openstaan.

Het is echter niet genoeg om simpelweg een paar bijbelpassages te herinterpreteren. Het begrip van het **sacramentele priesterschap** in de katholieke theologie wordt ook onder de loep genomen. Tot nu toe werd gezegd dat priesters *handelen in persona Christi capitis*, in Christus' plaats als hoofd van de congregatie - en Christus was mannelijk, de priester wordt verondersteld deze "iconische" mannelijkheid te vertegenwoordigen. Dit argument uit de doctrinaire verklaring *Inter Insigniores* (1976) stelt dat het **mannelijke geslacht van Christus** geen toeval is, maar symbolisch van betekenis is voor de verlossing: Christus als Bruidegom - Kerk als Bruid. Als vrouwen gewijd zouden worden, volgens de traditionele visie, zou dit symbolische schema verstoord worden. Deze **symbolische theologie** zou dus ook verder ontwikkeld moeten worden om een verandering teweeg te brengen. Een aantal theologen doet dit al: zij benadrukken dat Christus de hele mensheid heeft verlost en dat zijn menselijkheid (niet zijn mannelijkheid) theologisch op de voorgrond moet staan. De relatie tussen God en de mens is niet gebonden aan man-vrouw, en termen als "bruidegom" en "bruid" moeten niet biologisch worden ingeperkt. Als de kerk deze argumenten zou overnemen, zou ze tot de conclusie kunnen komen: Een vrouw kan Christus net zo sacramenteel vertegenwoordigen als een man, omdat beiden gemaakt zijn naar het beeld van God. Deze verandering van perspectief in **de dogmatiek** zou van fundamentele aard zijn: maar mogelijk dringend noodzakelijk met deze inzichten - het zou bijna neerkomen op een nieuwe *ontwikkeling van de leer*.

In termen van kerkelijk recht zou de weg naar het priesterschap waarschijnlijk alleen openstaan **voor diakens.** Velen zien het **permanente diaconaat van vrouwen als** de eerste stap. Als dit eenmaal voltooid zou zijn (bijvoorbeeld door een pauselijk besluit of een conciliedecreet), zou een wijding voor vrouwen al ingevoerd zijn, wat op zijn minst een verdere ontwikkeling naar het priesterschap denkbaarder zou maken. Het is dan ook geen toeval dat de discussie meestal eerst over diakens gaat. Mocht Leo XIV of een opvolger hier een gewaagde stap zetten en toestaan dat vrouwen tot diaken worden gewijd, dan zou dit een wijziging in het kerkelijk recht betekenen: Aanpassing van Canon 1024 (misschien in eerste instantie met een uitzondering voor het diaconaat) en de Catechismus dienovereenkomstig aanpassen. Deze veranderingen zouden vergezeld moeten gaan van een **plechtige rechtvaardiging** waarom dit nu mogelijk is - bijvoorbeeld door te zeggen dat historisch onderzoek heeft aangetoond dat het diaconaat geen exclusief priesterlijk ambt is en dat vrouwen van oudsher als diaconale bedienaren hebben gediend. Een dergelijk argument zou de breuk met de vorige lijn verzachten, omdat het zou verwijzen naar *vroege kerkmodellen*.

En hoe kom je van het vrouwelijke diaconaat naar het **priesterschap** - en nog verder naar de **"vrouw in het pauselijke ambt"**? Hier bevinden we ons momenteel op het gebied van de visie die moet worden gevormd, aangezien **er momenteel geen actieve bevordering in de hiërarchie is voor vrouwelijke priesters**. Maar denkend op de lange termijn: als de Kerk tot de conclusie zou komen dat God ook vrouwen roept om priester te zijn, zou *de Ordinatio Sacerdotalis doctrine* opnieuw opgeschud moeten worden. Misschien zou een toekomstige paus (of een concilie) verklaren dat deze leer weliswaar met diepe overtuiging werd aangehangen, maar niet als onfeilbaar werd gedefinieerd en kan en moet worden heroverwogen in het licht van het "teken des tijds en gelijkheid als mensenrecht". Het zou een stap zijn die misschien vergelijkbaar is met eerdere omkeringen (denk bijvoorbeeld aan de opheffing van het verbod op het nemen van rente of de veranderde houding ten opzichte van godsdienstvrijheid - dingen die in het verleden ook "altijd" werden afgewezen en vervolgens konden worden herzien omdat een diepere context werd erkend). Voor de wijding van vrouwen zou echter waarschijnlijk een conciliair proces en goedkeuring van de wereldkerk nodig zijn, omdat het zo'n fundamentele en controversiële kwestie is - tenzij een paus zich verantwoordelijk voelt voor zijn leiderschapsfunctie door vooraf een decreet uit te vaardigen.

Pas als vrouwen tot priester gewijd worden en als bisschop kunnen dienen, zou het praktisch mogelijk zijn **om een vrouw tot pastoor te kiezen**. Deze dan sekseneutrale positie wordt meestal gekozen uit kardinalen, en kardinalen zijn (momenteel) bijna uitsluitend mannelijke bisschoppen. Volgens de huidige wet kan in theorie elke gedoopte mannelijke katholiek tot paus worden gekozen, maar in de praktijk kiest het College van Kardinalen een van zijn leden. **Vrouwen zijn momenteel nog niet vertegenwoordigd in het College van Kardinalen** - dat is geen strikt dogma, maar een regel van het kerkelijk recht: sinds 1917 is bepaald dat kardinalen op zijn minst mannelijke priesters moeten zijn, en in 1962 stelde Johannes XXIII de bisschopswijding verplicht voor (bijna) alle kardinalen. Om van een vrouw een kardinaal te maken, zou deze regel ingetrokken moeten worden of de vrouw zou eerst tot bisschop gewijd moeten worden - wat ons terugbrengt bij het uitgangspunt. Er is altijd de vraag geweest of een paus symbolisch een vrouw tot kardinaal-diaken zou kunnen benoemen (in theorie is dit aan het oordeel van de paus, aangezien kardinale waardigheden worden toegekend door het hoofd van de kerk). Tot nu toe heeft geen enkel hoofd van de kerk dit echter aangedurfd - waarschijnlijk om geen valse verwachtingen te wekken. Kortom: zonder vrouwen als priester en bisschop **kunnen er geen vrouwelijke pausen** zijn. Mocht het gewijde ambt in de nabije toekomst echter worden opengesteld voor vrouwen, dan is het in principe denkbaar dat een vrouw ooit op de stoel van Petrus kan plaatsnemen. Tot die tijd is het een weg van eisen die niet alleen wettelijke veranderingen vereist, maar vooral een **mentaliteitsverandering** - zowel in de hiërarchie als onder de gelovigen.

Tot slot moet worden opgemerkt: De huidige **canonieke situatie** is nog niet in het voordeel van de wijding van vrouwen, onderbouwd door de officiële theologie en traditionele bijbeluitleg. Om dit te veranderen zijn **uitgebreide hervormingen** nodig: nieuwe theologische inzichten aangenomen door de kerkleiding, wijzigingen in de Codex van Canoniek Recht en de Catechismus, en een brede acceptatie van genderrechtvaardigheid en genderneutraliteit in functies in de wereldwijde kerk. Realistisch gezien zal Paus Leo XIV zelf niet in staat zijn om zulke veranderingen van de ene op de andere dag teweeg te brengen. **Genderrechtvaardigheid** in de kerk kan ook groeien in **tussenstappen** - bijvoorbeeld door meer participatie, erkenning en waardering van vrouwen op alle niet-gewijde niveaus. Dit is precies waar Leo XIV naar lijkt te streven: Hij wil vrouwen *mondiger* maken zonder onmiddellijk het priesterschap open te stellen tijdens zijn ambtstermijn. Deze aanpak gaat voor sommigen misschien niet ver genoeg , terwijl anderen het al te riskant vinden. Leo XIV moest dus een evenwicht vinden tussen vooruitgang en behoud. Als hij erin slaagt de **synodale dynamiek** gaande te houden en de "hete aardappels" openlijk te bespreken zonder de eenheid te verliezen, kan zijn pontificaat de Kerk tenminste voorbereiden - op mogelijke beslissingen die pas in volgende generaties na zijn ambtstermijn tot rijping kunnen komen. Tot die tijd kunnen vrouwen onder Leo XIV steeds meer verantwoordelijkheid op zich nemen in de Katholieke Kerk en hun talenten inbrengen door op veel gebieden op **voet van gelijkheid** te werken - maar de stap naar priesterwijding blijft (voorlopig) slechts een gevraagde toekomstvisie, die sociale rijping in de clerus en brede overeenstemming in het Vaticaan vereist.

Conclusie: Paus Leo XIV vertegenwoordigt een **evenwichtsoefening** tussen traditie en hervorming als het gaat om de wijding van vrouwen. Hij hield vast aan de doctrine dat het priesterschap voorbehouden was aan mannen, maar gaf tegelijkertijd blijk van zijn waardering voor de bijdragen van vrouwen en steunde hun grotere betrokkenheid bij kerkelijke leiderschapsprocessen. In zijn benadering van deze centrale hervormingskwestie toont Leo XIV zich een pragmatisch en inclusief leider: geen revolutionair met snelle decreten, maar een paus die luistert, deuren opent en de kerk stap voor stap naar meer gelijkheid wil leiden - **in de geest van synodaliteit** en zonder lichtvaardig te snijden in de wortels van de traditie.

Geëngageerde vrouwen bij **Maria 2.0** en mensen die niet alleen **gendergelijkheid** en **mensenrechten** steunen, maar deze ook diep in hun zelfbeeld en handelen hebben verankerd, willen niet nog een generatie of decennia wachten tot mannen zich dit realiseren.

De kwestie van de vrouwenwijding blijft dus spannend en controversieel. Maar onder Leo XIV is er een kans dat tenminste de *serieuze strijd* over deze kwestie zal worden voortgezet - met objectiviteit, theologische diepgang en het nodige geduld - of de noodzakelijke druk die een wereldwijde kerk nodig heeft voor echte vernieuwing.

 *Hoofdstuk 7:*
Omgaan met belangrijke hervormingskwesties - verplicht celibaat en de opleiding van priesters

Toen paus Leo XIV zijn pontificaat begon, stonden twee eeuwigdurende kwesties van kerkhervorming centraal: het verplichte celibaat voor mannelijke priesters en de opleiding van de volgende generatie priesters. Beide onderwerpen zijn emotioneel geladen en theologisch belangrijk. Hoe ging Leo XIV, een paus met een praktische aanpak en canonieke expertise, om met deze hervormingskwesties? Een gefundeerde blik op zijn perspectieven, de huidige discussie en mogelijke veranderingen zal hier licht op werpen.

Celibaat - traditie, uitdaging en het perspectief van Leo XIV

Al eeuwenlang eist de Latijnse ritus van de katholieke kerk dat priesters celibatair blijven. Deze levenswijze, "volledige onthouding omwille van het koninkrijk van de hemel", is diep geworteld in de traditie en het kerkelijk recht. In de loop van de kerkgeschiedenis werd het geleidelijk verplicht: uiterlijk vanaf de 12e eeuw, en als bindend bevestigd door het Concilie van Trente in de 16e eeuw, moesten katholieke en mannelijke seculiere priesters in het Westen ongehuwd blijven. Voorstanders zien dit als een spiritueel **charisma** - een teken van radicaal discipelschap van Christus dat priesters in staat stelt zich onverdeeld aan hun ambt te wijden. Kardinaal Robert Sarah, bijvoorbeeld, benadrukt dat het celibaat duidelijk laat zien *dat priesters alleen Christus toebehoren*; dit ideaal in twijfel trekken zou de crisis van het priesterschap alleen maar **verergeren**. Paus emeritus Benedictus XVI schreef ook waarschuwend dat een ontkoppeling van priesterschap en celibaat het speciale charisma ervan zou doen vervagen en priesters zou reduceren tot louter **functionarissen**.

Ondanks deze verdediging wordt het verplichte celibaat herhaaldelijk bekritiseerd - en Leo XIV is zich bewust van deze spanning. **Leo XIV**, die voor zijn verkiezing vele jaren als bisschop werkte in Latijns-Amerika, was bekend met de pastorale realiteit van een tekort aan priesters en uitgestrekte parochies zonder regelmatige mis. Al in eerdere verklaringen als bisschop en later als kardinaal maakte hij duidelijk dat hij het celibaat **waardeerde** als een **waardevol bezit** van de Kerk, maar het niet als onveranderlijk beschouwde. Hij heeft zelf een doctoraat in canoniek recht en weet dat het gebod van het celibaat **geen dogma** is, maar een kerkelijke wet. Het is daarom niet verwonderlijk dat hij openlijk nieuwe benaderingen overweegt zonder overhaaste beslissingen te nemen. Zijn voorganger Franciscus had al opgemerkt dat het celibaat "een geschenk voor de Kerk" was, maar "niet in steen gebeiteld" - en dat puur disciplinaire kwesties fundamenteel veranderd konden worden als de tijd rijp was. Ondanks alle debatten hield Franciscus zelf tot het einde van zijn leven vast aan de huidige regel. Nu zijn veel ogen gericht op Leo XIV: zal hij deze koers aanhouden of voorzichtig hervormen?

Het gedrag van Leo XIV tot nu toe wijst op een evenwichtige benadering. Hij erkende herhaaldelijk de verdiensten van celibataire priesters, maar toonde tegelijkertijd begrip voor discussies over uitzonderingen. Tijdens zijn jaren als aartsbisschop heeft hij uit de eerste hand ervaren hoe parochies zonder priesters lijden. Daarom volgde hij met belangstelling de Amazonesynode van 2019. De bisschoppen in dit afgelegen gebied pleitten toen voorzichtig voor het wijden van beproefde gehuwden - bekend als *viri probati,* later ook conceptueel bekend *als homines probati* - tot priester om de voorziening van de eucharistie te waarborgen. Leo XIV stond open voor dergelijke overwegingen *in uitzonderlijke gevallen waarbij mannen betrokken waren.* Zijn motto was: het celibaat moet blijven, maar waar het de verkondiging van het evangelie dient, moet de Kerk **pastorale oplossingen** kunnen vinden. Hij nam deze houding mee in zijn ambt als paus.

Optie of afschaffing? - Het debat over vrijwillig celibaat

Bijna geen enkel ander hervormingsthema wordt zo controversieel besproken als de eis voor **vrijwillig celibaat** voor priesters - hoewel vrijwillig celibaat gelijk staat aan **het afschaffen van het celibaat**. Dit betekent dat priesters zelf moeten kunnen beslissen of ze celibatair willen leven of niet - in plaats van een algemene verplichting om celibatair te blijven. Voorstanders van stellen dat een dergelijke versoepeling het priesterberoep aantrekkelijker zou maken en recht zou doen aan priesters die zich niet geroepen voelen tot het levenslange celibaat. Critici aan de andere kant waarschuwen dat een "vrijwillige" oplossing zou neerkomen op een feitelijke afschaffing, omdat de meeste geestelijken dan zouden trouwen en het ideaal van het celibaat snel zou worden gemarginaliseerd.

Welke stemmen zijn er in dit debat? Binnen de kerk nemen theologen en bisschoppen al jaren verschillende standpunten in. Begin 2022 baarde kardinaal Reinhard **Marx** uit München opzien toen hij openlijk opriep tot afschaffing van het verplichte celibaat. Niet alleen om "seksuele redenen", volgens Marx, maar omdat sommige priesters eenzaam zouden worden zonder de mogelijkheid om te trouwen en "het beter voor hun leven zou zijn" als ze konden trouwen. Veel gelovigen en theologen - vooral in Europa en Amerika - pleiten ook **voor optionalisatie**: ze wijzen erop dat er al getrouwde priesters zijn in de katholieke kerk, bijvoorbeeld bekeerde pastoors of in de oosterse kerken die met Rome verenigd zijn. In de Oekraïense, Maronitische of Grieks-katholieke kerken kunnen getrouwde mannen tot priester gewijd worden zonder dat het priesterschap daar minder gerespecteerd wordt. Dit model - celibataire *en* gehuwde priesters naast elkaar - zou kunnen worden overgenomen door de Latijnse Kerk, zo luidt het argument. Voorstanders zijn daarom van mening dat het hoog tijd is voor een opening, vooral omdat het celibaat vanuit *theologisch* perspectief geen sacramentele vereiste is, maar gebaseerd is op een disciplinair besluit van de kerk.

Er zijn echter ook **zorgen en tegenmodellen**. Vooral uit traditionele en conservatieve kringen komt het bezwaar dat het vrijwillige celibaat het opofferende karakter van het priesterschap verwatert. In 2020 waarschuwde Curiekardinaal Robert Sarah dringend dat elke **"relativering"** van het celibaat - bijvoorbeeld door brede uitzonderingen - "een stap in de verkeerde richting" zou zijn. Volgens hem zou een versoepeling de bestaande crisis eerder verdiepen, omdat het de indruk zou wekken dat het priesterschap slechts een **beroep** is in plaats van een roeping. Sarah vreest zelfs dat een aanvankelijk beperkte uitzondering "de regel zou kunnen worden". In een vergelijkbare geest stelde Benedictus XVI dat het afzwakken van de verplichting van het celibaat het priesterschap in de ogen van de wereld zou kunnen reduceren tot een puur menselijke instelling. **Zou iemand deze weg nog kiezen als het celibaat vrijwillig zou zijn?** Hier lopen de meningen uiteen. Sommigen denken van wel - echte charisma's zouden zich ook ontwikkelen en zou verder gecultiveerd worden zonder dwang (vergelijkbaar met hoe religieuzen vrijwillig celibatair leven). Anderen geloven dat in een meer liberale samenleving de meeste kandidaten voor het priesterschap de voorkeur zouden geven aan het huwelijk, waardoor het getuigenis van hen die "ter wille van het koninkrijk der hemelen" gewijd zijn zeldzaam zou worden.

Leo XIV moest deze spanningen in evenwicht brengen. **Wat zijn zijn eigen signalen?** Aan de ene kant respecteert hij de vorige lijn: in zijn eerste verklaringen als paus benadrukte hij dat het celibaat onschatbare diensten heeft bewezen aan de Kerk en nauw verweven is met de identiteit van het Latijnse priesterschap. Aan de andere kant gaf hij aan dat hij **met** een open geest naar de wereldwijde **synode over kerkhervorming** wilde kijken. Op het Duitse Synodale Pad - een hervormingsdialoog van de kerk in Duitsland - sprak een meerderheid van de bisschoppen zich onlangs zelfs uit voor een voorzichtige openstelling van het celibaat. Er zijn ook stemmen uit andere werelddelen die op zijn minst de mogelijkheid van gehuwde priesters in bepaalde regio's of onder bepaalde omstandigheden zouden willen zien. Leo XIV gaf een signaal: Een dergelijke ontwikkeling is *niet uitgesloten*, mits het het welzijn van de Kerk dient. Zijn Latijns-Amerikaanse afkomst en ervaring geven hem hier een praktisch perspectief: Hij is zich bewust van de behoeften van de gelovigen zonder pastor en kent tegelijkertijd de **grenzen** van puur organisatorische oplossingen - want een gebrek aan priesterroepingen heeft vele oorzaken, niet alleen het celibaat. Kardinaal Jorge Mario Bergoglio (later paus Franciscus) betwijfelde jaren geleden al of het afschaffen van het celibaat automatisch tot meer nieuwe priesters zou leiden. Leo XIV zal dus een zorgvuldige afweging maken: Hoe kan de deur voorzichtig worden opengezet zonder het kind met het badwater weg te gooien?

Als gevolg hiervan **kan het perspectief van Leo XIV** waarschijnlijk als volgt worden samengevat: Het verplichte celibaat wordt onder de loep genomen, maar niet aan de schandpaal genageld. De paus zal waarschijnlijk eerst modellen uitproberen - zoals het toestaan dat gehuwde diakens tot priester worden gewijd in regio's met een acuut tekort aan priesters. Zulke stappen zouden geen afschaffing van het celibaat zijn, maar een **gedifferentieerde uitbreiding van** de huidige praktijk. De echte uitdaging is om de hoge spirituele betekenis van het celibataire leven te behouden en tegelijkertijd te voldoen aan de pastorale behoeften van de Kerk. Leo XIV zelf verwoordde het als volgt: *'Het is geen kwestie van óf/óf, maar van én/én, die de schat van het celibaat eert en toch ruimtes opent voor nieuwe wegen.*

Noodzaak tot hervorming van de priesteropleiding: praktische relevantie en persoonlijke ontwikkeling

Voor Leo XIV was de kwaliteit van **de priesteropleiding** minstens zo belangrijk als de kwestie van het celibaat. Want ongeacht of priesters in de toekomst getrouwd mogen zijn of niet, ze hebben allemaal een uitstekende voorbereiding op hun ambt nodig. In de afgelopen jaren is het in veel landen duidelijk geworden dat er op dit gebied een inhaalslag nodig is. Er is **kritiek** geuit: De opleiding aan seminaries voor priesters is vaak te academisch en theologisch en niet praktisch genoeg; na de wijding worden jonge priesters geconfronteerd met administratieve taken en een dagelijkse werkroutine waarop ze zich onvoldoende voorbereid voelen. Een recent onderzoek onder nieuwe mannelijke priesters in Duitsland onthulde bijvoorbeeld een flagrante kloof tussen opleiding en realiteit. Meer dan twee derde van de respondenten zou graag meer **persoonlijke ontwikkeling en spiritualiteit** in hun opleiding zien (respectievelijk 71,7% en 63% noemde dit zeer belangrijk), en pastorale zorg stond ook hoog genoteerd (69,1%).

Daarentegen vond minder dan de helft meer training in administratieve en leiderschapstaken belangrijk (slechts 39,5% wilde meer training in kerkleiding). Dienovereenkomstig verklaarde slechts **6,1%** dat ze *zeer goed* waren voorbereid op praktische zaken - terwijl meer dan 27% de praktische voorbereiding als slecht of zeer slecht beoordeelde. **Theoretisch-theologische training** scoorde daarentegen overwegend goed (meer dan 80% beoordeelde dit als goed of zeer goed). Deze discrepantie laat zien dat op veel plaatsen de nadruk sterk op de theorie lag, terwijl de praktische en persoonlijke training verwaarloosd werd.

Leo XIV maakte duidelijk dat hier een herbezinning nodig was. **Praktische relevantie** en **spiritualiteit** zouden niet langer tegenover theologie moeten staan, maar gelijkwaardige pijlers van de priesteropleiding moeten zijn. Paus Franciscus had in 2016 al richtlijnen voor een "holistische" opleiding gepresenteerd met een nieuw kaderbesluit (*Ratio Fundamentalis Institutionis Sacerdotalis*). Dit concept van *holistische en levensgerichte opleiding* benadrukt dat kandidaten voor het priesterambt niet alleen theologisch en liturgisch moeten worden opgeleid, maar ook moeten groeien in **pastorale praktijk** en **hartvorming**. Dit laatste betekent de ontwikkeling van persoonlijkheid, volwassenheid van karakter en het vermogen om volwassen relaties te ontwikkelen - vooral met betrekking tot het celibataire leven. Leo XIV ondersteunt deze lijn volledig. Hij eiste dat seminaristen intensief gevormd worden in menselijkheid, empathie en geestelijk leven: Priesters moeten niet alleen dogmatisch opgeleid zijn, maar *pastors* met spirituele volwassenheid en een diepe relatie met Christus.

In de praktijk betekent dit concrete **vernieuwingen** in de seminaries. Veel landen kennen al een voorbereidende propedeutische fase - een introductie- en oriëntatiejaar dat vooral dient als geestelijke en menselijke voorbereiding. Deze *propedeuse* wordt nu wereldwijd de standaard, die de kerk in Oostenrijk bijvoorbeeld al lange tijd met succes toepast (en waarvoor ze internationale erkenning heeft gekregen). Dit werd gevolgd door theologische studies, maar Leo XIV wilde steeds meer dat de toekomstige priesters tegelijkertijd betrokken werden bij **het parochieleven**: Stages in parochies, sociale stages of fases waarin ze werken in het normale dagelijkse leven van de gelovigen moeten een integraal onderdeel van hun opleiding worden. Sommige modellen voorzien dat seminaristen tijdelijk bij gezinnen of buiten het seminarie wonen om de realiteit van het leven van mensen beter te leren kennen. Dit is bedoeld om te voorkomen dat wijdingskandidaten jarenlang in afzondering in het seminarie leven en dan plotseling alleen voorgaan als pastor in verschillende parochies - een sprong in het diepe die vaak als een te grote uitdaging wordt ervaren.

Leo XIV benadrukte ook het belang van voortdurende **geestelijke begeleiding**: regelmatige gesprekken met mentoren en biechtvaders moeten kandidaten helpen om hun beslissing voor het priesterschap en (als het celibaat vereist is) voor een celibatair leven steeds opnieuw eerlijk te onderzoeken. Paus Leo XIV is zich ervan bewust dat een volwassen integratie noodzakelijk is, vooral op het gebied van seksualiteit en het vermogen om relaties te hebben, om schandalen en innerlijke conflicten te voorkomen. Na de pijnlijke ervaringen met gevallen van seksueel geweld in de Kerk, is het essentieel dat seminarleiders en vormers aandacht hebben voor waarschuwingssignalen en preventieve actie ondernemen. De paus ondersteunt uitdrukkelijk de betrokkenheid van psychologen en ervaren pastors bij de vorming om de geschiktheid van het karakter en de psychoseksuele rijpheid van kandidaten te bevorderen. Deze openheid voor moderne menswetenschappen in de priesteropleiding markeert een culturele verandering naar meer professionaliteit en nederigheid: men vertrouwt er niet alleen op dat de geestelijke roeping automatisch al het menselijke met zich meebrengt, maar **werkt bewust** aan de persoonlijkheid van de toekomstige priesters.

De Duitse bisschoppen hebben ook hervormingsplannen gepresenteerd voor de opleiding van priesters - parallel aan het synodale pad - die in een vergelijkbare richting gaan. Zo moet de opleiding gedeeltelijk worden geherstructureerd en op minder locaties worden geconcentreerd om een goede gemeenschap voor de weinige junioren te garanderen. Tegelijkertijd zouden theologiestudenten die priester willen worden nauwer moeten studeren met theologiestudenten voor andere kerkelijke beroepen om samenwerking en begrip voor elkaar in een vroeg stadium te bevorderen. Wat opviel in de bovengenoemde enquêteresultaten was het **verlangen van jonge geestelijken** naar meer persoonlijke ontwikkeling en spiritualiteit. Bisschop Michael Gerber van Fulda, die verantwoordelijk is voor de opleiding van seminaristen, juichte dit uitdrukkelijk toe en riep op om deze aspecten "nadrukkelijk te bevorderen" - vooral *in* het licht van het misbruikonderzoek. Dit laat zien dat de kritiek uit het verleden serieus wordt genomen en dat Leo XIV, samen met veel verantwoordelijken, hier consequenties uit trekt.

Een voorbeeld van vernieuwend onderwijs is de toegenomen training in **communicatie en conflictoplossing**: toekomstige priesters leren hoe ze in teams moeten werken met leken en voltijds personeel, hoe ze parochiebijeenkomsten moeten leiden en hoe ze met kritiek moeten omgaan. Er wordt ook afgestapt van het primair gebruiken van priesters als administrateurs in verschillende parochies - een rol waarin velen zich ongemakkelijk voelen. "De kerk moet zichzelf veranderen om antwoorden te kunnen geven op de vragen en behoeften van mensen," waarschuwt Irme Stetter-Karp, voorzitter van het Centraal Comité van Duitse Katholieken. Ze zinspeelt op het feit dat eerdere rolmodellen te beperkt waren: Priesters **willen geen pure managers** zijn, maar spirituele leiders. De opleiding moet hen daarom in staat stellen dit spirituele leiderschap te beleven, terwijl administratieve taken meer door teams worden overgenomen. Natuurlijk zullen toekomstige pastors nog steeds iets van financiën en organisatie moeten begrijpen - maar deze vaardigheden zullen op de achtergrond raken ten opzichte van de training als **spirituele herders**. Leo XIV voerde dus een verandering in prioriteiten door in de opleiding van priesters: **Het vormen van mensen vóór management**.

Voorwaarden voor verandering: Juridische en leerstellige aanpassingen

Om zowel het celibaat aan te passen als de opleiding van priesters te vernieuwen, waren aanzienlijke **veranderingen in de regels en voorschriften van de kerk** nodig . Leo XIV stond voor de taak om zorgvuldig met de traditie om te gaan en tegelijkertijd moedig hervormingen door te voeren.

Allereerst **het verplichte celibaat**: omdat het een bepaling uit het canonieke recht is, zou een opening naar het vrijwillige celibaat moeten worden vastgelegd in de toepasselijke wettelijke normen. Concreet betekent dit dat de overeenkomstige canon in de Code of Canon Law

(CIC) zou moeten worden gewijzigd. Canon 277 CIC vereist momenteel dat priesters van de Latijnse ritus celibatair zijn als levenswijze. Leo XIV zou - in een individueel besluit of in overleg met de bisschoppensynode of een concilie - deze canon kunnen wijzigen om uitzonderingen of opties toe te staan. Een mogelijkheid zou zijn om het celibaat als **regel** te blijven formuleren, maar met een toevoeging: "tenzij de paus in individuele gevallen dispensatie verleent" of iets dergelijks. Een regionale opening zou ook denkbaar zijn, waarbij bijvoorbeeld bisschoppenconferenties in missiegebieden de wijding van bewezen gehuwde diakens tot priester zouden kunnen aanvragen. Dit zou rekening houden met het feit dat pastorale situaties over de hele wereld sterk verschillen - een idee dat paus Franciscus en theologen zoals kardinaal Walter Kasper al voor ogen hadden. Het is belangrijk voor Leo XIV om duidelijk te maken dat een wetswijziging **geen verandering van de kerkleer** is: de katholieke kerk blijft de hoge waarde van het celibaat onderwijzen omwille van het Koninkrijk der Hemelen, maar verandert een disciplinaire eis om recht te doen aan de missie van de kerk. Het is de taak van het **leergezag**, d.w.z. het pauselijk en bisschoppelijk leergezag, om dit theologisch correct te formuleren. Het is mogelijk dat Leo XIV een gedetailleerde brief of zelfs een encycliek zal publiceren waarin hij de bijbelse en theologische fundamenten uiteenzet: Bijvoorbeeld het feit dat er in het Nieuwe Testament ook zowel gehuwde ambtsdragers (zoals de apostel Petrus of Junia) als ongehuwd levende ambtsdragers (zoals Paulus) voorkomen. Hij zou kunnen benadrukken dat, volgens Matteüs 19:12 ("sommigen hebben zichzelf onhuwbaar gemaakt omwille van het koninkrijk der hemelen"), ongehuwd zijn erkend blijft als een bijzondere gave, maar niet aan iedereen gegeven is - en dat de Kerk daarom ruimte wil maken voor beide levensstaten in de dienst van God.

In de **Catechismus van de Katholieke Kerk**, waarin momenteel staat dat in de Latijnse Kerk alleen celibataire mannen tot priester worden gewijd, zou deze passage worden aangepast. Vermoedelijk zou een nieuwe formulering **de Latijnse en Oosterse praktijken** naast elkaar erkennen: Net zoals de catechismus al vermeldt dat de oosterse kerken een gehuwd priesterschap erkennen, zou een dubbele aanbeveling in de toekomst ook voor de Latijnse kerk kunnen gelden. Het catechismusartikel zou bijvoorbeeld kunnen stellen dat het priesterambt zo'n hoog goed is dat zowel ongehuwde als gehuwde mensen - afhankelijk van hun roeping en situatie - het kunnen uitoefenen, en dat beide voor- en nadelen hebben, waarmee de Kerk rekening houdt in pastorale wijsheid.

Er zijn ook enkele juridische aanpassingen nodig voor de **opleiding van priesters** zelf. De canonieke vereisten voor de opleiding van seminaristen (bijvoorbeeld in Canons 232-264 CIC) zouden moeten worden aangepast aan de nieuwe Ratio Fundamentalis. Rome heeft al richtlijnen uitgevaardigd die wereldwijd van toepassing zijn - maar elke bisschoppenconferentie moet deze implementeren in haar eigen opleidingsreglement. Leo XIV zal erop aandringen dat deze regels verplichte elementen bevatten zoals de propedeuse, de psychologische proeve van bekwaamheid en langere pastorale stages. De **leeftijdsstructuur** kan ook flexibeler gemaakt worden: als er bijvoorbeeld meer gehuwde kandidaten zijn voor het priesterschap (zoals diakens van middelbare leeftijd), moeten de opleidingstrajecten ook open en aantrekkelijk zijn voor laatkomers. Hier zou het kerkelijk recht bepalingen kunnen bevatten die tweedecarrière priesters of deeltijdstudiemodellen mogelijk maken.

Doctrinaal moet duidelijk worden gemaakt dat dergelijke aanpassingen in lijn zijn met de traditie. Leo XIV zal waarschijnlijk benadrukken dat er geen verandering is in het sacrament van de **wijding** zelf - de leer van de Kerk dat alleen gedoopte personen geldig de priesterwijding kunnen ontvangen blijft onaangetast (ook al is deze kwestie - de wijding van vrouwen - een controversiële kwestie op zich, die de paus in deze context aan de orde kan stellen). Het gaat veeleer om het **disciplinaire kader van** het ambt. De Kerk erkent al dat gehuwde permanente diakens een gewijd ambt hebben en dat gehuwde priesters van andere riten volledig geldige priesters zijn. In dit opzicht bewegen we ons binnen de katholieke diversiteit, behalve dat de Latijnse kerk iets zou kunnen leren van de oosterse praktijk. Dit kan bijbels onderbouwd worden met verwijzing naar het eerste millennium: veel heiligen van de vroege kerk - bijvoorbeeld historische bisschoppen zoals de heilige Hilarius van Poitiers of de heilige Gregorius van Nazianzus pater - waren getrouwd. Een terugkeer naar deze vroege kerkelijke diversiteit kan helpen om de *bezorgdheid* te weerleggen dat een versoepeling van het celibaat zou betekenen dat de heilige traditie wordt opgeofferd. Leo XIV zelf verwoordde het ooit zo: "*Niet elke kerkelijke regel van gisteren is al een onveranderlijke waarheid van altijd.* Hij laat daarmee zien dat er in de geschiedenis en theologie legitimiteit is voor voorzichtige veranderingen.

De rol van vrouwen in de pastorale opleiding. Bij alle overwegingen met betrekking tot de wijding van priesters en de opleiding mag niet vergeten worden dat de katholieke Kerk voor pastorale zorg niet alleen vertrouwt op gewijde mannen. Over de hele wereld delen vrouwen de verantwoordelijkheid in een verscheidenheid van pastorale beroepen en functies - als parochiepriesters, pastorale assistenten, theologen, catechisten en religieuze zusters. In zijn hervormingsprogramma benadrukte Leo XIV herhaaldelijk dat vrouwen meer **invloed** moesten krijgen in de kerk. Hoewel het gewijde ambt van priester en bisschop volgens de huidige doctrine nog steeds voorbehouden was aan mannen, werd de deelname van vrouwen aan leiderschap en onderwijs uitgebreid. Steeds meer vrouwen zijn bijvoorbeeld hoogleraar aan theologische faculteiten en zitten ook in de commissies die priesters opleiden. In sommige seminaries zijn vrouwen al betrokken als spirituele gidsen of trainen ze seminaristen in pastorale psychologie - een belangrijke bijdrage aan het overwinnen van eenzijdige "mannelijke perspectieven". Leo XIV was een groot voorstander van dergelijke stappen. Hij wist dat hoe meer vrouwen op gelijke voet betrokken waren bij de opleiding van toekomstige priesters, hoe meer de priesters gevoelig zouden zijn voor het werken met vrouwen in hun toekomstige bediening. Leo XIV opent ook deuren buiten de seminariezalen: hij heeft al meer **bekwame vrouwen** benoemd in leidinggevende posities in de curie en in diocesane ambten om te laten zien dat de kerk geen door mannen gedomineerd "patriarchaat" moet zijn. De voorzitter van het Duitse comité van katholieke vrouwen heeft het in een notendop gezegd: "Leiderschap en management zijn niet per se mannelijk". Leo XIV was toegewijd aan dit principe. Hij zag de bevordering van vrouwen in de Kerk - zowel in opleiding als in de praktijk - niet als een concessie aan de tijdgeest, maar eerder als een terugkeer naar de saamhorigheid die Jezus en de vroege Kerk ook kenden (denk aan de samenwerking van Martha, Maria, Phoebe en vele andere vrouwen in het Nieuwe Testament).

In dit hoofdstuk van zijn mogelijke werk bewandelde paus Leo XIV een dunne lijn tussen continuïteit en verandering. **Wat het celibaat betreft,** leek hij bereid om voorzichtige openingen toe te staan zonder de spirituele waarde van het celibaat op te geven. Hij neemt serieus wat veel gelovigen en priesters bezighoudt en weegt modellen af die al zijn uitgeprobeerd in kleine delen van de wereldkerk. Hij is zich ervan bewust dat elke verandering goed gefundeerd en theologisch verantwoord moet zijn om de eenheid van de kerk niet in gevaar te brengen. Leo XIV bevorderde een kwaliteitsoffensief **in de opleiding van priesters**: de priesters van morgen moeten academisch geschoolde theologen zijn, maar ook persoonlijkheden met empathie, spirituele diepgang en pastorale ervaring. Hij zette de koers uit om seminaries niet langer ivoren torens te laten zijn, maar werkplaatsen voor geloofwaardige pastors.

Bij dit alles blijft de paus objectief en gericht op de missie van de Kerk. Hij stelt controversiële punten openlijk aan de orde, maar zonder polemiek. Hij formuleert met theologische precisie waar **ontwikkeling** mogelijk is en waar de leer onveranderd blijft. Deze verhalende visie op het verplichte celibaat en de opleiding van priesters laat zien dat Leo XIV oplossingen zocht die **de traditie en de toekomst** van de katholieke kerk met elkaar verzoenden - voorzichtig maar vastberaden. De komende jaren van zijn pontificaat zullen laten zien hoe dit zich vertaalt in de kerkelijke realiteit. Maar één ding is al duidelijk: het discours is in beweging en Leo XIV omarmde het met voorzichtigheid en pastorale passie.

 *Hoofdstuk 8:*
Omgaan met belangrijke hervormingskwesties: Integratie van queer people - LGBTQIA+

Als paus Leo XIV zijn pontificaat begint, bevindt de katholieke kerk zich midden in een gespannen debat over de gelijke behandeling van LGBTQIA+ mensen. In veel samenlevingen heeft een diepgaande verandering plaatsgevonden: Paren van hetzelfde geslacht mogen wettelijk trouwen, regenboogvlaggen wapperen nu aan kerktorens als teken van solidariteit en in de publieke opinie wordt diversiteit van seksuele geaardheid steeds meer gezien als normaal en beschermwaardig. Zowel gelovigen als niet-gelovigen verwachten dat de kerk alle mensen met dezelfde waardigheid behandelt, ongeacht hun seksuele geaardheid.

Gelijkheid voor God en aan het altaar - sociale verandering en verwachtingen van de kerk

In het bijzonder dringt de vraag zich op hoe *alle* geliefden werkelijk gelijk worden voor God en aan het altaar omdat ze dat zijn, of dat de Kerk bepaalde groepen - zoals homoseksuele koppels - wil blijven uitsluiten van sacramentele handelingen zoals het huwelijk.

De sociale **status quo** spreekt voor zich. In traditioneel katholieke landen en gemeenschappen roepen veel gelovigen nu openlijk op om LGBTQIA+ mensen met respect te behandelen. Enquêtes ondersteunen deze verandering in het sentiment: al in 2013 was ongeveer 70% van de Duitse katholieken voorstander van het openstellen van het burgerlijk huwelijk voor paren van hetzelfde geslacht. Tegelijkertijd bleek uit een kerkelijke enquête dat meer dan twee derde van de katholieken ontevreden was over de manier waarop de kerk homoseksuelen behandelt. Ook internationaal kan worden vastgesteld dat katholieken - vooral jongere generaties - vraagtekens zetten bij de traditionele afwijzing van partnerschappen tussen mensen van hetzelfde geslacht. De basisovertuiging van velen is dat alle mensen van gelijke waarde zijn voor God, "kinderen van God" (volgens paus Franciscus) - niemand mag worden uitgesloten of ongelukkig gemaakt vanwege zijn of haar seksuele geaardheid. Deze houding is gebaseerd op een modern begrip van mensenrechten en liefde en op het christelijke gebod om je naaste lief te hebben. Als God liefde is, hoe kan oprechte liefde tussen twee mensen dan in strijd zijn met de goddelijke wil? Steeds meer gelovigen stellen zichzelf deze vraag en verwachten antwoorden van de kerk die recht doen aan de kennis en gevoelens van vandaag.

De officiële **leer** van de katholieke kerk heeft tot nu toe echter slechts voorzichtig gelijke tred gehouden met deze maatschappelijke ontwikkeling. De *Catechismus van de Katholieke Kerk* benadrukt aan de ene kant nog steeds respect en tact in de omgang met homoseksuele personen, maar maakt aan de andere kant duidelijk dat liefdesdaden van hetzelfde geslacht *"intrinsiek verkeerd"* zijn. Met andere woorden: volgens de leer van de kerk is homoseksueel zijn geen zonde - maar het actief beleven van een liefde van hetzelfde geslacht wel. Dit onderscheid - liefde ja, geleefde seksualiteit nee - leidt tot wat velen zien als een paradox: hoewel alle mensen evenveel geliefd en geaccepteerd zouden moeten worden, zijn hun levensstijlen in de ogen van de geestelijkheid niet even geldig. Dit is waar maatschappelijke verwachtingen en de leer van de kerk duidelijk botsen. De eis van **gelijkheid van** alle geaardheden "voor God en het altaar" zou een heroverweging vereisen: Weg van termen als "objectief ongeordend", naar een theologie die geaardheid van hetzelfde geslacht ziet als een variatie van de schepping die net zo door God is voorbestemd als heteroseksuele geaardheid. Steeds meer kerkelijke stemmen roepen hiertoe op. Zo riep de voorzitter van de Duitse bisschoppenconferentie, bisschop Georg Bätzing, al in 2020 op om de relevante passages in de catechismus te herzien. Zijn argument: de kerk moet oplossingen vinden om homoseksuele gelovigen zichtbaar te integreren - bijvoorbeeld door passende liturgische vieringen. Dit evenwicht tussen trouw aan de traditie en de noodzakelijke verdere ontwikkeling is de dunne lijn die Leo XIV moet bewandelen.

Sacramentele erkenning van paren van hetzelfde geslacht: theologische voors en tegens

De kern van het debat is de **sacramentele erkenning** van paren van hetzelfde geslacht, d.w.z. de vraag of een partnerschap tussen twee mannen of twee vrouwen dezelfde sacramentele status en zegen voor de kerk kan krijgen als een huwelijk tussen een man en een vrouw. Diepe overtuigingen en emotionele argumenten botsen hier - **theologisch**, maar ook pastoraal en sociaal.

Argumenten voor een opening: Voorstanders van een herwaardering van het huwelijk van paren van hetzelfde geslacht binnen de kerk stellen dat de kwaliteit van een relatie niet afhangt van het geslacht van de partners, maar van de diepte van hun liefde en hun verantwoordelijkheid voor elkaar. Als het sacrament van het huwelijk een beeld is van Gods trouwe, vruchtbare liefde voor mensen, dan kan ook de liefde van een homoseksueel paar dit beeld weerspiegelen. Het is belangrijk om te benadrukken dat "vruchtbaarheid" niet alleen fysiek nageslacht hoeft te betekenen. Veel theologen pleiten voor een breder begrip van vruchtbaarheid - een begrip dat ook de sociale en geestelijke vruchten van toegewijde liefde erkent. Twee mensen die een leven lang voor elkaar opkomen, samen crises doorstaan en misschien zelfs kinderen grootbrengen (bijvoorbeeld door adoptie of uit eerdere relaties) zijn een voorbeeld van waarden die de kerk fundamenteel hooghoudt: Trouw, zorg, opoffering en gemeenschap. Is het tegen deze achtergrond gerechtvaardigd om zulke stellen uit te sluiten van sacramentele zegen?

Een ander *pro-argument* is gebaseerd op recentere bevindingen uit bijbelstudies en moraaltheologie. Veel van de bijbelpassages die traditioneel tegen homoseksualiteit worden gebruikt (bijvoorbeeld uit het boek Leviticus of de brieven van Paulus) worden tegenwoordig genuanceerder gelezen. Historisch-kritische exegese laat zien dat deze teksten meestal moeten worden begrepen in specifieke, puur historische contexten - ze gaan vaak over tempelprostitutie, verkrachting of uitingen van xenofobie, in plaats van liefdevolle, gelijkwaardige partnerschappen. Tegelijkertijd heeft de moderne wetenschap duidelijk gemaakt dat homoseksualiteit een **variant van de**

menselijke seksualiteit is en geen moedwillige beslissing tegen de "goddelijke orde". Paus Franciscus zou zelf in een persoonlijk gesprek hebben gezegd: *"God heeft je zo gemaakt en hij houdt van je op deze manier"* - een zin die diep snijdt in het zelfbeeld van gelovige LGBTQIA+ mensen. Als God mensen heeft geschapen zoals ze zijn, zo redeneren veel theologen, dan kan hun liefde over de hele linie geen zonde zijn. Een internationaal geprezen wetenschappelijke verklaring uit 2021 stelde zelfs dat er **geen bijbelse of wetenschappelijke redenen** zijn om vast te houden aan de doctrine dat voortplanting noodzakelijkerwijs in elke seksuele handeling moet zijn ingeschreven en dat homoseksuele handelingen daarom als "ongeordend" moeten worden beoordeeld. Dit resultaat onderstreept het feit dat de traditionele katholieke seksuele moraal - volgens welke seksualiteit alleen is toegestaan binnen een huwelijk gericht op voortplanting - theologisch in twijfel kan worden getrokken. Voorstanders van hervorming benadrukken dat er altijd veranderingen zijn geweest in de geschiedenis van de kerk: Doctrines veranderden bijvoorbeeld met betrekking tot de erkenning van godsdienstvrijheid of de veroordeling van slavernij, zonder het evangelie te verraden. Dus waarom zou het niet ook mogelijk zijn om het begrip van liefde en huwelijk te verdiepen zodat *het alle* paren *omvat*?

Argumenten tegen een opening: Aan de andere kant hebben voorstanders van de traditionele leer zwaarwegende bedenkingen. Voor hen is **het sacramentele huwelijk** onlosmakelijk verbonden met het christelijke begrip van de schepping en de complementariteit van de seksen. Het boek Genesis beschrijft al de schepping van man en vrouw als gerelateerd aan elkaar - "als man en vrouw schiep hij hen" - en hieruit heeft de Kerk altijd afgeleid dat het huwelijk de vereniging van *beide* seksen betekent volgens Gods plan. Volgens de traditionele opvatting is de fysieke vereniging gericht op voortplanting - ze opent zich voor het wonder van nieuw leven en weerspiegelt zo Gods scheppende kracht. Volgens deze opvatting is **liefde alleen** niet voldoende voor sacramentaliteit; het gaat ook om de natuurlijke orde. Tegenstanders van hervorming beroepen zich dus op de **continuïteit van de leer**: de Kerk heeft dit eeuwenlang duidelijk geleerd.

Naast de puur theologische aspecten zijn er ook **sociale en pastorale overwegingen** in deze discussie. Westerse samenlevingen hebben de afgelopen decennia een snel groeiend respect ontwikkeld voor

LGBTQIA+ rechten. In steeds meer landen - waaronder voorheen streng katholieke landen als Ierland, Spanje en Frankrijk - zijn huwelijken tussen mensen van hetzelfde geslacht nu legaal en breed maatschappelijk geaccepteerd. Veel vrome homoseksuele stellen leven al lang in stabiele, liefdevolle relaties, sommige met kinderen, en vragen zich af: heeft de Kerk echt niets positiefs te zeggen over onze manier van leven? Pastoraal begeleiders melden dat de categorische afwijzing vaak veel emotioneel leed veroorzaakt - mensen voelen zich afgewezen in de kerk die hun thuis zou moeten zijn. Paus Leo XIV moest het uitzoeken: Hoe kan hij recht doen aan het legitieme verzoek om gelijke behandeling en erkenning zonder de eenheid van de universele kerk in gevaar te brengen?

Stappen op weg naar volledige erkenning - Noodzakelijke veranderingen in kerkelijk recht, catechismus en bijbeluitleg

Stel dat de katholieke kerk LGBTQIA+ mensen en hun partnerschappen **volledig zou willen erkennen**, wat zou er dan concreet moeten veranderen? Zo'n verandering zou aanpassing vereisen, omdat het invloed heeft op verschillende pijlers van de kerkleer en kerkorde.

Canoniek recht (kerkelijk recht): Het huidige rechtssysteem van de Kerk definieert het huwelijk duidelijk als een levenslange verbintenis *tussen een man en een vrouw*. Dit staat in het Wetboek van Canoniek Recht (cf. can. 1055 §1 CIC). Deze definitie moet fundamenteel worden uitgebreid, zodat twee mensen van hetzelfde geslacht ook een huwelijksband kunnen aangaan in de zin van de Kerk. Een eenvoudige taalkundige verandering ("tussen twee personen" in plaats van "tussen man en vrouw") zou al een bijwerking zijn: Talrijke verbindende bepalingen - van de huwelijksvoorwaarden tot de vorm van de huwelijksplechtigheid tot vragen over de nietigheid van het huwelijk - zouden moeten worden aangepast. Er was ook de vraag hoe om te gaan met bestaande burgerlijke huwelijken van koppels van hetzelfde geslacht: konden deze vervolgens worden erkend als sacramenteel? Of zou de kerk het liturgische kader alleen openstellen voor nieuwe verbintenissen? Dit alles zou zorgvuldig moeten worden uitgewerkt. Volledige erkenning zou betekenen dat seksuele geaardheid *niet* langer een criterium zou zijn voor uitsluiting van wijding of kerkelijke ambten, zolang de persoon in kwestie ernaar streeft te leven volgens de evangelische raadgevingen.

Catechismus en leergezag: Een **herziening van de seksuele moraal van de Kerk** in de Catechismus en in officiële uitspraken zou centraal staan. De huidige passages (KKK 2357-2359) beschrijven homoseksuele handelingen als "niet in orde" of als een overtreding tegen de natuurlijke orde. Als relaties tussen mensen van hetzelfde geslacht positief erkend zouden worden, zouden deze formuleringen geschrapt of vervangen moeten worden door een nieuwe, waarderende theologie. Een verklaring dat de kerk een beeld van goddelijke liefde kan herkennen in elk partnerschap dat gebaseerd is op liefde, trouw en wederzijds respect - ongeacht de seksecombinatie - zou bijvoorbeeld denkbaar zijn. Sommige bisschoppen hebben al voorgesteld om precies deze stap te zetten. Bisschop Bätzing zei bijvoorbeeld dat de eerdere verklaringen over homoseksualiteit steeds minder overtuigend werden en *verder ontwikkeld moesten worden*. Een officiële wijziging van de catechismus door de paus - vergelijkbaar met wat paus Franciscus in 2018 deed met betrekking tot de doodstraf - zou een sterk signaal zijn. Het is echter duidelijk dat dit nauwelijks mogelijk zal zijn zonder een begeleidende theologische rechtvaardiging. Daarom wordt vaak voorgesteld om eerst een kort kerkelijk **synodaal proces te** doorlopen, waarin de inzichten van theologen, bijbelgeleerden en natuurwetenschappers worden verwerkt. Zo'n symbolische raadpleging zou kunnen helpen om een breed draagvlak te creëren voor een herwaardering. Idealiter zou het ontwerp een *magistraal document* zijn dat de waardigheid van LGBTQIA+ gelovigen en de mogelijkheid van God welgevallige liefde van hetzelfde geslacht benadrukt.

Bijbelse interpretatie: Tot slot zou de kerk ook haar **hermeneutische benadering** van bepaalde bijbelpassages moeten verduidelijken. Volledige erkenning van huwelijken tussen mensen van hetzelfde geslacht vereist niet dat de Bijbel "herschreven" wordt, maar het vereist wel dat traditionele interpretaties met nieuw licht geconfronteerd worden. De zogenaamd duidelijke verboden in het Oude Testament ("Je zult niet met een man slapen zoals je met een vrouw slaapt; dat zou een gruwel zijn") of in de brieven van Paulus ("Hoereerders, noch misbruikers van jongens, noch sekswerkers... zullen het koninkrijk van

God beërven") zijn lange tijd letterlijk en zonder context gelezen als veroordelingen van homoseksuelen. In de toekomst zou de kerk sterker kunnen benadrukken *wanneer en waarom* deze regels werden geschreven. Ze zou bijvoorbeeld kunnen verwijzen naar het feit dat de reinheidswetten uit het Oude Testament in een andere culturele context stonden en vanuit christelijk perspectief worden overtroffen door het gebod om lief te hebben. Paulus' woorden in Romeinen 1 zijn daarentegen gericht tegen heidense praktijken en buitensporige ondeugden, niet tegen oprechte liefde tussen mensen van hetzelfde geslacht - althans volgens veel hedendaagse exegeten. Het zou niet de eerste keer zijn dat de kerk haar lezing van de Bijbel heeft aangepast: zelfs vandaag de dag lezen we het scheppingsverhaal niet meer op een wetenschappelijk letterlijke manier en zien we Paulus' instructies over slavernij of de rol van de vrouw niet meer als tijdsgebonden geboden. Een soortgelijke verandering in het begrip van de "homoseksuele passages" - de zogenaamde "clobber passages" - (er zijn er maar een stuk of zes) zou theologisch gerechtvaardigd kunnen worden zonder het gezag van de Heilige Schrift op te geven. Uiteindelijk zou de focus liggen op de *boodschap van Jezus*, die in de evangeliën zelf met geen woord rept over homoseksualiteit, maar wel veel zegt over liefde, barmhartigheid en gerechtigheid.

Al deze veranderingen - in de wet, in de catechismus, in de exegese - maken de effectiviteit van de liefde duurzaam vrij. Ze zouden neerkomen op een kleine **evolutie**, die zeker kan slagen met een brede consensus en wijze leiding van bovenaf. Sommigen vragen daarom zelfs om een nieuwe raad om zulke fundamentele kwesties te verduidelijken - maar dat zou te lang duren. Eén ding is duidelijk: zonder formele aanpassingen aan de normen van de Kerk zou elke inclusieretoriek, hoe goed bedoeld ook, uiteindelijk niet bindend blijven. Paus Leo XIV zou de moed moeten opbrengen om hier structurele actie te ondernemen als hij echt volledige erkenning wilde bereiken.

Vooruitblik: Tussen pastorale barmhartigheid en magistrale continuïteit

Het opnemen van LGBTQIA+ in de katholieke kerk blijft voorlopig een **evenwichtsoefening**. Onder paus Franciscus zijn de eerste stappen gezet: meer gastvrije taal, het beroemde "Wie ben ik om te oordelen?", en recentelijk zelfs de voorzichtige opening van de deur naar zegeningen voor paren van hetzelfde geslacht onder bepaalde voorwaarden. Deze zegeningen - goedgekeurd door kardinaal Víctor Manuel Fernández in 2023 in de verklaring *"Fiducia supplicans"* - betekenen een verandering in de pastorale praktijk, maar (nog) geen verandering in de onderliggende morele leer of de implementatie van het gelijke huwelijk voor iedereen. Priesters mogen nu homoseksuele paren zegenen zolang het kerkelijke concept van het huwelijk als een exclusieve verbintenis tussen een man en een vrouw onaangetast blijft. Deze ontwikkeling illustreert de weg die Leo XIV waarschijnlijk ook zou moeten bewandelen: kleine stapjes in de richting van *erkenning* zonder een volledige breuk met de traditie te riskeren.

Tegelijkertijd blijft de druk van de **sociale realiteit** toenemen. In veel landen maken LGBTQIA+-katholieken die trouw zijn aan de kerk al lange tijd deel uit van de gemeenschap en leveren ze waardevolle bijdragen. Hen uitsluiten zou in tegenspraak zijn met de missie van de kerk om een spiritueel thuis te zijn voor alle gelovigen. Aan de andere kant mag de paus het mondiale perspectief van de kerk niet uit het oog verliezen: In Afrika of delen van Azië, maar ook in Oost-Europese landen, is het idee van gelijkheid voor homoseksuele partnerschappen in sommige gevallen nog steeds controversieel. Leo XIV bewoog zich dus in een spanningsveld tussen **pastorale barmhartigheid en leerstellige continuïteit**.

De komende jaren kunnen beslissend zijn. Het is mogelijk om consequent vast te houden aan de status quo - met het risico meer gelovigen te verliezen, vooral in westerse landen, en gezien te worden als moreel achterlijk. Maar een voorzichtige hervormingskoers is ook mogelijk: eerst een theologische reflectie in het kader van de Wereldsynode of een speciale commissie, gevolgd door een voorzichtige aanpassing van taal (bijvoorbeeld in de catechismus) en discipline (bijvoorbeeld door officieel toegestane vieringen). Misschien zou Leo XIV zelfs de moed hebben om een echte doorbraak te durven maken - bijvoorbeeld door een Wereldjongerendag van diversiteit of een leerstellige brief die nieuwe deuren opent. Eén ding is zeker: **de verwachtingen** van hem zijn hooggespannen bij iedereen die hoopt dat de Kerk *de tekenen des tijds* in de 21e eeuw weer geloofwaardig zal herkennen. Zal Paus Leo XIV erin slagen om LGBTQIA+ mensen de gelijke waardigheid voor God en het altaar te geven die is vastgelegd in het Evangelie van Gods onvoorwaardelijke liefde voor ieder mens? Dit hoofdstuk van zijn ambtstermijn, dat dagelijkse actie vereist, zal laten zien of de Kerk de evenwichtsoefening tussen traditie en vernieuwing in liefde kan uitvoeren - een evenwichtsoefening die haar aanwezigheid mede zal bepalen.

🕊 *Hoofdstuk 9:*
Ecologische verantwoordelijkheid en zorg voor de schepping

Een paus als pleitbezorger van de schepping: een man die zijn laarzen aantrekt en letterlijk door de modder waadt om de allerarmsten te helpen - dit beeld vat op indrukwekkende wijze de benadering van paus Leo XIV samen om de schepping te behouden. Leo XIV (toen nog bisschop in Peru) deed precies dat in 2022 tijdens verwoestende overstromingen in Chiclayo: hij trok rubberen laarzen aan en **"waadde door de modder"** om mensen te redden die door de overstromingen waren getroffen. Een lokale Caritas-medewerkster genaamd Janinna Sesa herinnert zich dat de huidige paus degene was die **"zijn laarzen aantrok"**, persoonlijk voedselpakketten afleverde in afgelegen dorpen en, indien nodig, zelfs zelf een kapotte vrachtwagen repareerde **"tot hij weer reed"**. Deze nuchtere toewijding aan mensen in nood laat al zien dat Leo XIV zijn betrokkenheid bij het milieu en zijn medemensen niet als een theoretische plicht zag, maar als een praktische roeping.

Vroege gevoeligheid voor milieukwesties: Lang voordat hij tot paus werd gekozen, waren Leo XIV's interesse en engagement gericht op de **"integriteit van de schepping"** - de verantwoordelijkheid om Gods schepping te beschermen. Als bisschop in het noorden van Peru ervoer hij de gevolgen van de vernietiging van het milieu en de klimaatverandering van dichtbij: zijn missiegebied strekte zich uit tot in het Amazonegebied en kwesties als ontbossing, het behoud van diersoorten en klimaatrechtvaardigheid raakten hem toen al diep. Compagnons melden dat hij al in 2017 levendige discussies voerde met Peruaanse collega's over **de bescherming van het Amazonegebied en het milieu** - geen bijzaak voor pastor Prevost (zijn echte naam), maar onderdeel van zijn pastorale missie. Deze vroege gevoeligheid behield hij zijn hele leven: zelfs voordat hij paus werd, steunde hij actief de milieu-initiatieven van de Kerk. In 2015, bijvoorbeeld, gebruikte hij sociale media om gelovige katholieken op te roepen een klimaatpetitie te ondertekenen om tot een sterke internationale overeenkomst te komen (wat later het Klimaatakkoord van Parijs werd). In een foto die online werd gedeeld van een klimaatbijeenkomst in Chiclayo, schreef hij in het Spaans: **"El planeta nos necesita"** - *"De planeet heeft ons nodig"*. Dergelijke acties tonen aan dat **Leo XIV zelfs als bisschop en kardinaal zijn stem liet horen voor klimaatbescherming** en de gelovigen aanmoedigde om actie te ondernemen. Zijn verbondenheid met Peru - een land dat zowel rijk is aan biodiversiteit als zwaar getroffen wordt door klimaatverandering - maakte in hem duidelijk een speciaal verantwoordelijkheidsgevoel wakker voor de **kwetsbaarheid van de schepping**.

Van woorden naar daden - Leo's houding als kardinaal: In zijn jaren als kardinaal versterkte Prevost (Leo XIV) deze eco-sociale missie. Hij werd beschouwd als een **bruggenbouwer** tussen de Kerk en de milieubeweging en was niet bang om een duidelijk standpunt in te nemen. **"Het is tijd om woorden om te zetten in daden,"** waarschuwde hij vorig jaar dringend. Hij maakte duidelijk dat intentieverklaringen alleen niet meer genoeg zijn in het licht van de klimaatcrisis - er moeten concrete daden volgen. Tegelijkertijd waarschuwde hij voor een verkeerde interpretatie van de menselijke **"heerschappij over de natuur"** die in de Bijbel wordt genoemd: Deze mag niet **"tiranniek"** zijn, zei hij, maar vereist een nederige *"relatie van wederkerigheid"* met het milieu. Deze woordkeuze suggereert dat Leo XIV de schepping niet zag als een bezit van de mens dat naar believen kon worden geëxploiteerd, maar als **Gods bruidsschat**, waarvoor wij verantwoordelijkheid dragen. Het is opmerkelijk dat hij als kardinaal ook de technologische aspecten van milieubescherming in gedachten had: hij prees bijvoorbeeld pauselijke initiatieven die zonne-energie en elektrische auto's in het Vaticaan introduceerden, maar waarschuwde ook voor een vooruitgangsgeloof dat de **sociale en ecologische "neveneffecten"** van nieuwe technologieën negeert. Over het algemeen onderscheidde Prevost zich voor zijn verkiezing door ecologie altijd te zien in de context van rechtvaardigheid en menselijke waardigheid - helemaal in de geest van paus Franciscus, wiens koers hij volledig steunde.

Voortzetting van de klimaatkoers van Franciscus: De verkiezing van Leo XIV tot paus in 2025 werd alom opgevat als een signaal dat de ecologische koers van de kerk zou worden voortgezet en zelfs verdiept.

Leo XIV heeft grote schoenen te vullen, want zijn directe voorganger Franciscus werd beschouwd als een **"groene paus"** die van milieu- en klimaatbescherming kernpunten van de kerk maakte. Maar de nieuwe paus aarzelde geen seconde om zich duidelijk te positioneren. In zijn allereerste toespraak na het conclaaf gebruikte Leo XIV duidelijke woorden: **"God houdt onvoorwaardelijk van ons allen... Het kwaad zal nooit overwinnen."** Veel waarnemers interpreteerden deze uitspraak zo op dat "het kwaad" ook expliciet verwees naar de **vernietiging van het milieu** veroorzaakt door menselijke activiteit - inclusief de opwarming van de aarde aangewakkerd door het ongecontroleerde verbruik van fossiele brandstoffen. Leo XIV gaf dus al aan het begin van zijn pontificaat aan dat hij de ecologische zonden van onze tijd - milieuvernietiging, klimaatverandering, overexploitatie van de natuur - opvatte als een moreel kwaad dat resoluut bestreden moet worden.

Zelfs als bisschop ervoer Leo XIV al hoe nauw humanitaire crises en milieukwesties met elkaar verbonden zijn. De verwoestende overstromingen in Peru, waar hij letterlijk wadend in de modder hielp, werden veroorzaakt door **extreme regenval** - een fenomeen dat steeds vaker voorkomt als gevolg van de klimaatverandering. Leo XIV's acties ter plaatse - voedsel uitdelen, slachtoffers troosten, praktische zaken aanpakken zonder aarzelen - maakten zijn aanpak duidelijk: **klimaatbescherming is altijd ook mensenbescherming.** Waar milieurampen woeden, lijden de armen en zwakken het eerst. Deze ervaring had een diepe impact op Leo XIV en verklaart waarom hij zich als paus bleef inzetten voor klimaat- en milieubescherming. In zekere zin combineert hij **Caritas en "Laudato si'"**: actieve naastenliefde jegens hen die lijden en de verantwoordelijkheid om de onderliggende oorzaken van dit lijden - zoals de klimaatcrisis - aan te pakken.

Concrete initiatieven van zijn pontificaat: In het Vaticaan nam Leo XIV onmiddellijk stappen om zijn ecologische visie institutioneel vorm te geven. Hij moedigde de Kerk wereldwijd aan om meer ecologisch te handelen. Hij riep de bisdommen en katholieke organisaties op om meer inspanningen te leveren tegen de **"vernietiging van de aarde"**. Hij benadrukte herhaaldelijk dat het bijbelse mandaat om de aarde *te onderwerpen* (cf. Genesis 1:28) **geen vrijbrief was voor uitbuiting** - de menselijke heerschappij over de wereld mocht niet "tiranniek" worden.

Leo XIV zag het eerder als de plicht van de Kerk om een goed voorbeeld te geven: Parochies, kloosters en kerkelijke instellingen zouden duurzaam moeten leven - van het gebruik van hernieuwbare energie tot milieuvriendelijke bouwprojecten en educatieve programma's voor **ecologisch bewustzijn**. Paus Franciscus had Vaticaanstad al op een groenere koers gezet (zonnepanelen op kerkdaken, een langetermijndoelstelling van klimaatneutraliteit in 2050, enzovoort), en Leo XIV wil consequent doorgaan op de ingeslagen weg. *"De verdieping van de inzet van het Vaticaan voor decarbonisatie is cruciaal"*, zegt het programmatisch - alleen op deze manier kan de kerk een geloofwaardige bijdrage leveren aan het vervullen van het klimaatakkoord van Parijs . Leo XIV ziet de **"groene transitie"** in de Pauselijke Staten daarom niet als een doel op zich, maar als onderdeel van de wereldwijde bijdrage van de Kerk aan klimaatbescherming.

Een specifiek gebied waarop Leo XIV nu al zijn stempel drukt is **het internationale klimaatbeleid**. Net als zijn voorganger wil hij actief de krachten bundelen met de wereldgemeenschap in de strijd tegen de klimaatcrisis. De volgende VN-conferentie over klimaatverandering (COP30) is gepland voor november 2025 in Belém, Brazilië - midden in het Amazonegebied. De gastheren hebben Leo XIV al uitdrukkelijk uitgenodigd en benadrukt dat zijn aanwezigheid kan helpen om een historisch klimaatpact te sluiten. Er zijn veel aanwijzingen dat Leo XIV op deze uitnodiging zal ingaan, vooral omdat hij de *eerste Latijns-Amerikaanse paus is sinds Franciscus* die zich bijzonder interesseert voor het Amazonegebied. De Braziliaanse president Luiz Inácio Lula da Silva begroette de nieuwe paus met warmte en hoop: hij verklaarde publiekelijk dat hij erop rekende dat Leo XIV **de nalatenschap van Franciscus zou voortzetten - in het bijzonder zijn onvermoeibare inzet voor milieubescherming, dialoog en rechtvaardigheid**. Zulke stemmen onderstrepen de enorme morele autoriteit die een paus kan hebben op het diplomatieke toneel: Leo XIV wordt al gezien als een belangrijke voorstander van een ambitieus klimaatbeleid. Zijn duidelijke distantiëring van klimaatsceptische stromingen is niet onopgemerkt gebleven. Berichten in de media hebben Leo XIV bijvoorbeeld beschreven **als een "100 procent alternatief"** voor het inactieve klimaatbeleid van Donald Trump. Niet voor niets schreef de New York Times: *"Trump is niet langer de belangrijkste Amerikaan in de wereld"* -

de nieuwe paus van de VS heeft deze rol nu op zich genomen. De gewaagde toeschrijving als **"anti-Trump"** is misschien overdreven, maar het komt erop neer dat Leo XIV een diametraal andere boodschap afgeeft: in plaats van de klimaatcrisis te ontkennen, moedige actie, in plaats van kortetermijnbelangen, een langetermijnperspectief dat de schepping in stand houdt.

Leo XIV zoekt uitdrukkelijk samenwerking met alle **mensen van goede wil** die zich inzetten voor het milieu. Internationale milieuorganisaties en kerkelijke netwerken hebben zijn verkiezing enthousiast verwelkomd. Lorna Gold, de directeur van de wereldwijde katholieke *Laudato Si'* beweging, interpreteerde Leo's woorden **"van woorden naar daden"** onmiddellijk als een hoopvol signaal - precies dit motto is nodig om de beloften van het klimaatbeleid om te zetten in echte verandering. *"We zijn het er helemaal mee eens,"* legde Gold uit en hij stelde een nauwe samenwerking met de nieuwe paus in het vooruitzicht, vooral omdat 2025 de 10e verjaardag van *Laudato si'* zal markeren. Andere katholieke klimaatactivisten zoals Dan Misleh van het *Catholic Climate Covenant* spraken ook hun bemoediging uit: Ze verwelkomen Leo XIV **"met open armen"** en zullen hem zo goed mogelijk steunen als hij - zoals aangekondigd - bruggen bouwt, werkt voor vrede **en onbevreesd het Evangelie leeft**. Zulke stemmen uit de klimaatbeweging laten zien dat Leo XIV al in de eerste maanden van zijn pontificaat werd gezien als de **drijvende kracht achter een nieuw vertrek**. Hij verenigde het morele en spirituele perspectief van de Kerk met de doelen van milieuactivisten en wetenschappers. Door bijvoorbeeld vertegenwoordigers van milieuorganisaties, wetenschap en bedrijfsleven aan een ronde tafel te brengen, bouwt hij voort op Franciscus' benadering van de dialoog en geeft hij de dringende ecologische kwesties extra gewicht op het wereldtoneel.

Theologische en ethische richtlijnen: Maar waarom is de katholieke kerk überhaupt zo intensief betrokken bij klimaatbescherming? Welke waarden hebben paus Leo XIV geleid bij zijn inzet voor het milieu? Een blik op de kerkleer laat zien dat **het behoud van de schepping** stevig verankerd is in de theologie. De Bijbel beschrijft de wereld al in het scheppingsverhaal (Gen 1-2) als goed en toevertrouwd aan de mens. Vanuit dit begrip ontwikkelde zich een fundament van ethische principes, die Leo XIV ook diep verinnerlijkte. Een van deze principes is

rechtvaardigheid, in het bijzonder **klimaatrechtvaardigheid**. Paus Franciscus benadrukte in *Laudato si'* dat **"de schreeuw van de aarde en de schreeuw van de armen"** niet los van elkaar kunnen worden gezien - de vernietiging van het milieu treft altijd eerst de meest kwetsbare mensen. Leo XIV benadrukte dit vaak: **"Het zijn juist de armsten die als eerste getroffen zullen worden door de naderende catastrofe, en pas daarna de rest van de mensheid,"** waarschuwde hij met betrekking tot door de mens veroorzaakte klimaatverandering. Voor hem is klimaatbescherming daarom onderdeel van de inzet voor de **allerarmsten** en een kwestie van mondiale rechtvaardigheid. Het gaat om het overwinnen van de grote kloof: Geïndustrialiseerde landen en de rijken hebben een groot deel van de ecologische crisis veroorzaakt, terwijl arme landen en bevolkingsgroepen het zwaarst worden getroffen - zowel in de vorm van natuurrampen als de sluipende verslechtering van bestaansmiddelen. Leo XIV bouwt voort op **de sociaal-ethische traditie van** de Kerk, die sinds Leo XIII (Rerum Novarum, 1891) herhaaldelijk de rechten van de zwakkeren heeft verdedigd. Vandaag de dag betekent dit dat **klimaatrechtvaardigheid deel uitmaakt van sociale rechtvaardigheid**. Met andere woorden, de strijd tegen de opwarming van de aarde is geen luxeproject voor rijke landen, maar een daad van solidariteit met de hongerigen, ontheemden (denk aan klimaatvluchtelingen) en toekomstige generaties.

Naast rechtvaardigheid gaf Leo XIV ook richting aan het principe van **duurzaamheid** of **verantwoordelijkheid voor duurzaamheid**. De Kerk formuleert het als volgt: *"De aarde is ons gemeenschappelijk huis en moet beschermd worden"*. Een levensstijl gebaseerd op het roekeloos verbruiken van hulpbronnen is in tegenspraak met het principe van duurzaamheid. In *Laudato si'* doet Franciscus een dringende oproep voor een **duurzame levensstijl** en wereldwijde samenwerking om de milieucrisis tegen te gaan. Leo XIV neemt deze vermaning serieus. Hij benadrukt dat economische activiteit altijd ondergeschikt moet zijn aan zorg voor de schepping - het streven naar winst mag nooit ten koste gaan van ecologische fundamenten. In zijn preken en toespraken herinnert hij ons eraan dat **alle schepselen een onafhankelijke waarde** hebben en **God eer geven** (een toespeling op Franciscus van Assisi). De mens mag ze niet slechts beschouwen als hulpbronnen die geëxploiteerd moeten worden; het huidige uitsterven van talloze soorten is een belediging voor de schepping. Deze houding is gebaseerd op de franciscaanse spiritualiteit: de natuur is een co-creatie die met eerbied moet worden behandeld. Leo XIV, die jarenlang in het regenwoud van de Amazone werkte, heeft daar zeker ook de schoonheid en kwetsbaarheid van de schepping intensief ervaren - indrukken die hem sterken in zijn overtuiging van de noodzaak van duurzame actie.

Een derde centrale waarde is **verantwoordelijkheid tussen generaties**. De Kerk leert dat het algemeen welzijn **ook** moet worden veiliggesteld **voor toekomstige generaties** - het is een kwestie van *"intergenerationele rechtvaardigheid"*. Paus Leo XIV benadrukte daarom herhaaldelijk onze plicht om een bewoonbare aarde achter te laten voor toekomstige generaties. In de praktijk betekent dit dat we nu beslissingen moeten nemen die de planeet op de lange termijn beschermen, in plaats van ons te richten op winst of gemak op de korte termijn. Deze manier van denken komt overeen met het principe van **geschiktheid voor onze kleinkinderen**: wat we vandaag doen moet nog steeds ten goede komen aan onze kinderen en kleinkinderen in plaats van hun bestaansmiddelen te vernietigen. Leo XIV verwijst vaak naar een citaat uit *Laudato si'*: **"De wereld is iets dat we geleend hebben van onze kinderen"** - een krachtig beeld dat duidelijk maakt dat we tijdelijke rentmeesters zijn. Op de Wereldgebedsdag voor de Schepping legt de paus bijvoorbeeld uit dat we ons altijd moeten afvragen *"wat voor wereld we nalaten aan degenen die na ons komen"*. Deze houding van verantwoordelijkheid klinkt ook door wanneer Leo XIV zegt dat het kwaad van milieuvernietiging **"nooit zal overwinnen"** - omdat op de lange termijn, over generaties, een cultuur van vernietiging niet kan standhouden. Zijn geloof geeft hem de zekerheid dat het leven en het behoud van de schepping uiteindelijk zullen zegevieren als de mensheid zich durft om te keren en nu opnieuw nadenkt.

Geloof als motivatie voor klimaatbescherming: Paus Leo XIV ziet de strijd tegen klimaatverandering niet alleen als een politiek of economisch project, maar als een diep morele en spirituele taak. In zijn ogen is **klimaatbescherming geleefde naastenliefde en geleefd geloof**. Daarbij baseerde hij zich op een bijbelse passage die vaak wordt geciteerd: *"De rechtvaardige zorgt voor het leven van zijn dieren, maar het hart van de goddeloze is wreed"* (Spr 12:10) - een symbool voor het feit dat ware rechtvaardigheid altijd medeschepselen in gedachten heeft. Leo XIV interpreteert de tekenen des tijds theologisch: hij ziet de milieucrisis als een gevolg van **vervreemding van Gods scheppingsopdracht**. Hebzucht, onverantwoordelijkheid en onverschilligheid tegenover de natuur zijn voor hem symptomen van een innerlijke crisis - een gebrek aan dankbaarheid voor het geschenk van de schepping. Daarom benadrukt hij waarden als **nederigheid, bescheidenheid en bekering**. Hij roept herhaaldelijk op tot een *"ecologische bekering"*, een bekering van ons hart die ons verandert van egoïstische uitbuiters in verantwoordelijke beschermers van de schepping. Voor Leo XIV maakt deze bekering deel uit van de holistische bekering van de mens tot God. Hij legde uit dat *iedereen die vandaag een boom plant, een zonnesysteem installeert of zijn levensstijl verandert, niet alleen milieubewust handelt, maar ook Gods wil van liefde vervult.* In deze visie wordt milieuactie een **daad van geloof**.

Leo XIV wordt vaak vergeleken met Franciscus van Assisi - de heilige die alle schepselen als broeders en zusters beschouwde. De paus deelt deze Franciscaanse liefde voor de natuur. Zijn pontificaat wordt gekenmerkt door de **hoop** dat de mens en de wereld in verzoening kunnen leven. Hij put kracht uit de overtuiging dat God de mens niet alleen de heerschappij, maar vooral ook de **zorg voor de aarde** heeft toevertrouwd (vgl. Gen 2,15). Daarom moedigt hij alle gelovigen aan om te werken aan duurzaamheid in hun dagelijks leven: van eenvoudige dingen zoals het vermijden van afval en het besparen van energie tot politieke inzet voor klimaatrechtvaardigheid. **Duurzaamheid, rechtvaardigheid en verantwoordelijkheid tussen generaties** - deze waarden lopen als een rode draad door de toespraken en geschriften van Leo XIV. Het zijn de hoekstenen van een ethiek die de paus met enthousiasme en charismatische verhaaldichtheid uitdraagt. Hij was niet bang om ongemakkelijk te preken en bijvoorbeeld het "consumentisme" en **de "wegwerpcultuur"** van onze tijd aan de kaak te stellen, die, in zijn woorden, **"de schepping beledigt en de armen van hun toekomst berooft"** (zoals hij het in een toespraak uitdrukte). Ondanks de urgentie verspreidde Leo XIV echter geen cultuurpessimisme, maar een *"realisme van hoop"*: hij was ervan overtuigd dat de mens - uitgerust met verstand, geweten en Gods genade - in staat was om koers te zetten naar een duurzame toekomst.

Aan het einde van dit hoofdstuk wordt duidelijk dat paus Leo XIV **ecologische verantwoordelijkheid als een kernonderdeel van zijn ambt** ziet. In het verlengde van *Laudato si'* en in lijn met de hele theologie van de Kerk over de schepping, maakt hij **klimaatbescherming tot een morele plicht**. Met hartstochtelijke oproepen, geloofwaardige eigen acties en een duidelijke visie leidt hij de katholieke kerk naar een tijdperk waarin *het behoud van de schepping* belangrijker is dan misschien ooit tevoren. En hij doet dat op een populaire, wetenschappelijke en verhalende manier, zodat niet alleen theologen maar alle mensen van goede wil hem kunnen begrijpen. Leo XIV bewijst daarmee een paus te zijn die de **tekenen des tijds** heeft herkend: Hij reageert op de ecologische crisis met geloof, verstand en hart en nodigt de wereldgemeenschap uit om er samen voor te zorgen dat ook toekomstige generaties kunnen leven in een "gemeenschappelijk huis" dat gekenmerkt wordt door *vrede, gerechtigheid en de liefde voor het leven*.

 Hoofdstuk 10:
Omgaan met belangrijke hervormingskwesties - Van seksuele moraal naar seksuele ethiek in het algemeen

Onder paus Leo XIV stond de katholieke seksuele moraal op een tweesprong. Er is nauwelijks een ander gebied dat de discrepantie tussen de leer van de kerk en de geleefde werkelijkheid zo duidelijk laat zien als de seksuele ethiek. "We verwachten niets meer van je!" - Deze bittere zin, uitgesproken door homoseksuele vrienden tegen een medewerker van de kerk, illustreert de vervreemding van veel gelovigen van de officiële morele leer. **Onder Leo XIV** rees de vraag hoe de Kerk moest omgaan met mensen die niet voldeden aan de traditionele idealen - of het nu ging om jonge stellen die seks voor het huwelijk hadden of om mensen die hertrouwden na een scheiding. Tegelijkertijd groeit de roep om een **inclusieve seksuele ethiek** die de menselijke verantwoordelijkheid en de realiteit van het leven integreert en zo de kloof overbrugt tussen het leergezag en de alledaagse ervaring.

Seksualiteit voor het huwelijk: ideaal en werkelijkheid met elkaar verzoenen

Volgens de huidige doctrine is seksualiteit gebonden aan het sacramentele huwelijk. *De Catechismus van de Katholieke Kerk* definieert buitenechtelijke seksuele gemeenschap ("ontucht") duidelijk als een ernstige overtreding: "Ontucht is ... ernstig in strijd met de waardigheid van personen en van de menselijke seksualiteit" - met andere woorden: volgens deze opvatting schendt elke seksuele gemeenschap voor of buiten het huwelijk ernstig de waardigheid van personen. Deze strenge norm staat echter in schril contrast met de realiteit van het leven: in veel landen hebben de meeste stellen al een intieme relatie vóór het kerkelijk huwelijk. Vooral jonge mensen trekken zich nauwelijks iets aan van de morele leer van de kerk, omdat die als onrealistisch wordt ervaren. Kardinaal Reinhard **Marx** klaagt dat de kerk hier lange tijd een eenzijdig negatief beeld heeft geschetst, "versterkt met schuld en zonde", wat heeft geleid tot **het meten met twee maten.** Hij pleit voor een eerlijkere benadering: seksualiteit is in de eerste plaats een "geschenk van God" en niet elke seksuele handeling buiten het huwelijk kan over de hele linie als een ernstige zonde worden gebrandmerkt - "dat zou overdreven zijn, het zou te ver gaan". **Liefde, betrouwbaarheid en trouw** tussen de partners zijn eerder cruciaal.

Onder paus **Leo XIV** ontstond een voorzichtige koers die het ideaal van huwelijkse kuisheid handhaafde maar rekening hield met de pastorale realiteit. Geen enkele bisschop zal officieel jonge koppels aanraden om te gaan samenwonen - maar in de pastorale zorg is er een groeiend begrip van de mate waarin serieus liefhebbende koppels verantwoordelijkheid voor elkaar nemen, zelfs voor de huwelijksceremonie. Pastors begeleiden steeds vaker ongetrouwde stellen op hun reis en benadrukken het belang van **respect, consensualiteit en toewijding** in plaats van alleen maar verboden uit te vaardigen. Een **theologie van geleidelijkheid** - waar paus Franciscus al op zinspeelde - moedigt het bevorderen van morele groei stap voor stap aan, zelfs als het volledige ideaal niet vanaf het begin wordt gerealiseerd. De Kerk houdt zich minder bezig met het trekken van duidelijke grenzen "waarbinnen seksuele bevrediging is toegestaan en waarbuiten het verboden is". Volgens moraaltheologen moet "in het middelpunt [...] de verantwoordelijkheid staan voor de relatie waarin seksualiteit is ingebed". Concreet betekent dit **pastorale ondersteuning in plaats van overhaaste veroordeling.** Leo XIV zelf beschreef de Kerk als open voor "allen" - dit "voor allen" omvat natuurlijk ook paren die (nog) niet kerkelijk getrouwd zijn. In de praktijk worden op sommige plaatsen vieringen voor verloofde paren of liturgische rituelen gecreëerd die de waarde van trouw en liefde vieren. Hoewel dergelijke benaderingen experimenteel en soms controversieel blijven, tonen ze een bereidheid om in te spelen op de realiteit van de gelovigen **zonder de hoge waardering voor het sacramentele huwelijk op te geven.**

Hertrouwde gescheiden vrouwen: Barmhartigheid en integratie vinden

Nog dringender is de vraag hoe om te gaan met hertrouwde gescheiden vrouwen - die katholieke vrouwen, vrouwen en mannen die een nieuw burgerlijk huwelijk zijn aangegaan na het stuklopen van een kerkelijk huwelijk. Volgens de traditionele leer leven zij **in** objectieve **tegenspraak** met de onverbrekelijkheid van het huwelijk; Johannes Paulus II bevestigde "op basis van de Heilige Schrift" de praktijk om "deze gelovigen niet toe te laten tot de eucharistische maaltijd". Zolang de eerste huwelijksband geldig was, werd een nieuwe intieme verbintenis beschouwd als **voortzetting van overspel**, wat hen in het bijzonder uitsloot van het ontvangen van de communie. Deze strenge houding beledigde veel van de betrokkenen diep. Ze voelden zich **tweederangs christenen** die in feite de sacramenten werden ontzegd, ook al waren ze vaak al jaren trouwe leden van de kerk.

Paus **Franciscus** heeft hier al een herbezinning in gang gezet: In zijn brief *Amoris laetitia* (2016) riep hij op tot **differentiatie in individuele gevallen.** In een "weg van onderscheiding" onder begeleiding van pastores zou in bepaalde gevallen onderzocht kunnen worden of toegang tot biecht en communie mogelijk is - vooral als de getroffenen zich serieus inzetten voor een christelijk leven en verdere schendingen willen vermijden (zoals een tweede partnerschap of gezamenlijke kinderen). Deze opening werd verschillend ontvangen; sommige bisschoppen hadden al richtlijnen opgesteld voor een barmhartige benadering, terwijl anderen waarschuwden voor verwarring onder de gelovigen. **Leo XIV** had nu de kans om duidelijke richtlijnen te geven voor deze pastorale spanning. Hij wordt beschouwd als een man van het midden - **zich bewust van de traditie,** maar ook beïnvloed door de geest van Franciscus' barmhartigheid. Zelfs voor zijn verkiezing stond Leo XIV (als kardinaal Prevost) bekend als een voorstander van **het toestaan van de communie aan hertrouwde gescheiden vrouwen**. Waarnemers classificeren: *"Hij zette ook barmhartigheid op de voorgrond - vóór dogma, vóór zuivere leer"*. De nieuwe paus heeft deze basishouding bevestigd in de eerste maanden van zijn pontificaat. Ter gelegenheid van een ontmoeting met familiepastores benadrukte Leo XIV dat de Kerk niemand mag laten vallen: **gescheiden en burgerlijk**

hertrouwde mensen zijn "gewonde leden van onze gemeenschap die nog steeds tot de familie behoren". In plaats van hen over de hele linie te veroordelen, moet er gezocht worden naar manieren om hen **volledig te reïntegreren in het leven van de Kerk** zonder de onverbrekelijkheid van het huwelijk op te geven.

De pastorale praktijk begint wereldwijd te veranderen. In sommige bisdommen - bijvoorbeeld in Buenos Aires, Rome of in sommige Duitse bisdommen - mogen hertrouwde gescheiden mensen weer ter communie gaan na een geestelijk gesprek en een periode van boetedoening, op voorwaarde dat hun geweten dit toelaat. **Leo XIV** stond voor de taak om dergelijke oplossingen in de universele Kerk te bemiddelen. Terwijl velen in Europa en Amerika een meer genereuze aanpak verwelkomen, blijven bisschoppen in bijvoorbeeld Afrika en Oost-Europa vasthouden aan traditionele principes. De paus zal **bruggen moeten slaan**: hij moet duidelijk maken dat *barmhartigheid* niet in strijd is met *de waarheid*, maar haar vervulling. De visie komt naar voren dat de **onweerlegbare doctrine** van de heiligheid en onverbrekelijkheid van het huwelijk behouden moet blijven - en toch mag niemand voor altijd van de genade worden uitgesloten. Zoals Leo XIV ons eraan herinnerde, is de **Eucharistie** immers **"geen prijs voor de volmaakten, maar krachtvoer voor de zwakken"** - een vaak geciteerde uitspraak van Franciscus die ook onder zijn opvolger een leidend principe blijft. Dat de Kerk er echt *voor iedereen* wil zijn, moet blijken uit haar omgang met mensen die niet aan de morele normen hebben voldaan. Hen de hand reiken zonder de idealen van de Kerk op te geven is een van de grootste uitdagingen en tegelijkertijd een toetssteen voor de authenticiteit van de boodschap van de barmhartige God.

Op weg naar een inclusieve seksuele ethiek

Naast individuele groepen wordt ook de algemene seksuele moraal van de kerk onder de loep genomen. De sociale veranderingen van de laatste decennia zijn te groot om de traditionele antwoorden te kunnen volhouden. **Nieuwe theologische impulsen** en sociale ervaringen geven daarom vorm aan het huidige discours. Het Synodale Pad in Duitsland bijvoorbeeld - een hervormingsdialoog als reactie op het misbruikschandaal - heeft opgeroepen tot een kritische herziening van de hele magistrale seksuele moraal. Het is niet genoeg om "individuele normen gematigder te formuleren of de toon te veranderen"; wat nodig is, is een *"op de realiteit gebaseerde, leefbare"* seksuele ethiek met een fundamenteel nieuwe benadering. Moraaltheologen benadrukken dat de kerkelijke leer lange tijd gekenmerkt werd door een **natuurwetvisie**: deze was gebaseerd op een goddelijke scheppingsorde, volgens welke seksualiteit exclusief is tussen man en vrouw in een onverbrekelijk huwelijk en primair dient voor de voortplanting. Alles wat van deze norm afweek - van anticonceptie tot homoseksuele handelingen tot masturbatie - werd als objectief zondig beschouwd. Deze sterk **regelgerichte moraal** heeft echter veel gelovigen in conflict gebracht en doet nauwelijks recht aan de diversiteit van echte levenssituaties. Daarom ontwikkelen theologen vandaag benaderingen voor een *relationele en seksuele ethiek* die zich richt op **mensen en hun relaties** in plaats van abstracte catalogi van verboden. De focus ligt op waarden als **liefde, betrouwbaarheid, wederzijds respect, verantwoordelijkheidsgevoel en rechtvaardigheid** tussen partners. Bij het nemen van seksuele beslissingen vraagt zo'n ethiek zich eerst af: Bevordert dit gedrag een oprechte, volwassen relatie - of schendt het de waardigheid en het welzijn van de ander? De **kwaliteit van de relatie** en *wederzijdse verantwoordelijkheid* worden de leidende criteria. "De focus [...] zou eerder moeten liggen op de verantwoordelijkheid voor de relatie waarin seksualiteit is ingebed", zo verwoordt een actuele theologische verklaring het in een notendop. Seksualiteit wordt niet langer primair gezien als een bron van gevaar, maar als **een kracht om relaties vorm te geven** - een positieve kracht, maar wel een die ethische oriëntatie vereist.

Een inclusieve seksuele ethiek gaat onvermijdelijk gepaard met een veranderde kijk op voorheen uitgesloten groepen. Gerenommeerde vertegenwoordigers van de kerk roepen op tot een meer open benadering van homoseksuelen. "Homoseksualiteit is geen zonde", heeft kardinaal **Marx** duidelijk gemaakt; de kerk moet erkennen "dat er ook *'creatieve' vormen van seksualiteit* zijn, d.w.z. homoseksualiteit en queer lifestyles". Dergelijke uitspraken betekenen een ingrijpende verandering ten opzichte van vroeger, toen homoseksuele handelingen anders werden beoordeeld. Er is nu een groeiend besef dat de bijbelse passages over dit onderwerp - en over andere seksuele kwesties - in hun respectievelijke historische context gelezen moeten worden. **Bernhard**

Bleyer, hoogleraar moraaltheologie, wijst er bijvoorbeeld op dat de Bijbel geen sluitende oordelen bevat over kwesties van seksuele geaardheid en dat deze opnieuw worden onderzocht. In het algemeen groeit in de theologie het besef dat het woord van God niet verkeerd begrepen moet worden als een rigide wetboek. Veeleer moeten centrale bijbelse principes - **naastenliefde, trouw, gerechtigheid en barmhartigheid** - worden toegepast op de hedendaagse vragen over seksualiteit. Er kan daarom gesteld worden dat een consensueel, trouw partnerschap in liefde goed is voor God, zelfs als het niet voldoet aan alle traditionele normen. **De realiteit van het leven** van mensen wordt het uitgangspunt voor ethische reflectie: "gebaseerd op een realistisch, menselijk-wetenschappelijk begrip van de realiteit van menselijke seksualiteit", is het belangrijk om te vragen naar een *"verantwoordelijke benadering van deze realiteit in partnerschap en liefde"*. Deze verantwoordelijke ethische benadering neemt afstand van een pure plichtsethiek. Het daagt de kerk uit om **te luisteren** - naar de ervaringen van liefhebbende paren, de behoeften van alleenstaanden, de vragen van jongeren. Stemmen van betrokken gelovigen, theologen en pastors wereldwijd, stromen dit discours binnen: van de alleenstaande gescheiden vrouw die een plek wil in haar gemeente tot de jonge queer christen die verwacht geaccepteerd te worden door de kerk zoals hij is.

Veranderingen in kerkelijk recht, catechismus en bijbeluitleg

Er zijn echter ook **institutionele veranderingen** nodig om de hedendaagse seksuele ethiek in de kerk te verankeren. Veel mensen vragen zich af: Wat moet er specifiek veranderen in het kerkelijk recht of in de catechismus om stappen in de richting van openheid mogelijk te maken? Een blik op de huidige teksten laat zien waar behoefte is aan hervorming:

Canoniek recht: Het katholieke huwelijksrecht erkent nog niet de mogelijkheid om na een scheiding een tweede - door de Kerk erkend - huwelijk aan te gaan. Wie dat toch doet, verkeert formeel in een permanente staat van zware zonde, waardoor hij bijvoorbeeld volgens Canon 915 niet ter communie mag gaan. Als hertrouwde gescheiden mensen niet langer over de hele linie worden uitgesloten, zou het kerkelijk recht **meer gedifferentieerde regelingen moeten toestaan.** Er wordt bijvoorbeeld gesproken over een rite van boetedoening en verzoening na een burgerlijk tweede huwelijk, die - net als in de orthodoxe kerken - de nieuwe verbintenis zegent zonder het eerste huwelijk te ontkennen. Tot nu toe heeft Rome echter alle "liturgische handelingen" voor hertrouwde stellen streng verboden. Leo XIV zou hier een impuls kunnen geven door wettelijke **discretionaire bevoegdheden** te creëren. Zijn voorganger had ook al *de procedures voor nietigverklaring van* het huwelijk vereenvoudigd - een stap die meer gelovigen in staat zou stellen om een ongeldig huwelijk door de Kerk nietig te laten verklaren en vervolgens te hertrouwen. Nieuwe categorieën in de wet zouden ook overwogen kunnen worden, bijvoorbeeld kerkelijke erkenning van verantwoorde burgerlijke partnerschappen om recht te doen aan lange, trouwe relaties die (nog) niet sacramenteel zijn.

Catechismus: In de Catechismus van 1992 wordt de traditionele seksuele moraal weerspiegeld in duidelijke waarden. Paragraaf 2353 bijvoorbeeld beschrijft seks voor het huwelijk expliciet als "ernstig" zondig. Een hedendaagse doctrine zou deze veroordelingen moeten **herzien**. Het gaat er niet om alles goed te verklaren, maar om een **taal van waardering en differentiatie**. Zo zou de catechismus seksualiteit in het algemeen in een positiever licht kunnen stellen - als een geschenk van God dat op verantwoorde wijze beleefd moet worden. Negatieve termen zoals "ontucht" en "onnatuurlijk" zouden vervangen worden door een beschrijving die de morele waarde van een relatie niet alleen definieert in termen van een huwelijkslicentie, maar ook in termen van *liefde en verantwoordelijkheid*. Tegenwoordig benadrukken veel herders al dat toegewijde liefde ook buiten een kerkelijk huwelijk bestaat en gerespecteerd moet worden. Een herziene doctrine zou kunnen erkennen dat bijvoorbeeld een stabiel partnerschap zonder huwelijksakte of een tweede burgerlijk huwelijk in moreel opzicht anders beoordeeld moeten worden dan promiscue gedrag van jongeren of willekeurige ontrouw. Kortom: **differentiatie in plaats van algemene oordelen** zou het devies zijn. Kardinaal Marx verwoordde het in een notendop: de maatstaf zou moeten zijn of ik de ander in mijn handelen behandel als *"de persoon van mijn leven"* - niet de formele status van de relatie.

Bijbelse interpretatie: Tenslotte vereist een vernieuwing van de seksuele ethiek ook een frisse kijk op de bijbelse boodschap. Lange tijd werden afzonderlijke bijbelpassages - zoals Jezus' woorden *"Wie zijn vrouw wegdoet en een ander trouwt, pleegt overspel"* (Mc 10,11) of Paulus' woorden tegen "ontucht" - geïsoleerd en juridisch begrepen. Moderne exegese daarentegen probeert licht te werpen op de **plaats van** zulke woorden **in het leven.** In zijn brieven waarschuwt Paulus tegen *porneía*, wat in de context van die tijd vaak meer te maken had met cultische prostitutie of uitbuitende seksualiteit dan met liefdevolle partnerschappen. Jezus' strikte verbod op echtscheiding was ook bedoeld om vrouwen te beschermen tegen willekeurige verstoting - een daad van rechtvaardigheid in een patriarchale samenleving. De Kerk onder Leo XIV is geroepen om deze **diepere bedoelingen** van de Schrift opnieuw te benadrukken. Als God *barmhartigheid* wil en "niet wil dat de mens alleen blijft" (vgl. Gen 2,18), dan moet een pastorale interpretatie van de Bijbel niet stoppen bij rigoureuze letterlijke interpretaties. Veeleer moeten de **basisprincipes van het evangelie** - onvoorwaardelijke liefde voor God, vergeving, respect voor elk menselijk wezen - de leidraad zijn voor het toepassen van bijbelse geboden in de wereld van vandaag. Dit zou kunnen betekenen dat we een huwelijk dat in puin ligt niet koste wat het kost in stand houden, maar nieuwe wegen in vergeving toestaan; of dat we gelijken met gelijken meten als het gaat om seksueel wangedrag - de Bijbel veroordeelt heteroseksuelen voor ontucht net zo goed als homoseksuelen, maar het is vaak strenger geïnterpreteerd in het geval van de laatste. Een meer ontspannen, wetenschappelijk geïnformeerde interpretatie van de Schrift zou de gemeente duidelijk maken *waarom* de kerk seksualiteit in een goed kader wil plaatsen zonder primair de nadruk te leggen op angst of schuld.

Samenvattend: onder Leo XIV ontstond een **visie op seksuele moraal die verantwoordelijkheid** en **realiteit** samenbracht. De Kerk moet een duidelijke stem blijven voor de waardigheid van het huwelijk en de heiligheid van de liefde - maar ze moet nederig leren erkennen dat *het leven* complexer is dan welke theorie dan ook. Dit nieuwe type seksuele ethiek wil **inclusief** zijn: Niemand zou zich buitengesloten moeten voelen van de boodschap van Jezus, simpelweg omdat hij of zij niet past in de ideale staat. In plaats daarvan wordt het ideaal aangeboden als een pad waarop de Kerk mensen geduldig begeleidt. Paus Leo XIV zelf benadrukte herhaaldelijk dat de Kerk er "voor allen" moet zijn en mensen in hun concrete situatie nabij moet zijn. Dit "voor allen" vormt de kern van een inclusieve seksuele ethiek - ook voor queers. Het schetst een beeld van een kerk die **vangrails** opwerpt **in plaats van muren**: een duidelijke oriëntatie op de waarden van het evangelie, maar ook open armen voor hen die zich op hobbelige paden bevinden. Zo zou de seksuele moraal van de toekomst eruit kunnen zien - **verankerd in de traditie**, maar levendig en barmhartig in de omgang met het heden. Want uiteindelijk gaat het om niets minder dan de bevrijdende boodschap van Jezus opnieuw te laten schijnen in dit centrale levensgebied: Een boodschap die waarheid en liefde verenigt en voor alle mensen geldt.

🕊 *Hoofdstuk 11:*

Rerum Regressus - of: De waardige naamgeving van regenboogfamilies

Tegen het einde van de 19e eeuw leidden radicale veranderingen op politiek, economisch en sociaal gebied, met name op het gebied van wetenschap en technologie, tot een tweedeling van de maatschappij in twee klassen. Na de opheffing van de sociale gilden had de grote massa van de arbeidersklasse geen macht en geen bezittingen om zich te verzetten tegen het onwaardige bestaan als een berooide arbeidersklasse waarin de menselijke waardigheid en de basisrechten verloren gingen. **Er was een hoge mate van sociale onrechtvaardigheid**. Het conflict tussen **liberalisme en socialisme** dreigde uit te monden in een revolutie.

Leo XIII, de naam van de voorganger van de huidige paus, erkende destijds in de "nieuwe dingen" (letterlijke vertaling), waarmee nieuwe omstandigheden en ontwikkelingen worden bedoeld of, zoals het in de Duitse vertaling heet: "geest van innovatie", een gevaar voor de samenleving en de staat, omdat: De mens heeft recht op loon na gedane arbeid en ook het recht om er vrij over te beschikken - zo schreef hij in zijn **encycliek Rerum Novarum (1891)**.

De omzetting van privébezit in gemeenschappelijk bezit berooft arbeiders daarom van de opbrengst van hun arbeid en negeert het recht op eigendom dat "van nature aan de mens toebehoort" (RN 5). Dit zou niet mogen gebeuren met individuen of families. Het **gezin als gemeenschap** is ouder dan de staat en mag er daarom niet afhankelijk van zijn. Het "bezit [...] dezelfde rechten als de burgermaatschappij" (RN 10) en moet onafhankelijk blijven.

De onderdrukking van ouderlijke zorg die de socialisten eisen, schendt de vervulling van ouderlijke plicht en beperkt het "vaderlijk gezag" (RN 11). Mensen zouden dan beroofd worden van het recht op huwelijk en gezin.

De encycliek Rerum Novarum van voorganger paus Leo XIII gaat voornamelijk over **sociale en economische kwesties van de arbeidersklasse,** in het bijzonder de omstandigheden van de arbeidersklasse, eigendomsrechten, verantwoordelijkheid van de staat en eerlijke lonen. Het bevat geen expliciete of onafhankelijke **definitie van het gezin.**

Familie als een "echte samenleving" met eigen rechten - definitie van familie

Rerum Novarum geeft dus geen gedetailleerde definitie van het gezin, maar veronderstelt het **gezin als een universele sociale en morele eenheid.** De principes beschreven in de encycliek bieden zeker ruimte om **moderne gezinsvormen** zoals regenbooggezinnen op te nemen in de zin van een actuele, inclusieve sociale doctrine.

Het gezin wordt gezien als de natuurlijke basiseenheid van de samenleving: Leo XIII benadrukt dat het gezin ouder en natuurlijker is dan de staat. Het vormt de kerncel van elke samenleving en heeft een natuurlijk recht op bescherming en ondersteuning (cf. RN 12).

De verantwoordelijkheid van de vader wordt duidelijk in de klassieke rolverhouding: de encycliek beschrijft de rol van de vader als hoofd en kostwinner van het gezin en benadrukt zijn plicht om voor zijn gezinsleden te zorgen (vgl. RN 13-14).

De encycliek moest geschreven worden om de bescherming van het gezin door middel van **rechtvaardige lonen** te benadrukken: Er wordt benadrukt dat een rechtvaardig loon werknemers in staat moet stellen een fatsoenlijk leven voor zichzelf en hun eigen gezin te garanderen, met inbegrip van voldoende middelen voor huisvesting, voedsel, kleding en onderwijs voor hun kinderen (zie RN 34).

Het gezin als morele instelling: Leo XIII benadrukt de rol van het gezin in de opvoeding en morele vorming van kinderen. Het wordt beschreven als een essentiële basis voor de overdracht van religieuze en morele waarden (vgl. RN 12-14).

In het centrale gedeelte over het gezin staat "Het gezin, de huiselijke samenleving, is een echte samenleving met al zijn rechten [...] het is ouder dan elke andere gemeenschap en bezit daarom zijn inherente rechten en plichten onafhankelijk van de staat."

Deze passage benadrukt de autonomie, waardigheid en voorrang van het gezin boven de staat. Cruciaal **is dat "gezin" hier *structureel* wordt gedefinieerd, niet expliciet biologisch of seksueel.**

Verwijzing naar het huwelijk als de vereniging van een man en een vrouw: In zijn rechtvaardiging van het gezin verwijst Leo XIII naar Genesis 1:28 ("Groei en vermenigvuldig") en stelt: "Geen enkele menselijke wet kan de mens het natuurlijke en oorspronkelijke **recht op het huwelijk** ontnemen; geen enkele wet kan op enigerlei wijze het primaire doel van deze [...] instelling beperken."

De encycliek veronderstelt **impliciet** heteroseksualiteit - maar niet als morele afbakening, maar in de context van de sociale leer, die zich richt op eigendom, werk en zekerheid tussen generaties. Het is een **economisch gezinsmodel, geen moreel theologisch oordeel**.

Van LEO 13 naar LEO 14: een kleiner wordende bottleneck

De nieuwe Paus Leo XIV heeft nu geprobeerd deze eeuwenoude encycliek historisch aan te vullen in samenwerking met de media. Daarbij gebruikte hij symbolisch dezelfde naam als zijn voorganger Leo XIII om zijn begrip van families een interpretatieve historische basis te geven.

Nog voordat hij officieel in functie werd bevestigd, hield paus Leo XIV op 16 mei 2025 een toespraak voor diplomaten van het Vaticaan. Deze toespraak - ingebed in anders verzoenende en vredesbevorderende boodschappen - bevatte een impliciete terugkeer naar een **traditioneel beeld van het gezin** dat **het huwelijk uitsluitend** definieerde als **een** verbintenis **tussen "één man en één vrouw"**.

In deze context citeerde de nieuwe paus uit de encycliek *Rerum Novarum* van zijn gelijknamige voorganger, maar liet het historische citaat - in dezelfde zin - voorafgaan door zijn eigen woorden en een veel **engere definitie van familie** (dan zijn gelijknamige voorganger direct in de tekst beschreef). In zijn toespraak of het citaat uit *Rerum Novarum* staat: Het opbouwen van harmonieuze en vreedzame civiele samenlevingen kan [QUOTE BEGIN LEO XIV] "in de eerste plaats gebeuren door te investeren in het gezin, dat gebaseerd is op de stabiele **verbintenis tussen een man en een vrouw**, [QUOTE BEGIN LEO XIII] "een ware **samenleving**, hoe klein deze samenleving zich ook voordoet, ze is ouder dan enig ander gemenebest" [QUOTE END LEO XIII- Rerum Novarum 1891:9] [QUOTE END LEO XIV].

Op deze manier **legt hij** zijn uitleg of definitie op aan het historische citaat, zowel wat betreft zinsbouw als inhoud, en presenteert het als een **zin van de katholieke kerk.**

Strategische en mediabesturing: Hoe een terloopse toespraak een inhoudelijk debat wordt

Tegelijkertijd had Leo XIV al voor zijn officiële inauguratie vertegenwoordigers van de media uitgenodigd voor een audiëntie - een strategische zet die er ook voor zorgde dat de conferentie met de diplomaten vanaf het begin media-aandacht kreeg. Zonder deze gerichte enscenering zou zijn toespraak tot de diplomaten waarschijnlijk grotendeels onopgemerkt zijn gebleven, een samengevoegd, over elkaar heen gelegd citaat - slechts achtergrondgeluid in de echokamer van het Vaticaan? Het publiek zou net zo ongeïnteresseerd zijn geweest als de spreekwoordelijke zak rijst die omvalt in China of twee priesters die elkaar privé online ontmoeten via een datingplatform zoals Grindr's Planetromeo.

Zijn definitie van familie kreeg echter enorme aandacht dankzij het professionele vakmanschap van de media, vooral van grote roddelbladen. Zij waren het die onmiddellijk herkenden en onthulden dat de toespraak een **duidelijke dialectische afbakening bevatte**: Gezinnen bestaande uit twee vrouwen of twee mannen waren bewust niet bedoeld en werden **volledig weggelaten uit de definitie van familie.** De media vervulden in ieder geval hun taak door niet alleen het standpunt van het Vaticaan door te geven, maar ook door vertegenwoordigers van verenigingen, queer groepen **en tegengeluiden erbij te betrekken.** Op deze manier gaven ze het debat ruimte en vaart.

Het feit dat de pers deze spanning opzettelijk creëerde, was nodig om de zaken in beweging te krijgen. Er is immers vaak druk in de ketel nodig om verandering in gang te zetten - of, zoals in dit geval, om een status te benadrukken. Een katapult moet worden gespannen om het projectiel in het doel te katapulteren, en soms moet je het varken eerst aan de krulstaart naar achteren trekken zodat het vervolgens in **de gewenste richting van het doel** loopt. Het is precies deze druk die de media hebben gecreëerd - en het zo mogelijk hebben gemaakt dat een terloopse toespraak, een genestelde zin, een dringend noodzakelijk discours is geworden dat inhoudelijk niet mag worden genegeerd.

Identiteitspolitiek met het wierookstokje: een theologische en morele oplegging

Hij verwees niet alleen naar het huwelijk, waar een dergelijke definitie slechts gedeeltelijk begrijpelijk zou zijn geweest **met het oog op "het huwelijk voor iedereen"**, maar breidde zijn enge kijk expliciet uit naar het hele concept van "gezin". Daarmee nam hij duidelijk afstand van de realiteit van het leven van veel mensen die vandaag de dag in zeer verschillende constellaties als gezin samenleven - bijvoorbeeld met en zonder grootmoeder om op te voeden, in **lappendekengezinnen** met en zonder twee helften van het huis of in **regenbooggezinnen** met of zonder huwelijk maar met kinderen om op te voeden.

Het feit dat Leo XIV deze **queer bashing** als een van zijn eerste inhoudelijke uitspraken voor zijn officiële inauguratie deed, wordt door velen gezien als een opdringerigheid. Met zijn toespraak tot ongeveer 100 vertegenwoordigers van het corps diplomatique in het Vaticaan gaf de opvolger van paus Franciscus een duidelijk **signaal van uitsluiting** af tegenover alle **gezinsvormen** waarin kinderen opgroeien met koppels van hetzelfde geslacht of homoseksuele ouders door zijn woorden toe te voegen aan het citaat uit "Rerum Novarum".

Oorspronkelijk stond "Rerum Novarum" voor sociaal-politieke solidariteit en was het **geen moreel-theologische verhandeling over de definitie van het gezin.** Maar door de nieuwe interpretatie en taalkundige toevoegingen van de paus krijgt de encycliek vandaag de dag plotseling een morele betekenis die het historisch gezien slechts in beperkte mate had. Het feit dat Leo XIV het gezin uitsluitend opvatte als een verbintenis tussen een man en een vrouw, **stelt niet alleen veel katholieken teleur**, maar ook organisaties die lang campagne hebben gevoerd voor een grotere integratie van homoseksuele mensen in de katholieke kerk.

DeBernardo, directeur van New Ways Ministry, verwees donderdag naar deze opmerkingen en zei: "De genezing die begon met 'Wie ben ik om te oordelen?' moet doorgaan en uitgroeien tot 'Wie ben ik als ik geen vriend ben van LGBTQIA+ mensen?' Paus Franciscus heeft de deur geopend **voor een nieuwe benadering** van LGBTQIA+ mensen; **Paus Leo moet nu de Kerk door die deur leiden.** Veel katholieken, inclusief bisschoppen en andere leiders, blijven onwetend over de realiteit van het leven van LGBTQIA+, inclusief de marginalisatie, discriminatie en geweld die velen nog steeds ervaren, zelfs in katholieke instellingen. We hopen dat hij zichzelf zal onderwijzen door te luisteren naar en een ontmoeting te hebben met LGBTQIA+ katholieken en hun aanhangers."

DeBernardo benadrukte dat paus Franciscus tijdens zijn pontificaat belangrijke stappen heeft gezet om LGBTQIA+ mensen in de Kerk **te verwelkomen**, waaronder het ondersteunen van paren van hetzelfde geslacht en het bevorderen van een meer inclusieve benadering van transgenders. In het licht van het eerdere standpunt van paus Leo XIV deed DeBernardo ook een beroep op de nieuwe paus om door te gaan op de weg van inclusie en de dialoog aan te gaan met LGBTQIA+-katholieken.

Natuurlijk zou je kunnen denken dat deze definitie slechts een eenmalige uitspraak van een individu was. Maar zag Leo XIV de diverse sociale realiteit gewoon onachtzaam over het hoofd, of negeerde hij deze opzettelijk?

Het is waar dat je ook vanzelfsprekendheden zou kunnen en moeten benadrukken, zoals dat het voortbestaan van de samenleving gekoppeld is aan voortplanting. Het ging echter niet om voortplanting, maar om het samenleven als gezin. De **opvoeding van kinderen** hoeft niet per se door vader en moeder te worden gedaan; subsidiaire gemeenschappen doen hier uitstekend werk. Veel mensen, met en zonder kinderen, leveren een belangrijke en verantwoordelijke bijdrage **aan de ontwikkeling van de cultuur en de samenleving.**

Bovendien richt Leo XIV zich niet tot kinderloze paren, onvruchtbare vrouwen, mensen die anticonceptie gebruiken of mensen die te weinig vrijwilligerswerk doen. Hij richt zich specifiek tot **het oude vijandbeeld** van koppels van hetzelfde geslacht, ook al leveren zij vaak buitengewone prestaties in het opvoeden van kinderen.

Gezien de brede aandacht voor het onderwerp lijkt een onoplettendheid onwaarschijnlijk. Het lijkt nogal beschamend om geen **queer-sensitive pastorale zorg** te implementeren in dit toch al hete onderwerp van de kerk - het lijkt wel **een olifant in een porseleinkast**. Deze **olie op het vuur gieten** is meer dan beschamend - **"Wie is hij?"**, zou men zich in de geest van Franciscus kunnen afvragen. Het zou geen enkele moeite hebben gekost om **respectvol alle gezinsvormen en hun waardevolle bijdrage aan de samenleving te noemen.** (Net zoals een respectvolle pauze in het gesproken geslacht in het Duits met "_:innen" ook het derde geslacht van de diverse omvat).

Zijn uitspraken zijn dus geen persoonlijke faux pas, maar de uitdrukking van een **strategisch geplande, institutionele positionering van het Vaticaan** met voorafgaande betrokkenheid van de media. Deze impuls werd bewust gegeven en is vastgelegd in officiële documenten in verschillende talen. Het was voorbereid voorafgaand aan de inauguratie.

Door theologisch te proberen de legitimiteit van geslachtsneutrale, subsidiaire entiteiten te ondermijnen, negeert Leo XIV volledig hoe goed regenboogfamilies passen in het concept van Rerum Novarum. In plaats daarvan introduceert hij op een achterwaartse ontwikkeling met een enkele terloopse opmerking - alsof hij wil zeggen: "Heksenverbranding - maar nu beter?" - **Rerum Novarum werd Rerum Regressus.**

De focus zou eerder moeten liggen op **die celibataire mannen** die zelf geen kinderen verwekken en niet bijdragen aan de voortplanting, maar van wie sommigen zelfs misbruik maken van kinderen en adolescenten.

Het besluit van paus Leo XIV om **partnerschappen tussen mensen van hetzelfde geslacht** indirect maar duidelijk **uit te sluiten** in zijn eerste programmatische toespraak en alleen het heteronormatieve gezinsmodel te bevoorrechten is niet alleen **onverstandig** vanuit theologisch, pastoraal en kerkpolitiek oogpunt - het is een **strategische** (en daarom ongegronde) **brutaliteit**. Waarom? Drie perspectieven hierop:

1. theologisch: Christus staat centraal - niet het gendermodel

a) Het goede nieuws is voor *alle mensen*: Het evangelie is geen boodschap voor heteroseksuele echtparen, maar voor allen "die vermoeid en belast zijn" (Mt 11,28) - inclusief queer mensen die vaak tientallen jaren hebben moeten touwtrekken tussen geloof, uitsluiting en identiteit. Wie hier niet begint met een **woord van verzoening**, maar met een structuur van uitsluiting, mist Christus zelf.

b) Het Nieuwe Testament belijdt dat er in Christus "geen man of vrouw meer is" (Gal 3:28): Paulus breekt de binaire ordeningen af - in doopsel, genade en roeping worden mensen niet gedefinieerd volgens biologische orde, maar volgens hun relatie met God. Het vasthouden aan een exclusief "man-en-vrouw model" als normativiteit is een oudtestamentische culturele uitspatting, geen **nieuwtestamentische theologie**.

c) Geen enkele bijbelse leer verbiedt bindende liefde tussen mensen van hetzelfde geslacht: De vaak geciteerde zogenaamde **"clobber passages"** (bijv. Rom 1, Lev 18) zijn geen uitspraken over gelijkwaardige queer liefdesrelaties, maar morele oordelen over misbruik, machtsuitoefening en cultische zuiverheid. Ze zijn uit hun context gehaald, maar nooit op een verantwoorde manier geactualiseerd in termen van queer theologie.

2. pastorale zorg: een paus moet genezen, niet kwetsen

a) Paus Leo XIV neemt het hoogste pastorale ambt van de universele Kerk op zich: Juist omdat veel queer people massaal geschonden zijn door de Kerk - door uitsluiting, weigering van zegen, gedwongen uitjes, bekeringstherapieën, zwijgen en dogma's - is er in het heden allereerst behoefte aan een **teken van nabijheid en waardering**, niet aan een normatief gebod.

b) Pastorale zorg betekent denken vanuit het lijden, niet vanuit het ideaal: Christus zelf zette de wet opzij toen die mensen schaadde (vgl. Mc 2,27). Pastorale zorg voor homoseksuele mensen vereist geen morele leer, maar **zorg, erkenning en een geestelijk thuis**. Degenen die in plaats daarvan direct een rigide norm verkondigen, doen dubbel pijn aan degenen die al lijden onder theologische dakloosheid.

c) Strategisch misbruik van het podium: Het podium - een diplomatieke receptie met wereldwijde mediabelangstelling - had gebruikt kunnen worden om gewonden uit te nodigen, om te luisteren naar de gemarginaliseerden, om verzoening te beloven. In plaats daarvan wordt het tactisch gebruikt **voor een frontlijnmerk** dat bewust een conservatief machtskamp dient. Dit is geen pastorale zorg, dit is **identiteitspolitiek met een wierookstokje.**

3. kerkelijk beleid: het is een belediging voor hervormingsprocessen

a) In tegenstelling tot synodale processen: In veel landen - vooral Duitsland, België, Australië - wordt nauwgezet en transparant gewerkt aan **de integratie van queer gelovigen.** Wie deze inspanningen ondermijnt met een mondiaal machtsgebaar, snoert bisschoppen, theologen en leken af die strijden voor een meer inclusieve kerk.

b) Ondiplomatiek tegenover landen die het huwelijk voor iedereen wettelijk beschermen: Dit standpunt verkondigen ten overstaan van zo'n 100 diplomaten - velen uit landen met een huwelijk voor iedereen, gelijkheidswetten en anti-discriminatie grondwetten - is geen bruggen bouwen, maar **een politieke belediging**. Het is een minachting voor zowel de realiteit van de staat als de ontwikkelingen in het internationaal recht.

Onwaardig en problematisch in termen van kerkbeleid

Ja, in politieke, diplomatieke en morele termen kan deze verklaring worden geclassificeerd als tactisch zeer onthullend, pastoraal onwaardig en problematisch in termen van kerkelijk beleid - vooral als het het *eerste inhoudelijke positioneringssignaal* was na de inauguratie. Een gedifferentieerde analyse:

1. tactische classificatie: een opzettelijke signaalhandeling

- **Timing en geadresseerden**: De eerste programmatische toespraak na het aantreden - voor *ongeveer 100 ambassadeurs* van over de hele wereld - is geen toeval. Het is een zeer *symbolisch forum* waarin elke zin wordt geëvalueerd in termen van buitenlands beleid. Iedereen die het "natuurlijke gezin" propageert als het enige geldige model op dit moment en impliciet queer partnerschappen uitsluit, stuurt een duidelijke boodschap.

- **Een beroep op Leo XIII**: De verwijzing naar *Rerum novarum* en een vermeende "natuurlijke orde" is geen theologische reflex, maar een ideologisch georkestreerde zet die het pontificaat onderbouwt met een conservatieve sociale doctrine. Dit is strategisch - en niet pastoraal.

- **Keuze van het eerste conflictgebied**: Het feit dat de afwijzing van queer partnerschappen zo prominent wordt geïntroduceerd vóór onderwerpen als migratie, vrede of klimaat laat zien welke culturele frontlinie bewust wordt opgezocht. Het is echter ook mogelijk dat de nieuwe paus zo gevormd is door de echokamer van het Vaticaan dat hij het standpunt ervan heeft overgenomen en het overeenkomt met het zijne. Dit wekt de indruk dat hij het Vaticaan niet leidt in het belang van de mensen en hun behoeften, maar dat het Vaticaan het leidt - met zulke strategische strovuren.

2. morele evaluatie: gebrek aan waardigheid ten opzichte van het ambt en de menselijke waardigheid

- **Disproportionaliteit**: Een openingstoespraak die begint met een claim op universele vrede en menselijke waardigheid, maar vervolgens indirect een hele bevolkingsgroep devalueert, is een **morele paradox**. Het is inherent tegenstrijdig en ondermijnt de morele claim van het ambt.

- **Tegenstrijdigheid met het evangelie**: Wie in de voetsporen van Jezus spreekt, moet *bruggen bouwen*, geen muren. De demonstratieve vasthoudendheid aan een exclusief begrip van het huwelijk is noch noodzakelijk, noch barmhartig, noch in overeenstemming met het Evangelie.

- **Schending door weglating**: Zelfs als er geen openlijke beledigingen worden geuit, is de combinatie van positieve, exclusieve vermelding van heteroseksuele verbintenissen en het tegelijkertijd verzwijgen of onderdrukken van homoseksuele levensstijlen een vorm van structurele degradatie. Dit is *zachte maar effectieve discriminatie* - onder het mom van waardigheid.

3. institutionele waardigheid en gepastheid van het ambt

- Een paus spreekt niet privé, maar ambtshalve als de morele autoriteit van miljarden mensen. Wie dit ambt begint met een **frontale aanval op erkende mensenrechten** - vooral in staten waar homoseksuele paren wettelijk beschermd zijn - schendt ook de diplomatieke integriteit van het Vaticaan.

- Zo'n boodschap is niet alleen onverenigbaar met de pastorale nederigheid van een bruggenbouwer, maar retorisch ook een klap in het gezicht van alle gelovigen die hun queer identiteit willen verzoenen met het geloof.

Conclusie: Iedereen die de bediening van Petrus op zich neemt en paren van hetzelfde geslacht uitsluit van het idee van een echt gezin als hun eerste theologische boodschap, **ontkent barmhartigheid, perverteert de bediening van de herders en instrumentaliseert vrede** om een signaal van culturele oorlogsvoering af te geven. Dit is geen "waarheid in liefde" - maar **onvriendelijkheid onder het mom van vermeende waarheid.**

Ja, je kunt - en moet - het zo noemen: Het is een bewuste, kille en onwaardige (bodemloze) brutaliteit die geen **recht doet aan de geest van het evangelie, de menselijke waardigheid en het ambt.** Wie zo begint, zet zich af tegen de hervormingsimpulsen van veel gelovigen wereldwijd. Zij tonen geen hoop, maar **onderdrukking.** En daarin ligt de bittere strategische helderheid van een van deze eerste grote verschijningen en boodschappen.

Hoe RERUM NOVARUM correct classificeren met RESPECT

De encycliek Rerum Novarum (1891) van zijn voorganger paus Leo XIII gaat voornamelijk over sociale en economische kwesties van de arbeidersklasse, in het bijzonder de arbeidsomstandigheden, eigendomsrechten, verantwoordelijkheid van de staat en eerlijke lonen. Er staat daarom geen expliciete of onafhankelijke definitie van het gezin in, alleen een impliciete.

Een algemeen aanvaarde en gangbare **definitie van familie** in de hedendaagse sociale wetenschappen is gebaseerd **op de aanwezigheid van kinderen:** Volgens deze definitie ontstaat familie **overal waar kinderen leven, opgroeien en verzorgd worden** - ongeacht de specifieke ouderlijke constellatie. Dit zou de juiste en hedendaagse definitie zijn geweest die Paus Leo XIV had moeten benadrukken.

Zelfs in de encycliek *Rerum Novarum* wordt het begrip gezin niet expliciet gekoppeld aan het geslacht van de ouders. In plaats daarvan beschrijft de encycliek het gezin in het algemeen en bewust openlijk als een subsidiaire gemeenschap van solidariteit: "Het gezin, de huiselijke samenleving, is een **echte samenleving** met al haar rechten, hoe klein deze samenleving ook is; ze is ouder dan elke andere gemeenschap en bezit daarom haar eigen rechten en plichten onafhankelijk van de staat."

Deze formulering gaat niet uit van biologisch of seksueel bepaalde rollen. De definitie van het gezin is gebaseerd op de opvatting van een **subsidiaire eenheid van solidariteit**.

Sterker nog: de encycliek spreekt consequent over "menselijke wezens", niet altijd over specifieke geslachten zoals "man" of "vrouw". In feite komt het woord "vrouw" in de hele 25 pagina's maar twee keer voor. Deze bewuste taalkundige openheid laat zien dat *Rerum Novarum* zeker **genderneutraal geïnterpreteerd kan worden** - als een document dat het gezin in de eerste plaats definieert op basis van zijn sociale functie en niet op basis van zijn geslachtssamenstelling.

Leo XIII verwijst echter meerdere keren indirect naar de familie:

1. **Het gezin als natuurlijke basiseenheid van de samenleving:** Leo XIII benadrukt dat het gezin ouder en natuurlijker is dan de staat. Het vormt de kerncel van elke samenleving en heeft een natuurlijk recht op bescherming en ondersteuning (cf. RN 12).

2. **Verantwoordelijkheid van de vader van het gezin:** De encycliek beschrijft de rol van de vader als hoofd en kostwinner van het gezin en benadrukt zijn plicht om voor zijn gezinsleden te zorgen (vgl. RN 13-14).

3. **Bescherming van het gezin door eerlijke lonen:** Er wordt benadrukt dat een eerlijk loon de werknemer in staat moet stellen een fatsoenlijk leven voor zichzelf en zijn gezin te garanderen, met inbegrip van voldoende middelen voor huisvesting, voedsel, kleding en onderwijs voor kinderen (zie RN 34).

4. **Het gezin als opvoedkundige instelling:** Leo XIII benadrukte de rol van het gezin in de opvoeding en het onderwijs van kinderen. Het wordt beschreven als een essentiële basis voor de overdracht van religieuze en morele waarden (zie RN 12-14).

Kleinere gemeenschappen - meestal gezinnen - spelen een centrale rol in het sociaal beleid, omdat ze eerst zichzelf moeten helpen voordat de staat tussenkomt om hulp te bieden. Het is duidelijk dat **lappendeken- of regenbooggezinnen ook subsidiaire eenheden vormen** waarin mensen - met of zonder kinderen - crisissen gemakkelijker samen kunnen overwinnen dan individuen die anders meer afhankelijk zouden zijn van hulp van de staat.

Interpretatieve inclusie van regenboogfamilies:

Wat Leo XIV hier doet is **een historische vernauwing** die niet nodig is - zeker niet in het licht van meer hedendaagse, meer open familiebeelden: **Gezin is daar waar kinderen zijn**. Dus waarom dit *pontificaat van de flessenhals*, dat de huidige maatschappelijke realiteit van individualisering en diverse levensstijlen negeert en geen recht doet?

Hoewel de historische tekst van Leo XIII's voorganger niet expliciet ingaat op de term en het concept van de regenboogfamilie, kan er vandaag een interpretatieve en queer-theologische brug geslagen worden door uit te gaan van Leo XIII's basiszorg:

- **Waardigheid en bescherming van het gezin:** Leo XIII benadrukt dat gezinnen, als de basiscellen van de samenleving, speciale bescherming verdienen. Dit principe kan vandaag ruimer geïnterpreteerd worden om gezinnen in alle vormen te omvatten, met inbegrip van partnerschappen tussen personen van hetzelfde geslacht en regenbooggezinnen.

- **Het recht op een fatsoenlijk leven:** De zorg dat elk gezin recht heeft op voldoende inkomen en sociale zekerheid kan als basis dienen voor het uitbreiden van gelijke rechten en bescherming naar niet-traditionele gezinsstructuren.

Rerum Novarum geeft dus geen gedetailleerde definitie van het gezin, maar veronderstelt het **gezin als een universele sociale en morele eenheid.** De principes beschreven in de encycliek bieden zeker ruimte om moderne gezinsvormen zoals regenbooggezinnen op te nemen in de zin van een actuele, inclusieve sociale doctrine. Een blik op regenbooggezinnen laat dit zien.

Interpretatieve opname van regenbooggezinnen en andere gezinsmodellen: Zelfs als de historische tekst van Leo XIII niet expliciet ingaat op de term en het concept van het regenbooggezin, kan er vandaag een interpretatieve en queer-theologische brug geslagen worden door uit te gaan van de basisbekommernis van Leo XIII:

- **Waardigheid en bescherming van het gezin:** Leo XIII benadrukt dat gezinnen, als de basiscellen van de samenleving, speciale bescherming verdienen. Dit principe kan vandaag ruimer geïnterpreteerd worden om gezinnen in alle vormen te omvatten, met inbegrip van partnerschappen tussen personen van hetzelfde geslacht en regenbooggezinnen.
- **Het recht op een fatsoenlijk leven:** De zorg dat elk gezin recht heeft op voldoende inkomen en sociale zekerheid kan als basis dienen voor het uitbreiden van gelijke rechten en bescherming naar niet-traditionele gezinsstructuren.

Het doel is om aan te tonen dat *Rerum novarum* niet mag worden gebruikt als een instrument van uitsluiting tegen regenbooggezinnen, maar op een meer gedifferentieerde manier moet worden begrepen door de hermeneutiek van vandaag: *Hoe kunnen regenbooggezinnen theologisch geïntegreerd worden?*

Wanneer *Rerum novarum* het gezin beschrijft als een "kleine samenleving" met rechten, zorgplichten en bescherming van bezittingen, is het essentiële criterium niet de verdeling tussen mannen en vrouwen, maar eerder een definitie van het gezin als een gemeenschap van verantwoordelijkheid:

- Wederzijdse verplichting

- Verantwoordelijkheid tegenover kinderen

- Bijdrage aan het algemeen belang

Regenbooggezinnen vervullen al deze kenmerken. In de huidige interpretatie zou het theologisch ongepast zijn om hen deze sociale rol te ontzeggen. Vaderlijke (ouderlijke) verantwoordelijkheid gaat over een ethisch principe - dat niet vastligt in termen van geslacht.

Voorganger Leo XIII schreef: "Een dringende natuurwet eist dat de vader van het gezin de kinderen voorziet van levensonderhoud en alles wat ze nodig hebben [...] hij is het die voortleeft in de kinderen [...]".

Dit idee is gericht op continuïteit, zorg, generatieverantwoordelijkheid - taken die elke ouderlijke constellatie op zich kan nemen, ongeacht het geslacht. Vandaag de dag kunnen we zeggen dat de "vader" symbolisch staat voor de persoon die de verantwoordelijkheid op zich neemt - en dit kan een moeder, een vader, een niet-binaire persoon of twee ouders van hetzelfde geslacht zijn.

En tot slot: subsidiariteit en respect voor levenswijzen moeten serieus worden genomen en vormen het credo van deze encycliek.

De sociale leer erkent het principe dat de staat (of de kerk) kleinere gemeenschappen niet mag ontnemen wat ze kunnen bereiken. *Rerum novarum* benadrukt daarom het respect voor de autonomie van het gezin. Dit kan hieruit worden afgeleid: Wie kinderen liefdevol opvoedt, samen een huiselijk leven vormgeeft en rechten uitoefent, handelt in de geest van de encycliek - ook als regenbooggezin.

Corrigerend advies geven is noodzakelijk

Hoe moeten queer mensen en vooral de kinderen van queer gezinnen zich voelen na zulke uitspraken **aan het begin van een pontificaat**? Dit ongevoelige proces is diep teleurstellend en verachtelijk - en dit moet duidelijk en ondubbelzinnig worden uitgesproken. Wat hier wordt beoogd zou kunnen worden omschreven als "tactisch" of "kwaadaardig" vanwege de strategische component en de algemene stafvoorbereiding. **Het kwaad mag en zal niet zegevieren** en het is precies met deze claim van zijn eigen citaat dat Leo XIV zelf nu moet worden gemeten. Zelfs als kan worden toegegeven dat hij aan het begin van zijn ambt nog moest leren, is een snelle correctie van deze positie en het gebrek aan inclusie en waardering essentieel.

Als het resulterende conflict alleen maar bijdraagt aan een verdere verharding van de fronten, blijkt Leo XIV geen bruggenbouwer te zijn, maar **iemand die de scheidslijnen verdiept**. Een claim leggen aan het begin van een carrière is de manier waarop mensen in het vak graag nieuwe, ambitieuze collega's ontmoeten.

Vandaag de dag kan geen enkele conservatieve geestelijke serieus ontkennen dat er verschillende gezinsbeelden bestaan en dat **elk van deze gezinsvormen zijn best doet in termen van solidariteit en een subsidiair begrip van sociale gemeenschap.**

Als deze discussie de opmaat is **om de gezinsbeelden in de Kerk uitgebreider aan te pakken**, dan is het noodzakelijk om in de nabije toekomst het sacramentele huwelijk van paren van hetzelfde geslacht in te voeren. Dit is de enige manier om deze **ernstige misstap aan het begin van het pontificaat** goed te maken.

De formulering ervan - deels gebaseerd op *Rerum novarum* - is niet alleen theologisch en antropologisch eenzijdig, maar **ook pastoraal beledigend en sociaal achterlijk**. Een gefundeerde reactie hierop vanuit het perspectief van mensenrechten, theologie en praktische levenservaring is als volgt:

1. liefde en familie zijn niet gebonden aan gendergrenzen

Talloze wetenschappelijke studies en veldrapporten bewijzen dit: Stellen van hetzelfde geslacht zijn net zo goed in staat om stabiele, liefdevolle en verantwoordelijke relaties te hebben als heteroseksuele stellen. Regenbooggezinnen doen ook niet onder voor anderen als het gaat om het opvoeden van kinderen - integendeel: studies van de American Psychological Association tonen bijvoorbeeld aan dat kinderen in gezinnen van hetzelfde geslacht net zo goed of zelfs stabieler opgroeien dan in heteronormatieve structuren.

Het gezin is geen biologisch dogma, maar een gemeenschap waarin vertrouwen, betrouwbaarheid, tederheid, zorg en verantwoordelijkheid voor elkaar geleefd worden. Dit geldt voor alle paren - ongeacht geslacht.

2. de christelijke boodschap kent geen uitsluitingslogica

Jezus zelf sprak nooit een woord tegen homoseksuele mensen - maar wel veel tegen hypocrisie, uitsluiting en discriminatie. Als paus Leo XIV zegt dat *vrede in het hart begint* en dat *waarheid alleen verbonden is met liefde en zorg voor mensen*, dan zou hij de moed moeten hebben om dit toe te passen op de queer werkelijkheid. **De kerk kan niet geloofwaardig over vrede spreken en tegelijkertijd symbolisch en structureel queer mensen devalueren. En dit op een diplomatiek forum - wat een ramp!**

Een beroep doen op de "waarheid" van de kerk tegenover de realiteit van de liefde tussen mensen van hetzelfde geslacht is ongepast als deze waarheid niet levensbevorderend werkt, maar juist uitsluit en lijden veroorzaakt. Waarheid moet filantropisch zijn - anders is ze **niet van Christus**.

3. kerkelijk onderwijs moet adaptief zijn

Hoeveel zogenaamd "natuurrechtelijke" overtuigingen zijn al herzien? De veroordeling van rentetransacties, de ondergeschiktheid van vrouwen, de devaluatie van gescheiden mensen, de zegening van oorlogswapens - allemaal standpunten die de kerk ooit innam en later corrigeerde. Zelfs het begrip van seksualiteit en partnerschap is niet statisch, maar evolueert met het besef van de tijd.

Als de Heilige Stoel zich beroept op een "pastorale drang" die niet streeft naar privileges maar ten **dienste staat van de mensheid**, dan moet ze ook bereid zijn om te luisteren en te leren - vooral als het gaat om mensen die psychologisch gekwetst zijn, sociaal gemarginaliseerd en pastoraal genegeerd door de kerkelijke leer gedurende eeuwen.

4. kinderen hebben liefde nodig - geen specifiek oudermodel

De doorslaggevende factor voor het welzijn van kinderen is niet het geslacht van de ouders, maar de **mate van veiligheid, betrouwbaarheid en emotionele genegenheid.** Een huwelijk of partnerschap tussen twee moeders of twee vaders kan dit alles in overvloed bieden. Het welzijn van het kind staat centraal - niet een ideologisch ideaal.

Als Paus Leo XIV benadrukt *dat niemand er omheen kan om te streven naar een omgeving waarin de waardigheid van ieder mens beschermd wordt*, dan moet dit ook gelden voor de kinderen van queer families - en voor hun ouders. **De degradatie van hun liefde onder het mom van de "natuurlijke orde" is in tegenspraak met zowel de bijbelse boodschap als met elke vorm van christelijk-humanistische ethiek.**

5 Een positief tegenbeeld: inclusief christendom

De toekomst van de kerk ligt niet in het herhalen van verouderde structuren, maar in openheid voor de diversiteit van het menselijk leven. Gemeenten die paren van hetzelfde geslacht trouwen, queer priesters niet verbergen en **regenbooggezinnen integreren**, leven het evangelie geloofwaardiger dan dogmatische uitsluitingen ooit zouden kunnen.

Veel katholieke hervormingsbewegingen - van *Maria 2.0* tot *Dignity* en *Voices of Faith* - getuigen dat **geloof inclusief, kleurrijk en relationeel kan zijn.** Een kerk die queer people begrijpt als deel van het lichaam van Christus wordt ook een geloofwaardig teken van vrede voor de samenleving.

Paus Leo XIV riep op *tot waarheid, gerechtigheid en vrede*. Deze drie zijn ondenkbaar zonder gelijkheid, erkenning en empathie. Degenen die (getrouwde) stellen van hetzelfde geslacht structureel uitsluiten, schenden niet alleen hun waardigheid - ze **schenden de kern van de christelijke boodschap:** dat alle mensen geliefd, geroepen en gezegend zijn zoals ze zijn. Er is geen theologische of ethische reden om twee liefhebbende mensen het huwelijk, de zegen of het ouderschap te ontzeggen - maar er zijn wel veel goede redenen om het voor hen mogelijk te maken. En *dat* is ware rechtvaardigheid.

Hoe queer gemeenschappen, organisaties en ondersteunende theologische of sociale actoren moeten blijven reageren - strategisch en communicatief

Queer christenen en hun bondgenoten kunnen publiekelijk en resoluut reageren: Ze zouden de uitspraken van de paus duidelijk moeten verwerpen in uitspraken, bijvoorbeeld via netwerken zoals het European Forum of LGBT Christian Groups, Dignity, Maria 2.0 of Voices of Faith - theologisch onderbouwd, argumenterend in termen van mensenrechten en met pastorale empathie. Tegelijkertijd is het belangrijk om queer-theologische **tegenverhalen** te ontwikkelen die laten zien dat liefde en familie niet gebonden zijn aan genderconstellaties. Internationaal kunnen allianties worden gevormd met andere religies, mensenrechtenorganisaties en politieke actoren, bijvoorbeeld via petities en VN-resoluties. Pastorale tegensignalen zoals openbare vieringen voor paren van hetzelfde geslacht en mediacampagnes (bijv. #TrueFamily, #LoveIsNotASin, #WeAreChurch) zijn ook effectief. Queer katholieken kunnen ook een zichtbaar voorbeeld stellen door zich demonstratief terug te trekken uit kerkelijke comités of **door bewust hun regenboogaanwezigheid te tonen op kerkelijke evenementen.** Een voorbeeldbrief aan de paus is ook denkbaar als *open antwoord op de uitspraken van paus Leo XIV.*

Open verklaring van queer christenen en ondersteunende organisaties

Over de diplomatieke ontvangst op 16 mei 2025 door paus Leo XIV.

Uwe Heiligheid,

Het is met grote teleurstelling en bezorgdheid dat we kennis nemen van uw eerste inhoudelijke verklaringen na uw aantreden. In een toespraak die beweert vrede, gerechtigheid en waarheid te belichamen, ontbreekt wat de kern van het christelijk geloof is: de erkenning van alle mensen als beelden van God - ongeacht geslacht, seksuele geaardheid of levensstijl.

Jouw toespraak laat niet alleen queer mensen buiten beschouwing - het degradeert hen tot een impliciet gebrekkige vorm van mens-zijn door alleen de verbintenis van "man en vrouw" te erkennen als de ondersteunende structuur van de samenleving en het gezin. Dit is niet zomaar over het hoofd zien - het is een ontkenning van erkenning.

Daar zijn we het absoluut niet mee eens.

Omdat:

- **Liefde is liefde.** Het ontwikkelt waardigheid, verantwoordelijkheid, zorg en loyaliteit - ongeacht het biologische geslacht.

- **Familie is waar mensen voor elkaar opkomen.** Queer koppels en regenbooggezinnen zijn levende plaatsen van stabiliteit en zorg.

- **Gerechtigheid begint met erkenning.** Iedereen die mensen structureel devalueert door middel van religieuze taal handelt niet in de geest van Jezus.

We verwachten geen volledige theologische overeenstemming van een paus - maar respect. En we verwachten geen overeenstemming - maar het meest fundamentele teken van menselijke waardigheid: dat we worden gezien als gelijkwaardige kinderen van God en niet worden verborgen of onderdrukt.

We blijven. In de kerk. In onze families. In onze liefde. En we zullen zichtbaar blijven.

Omdat we geen "probleem" zijn - dat zijn we wel
Wij zijn deel van de oplossing: voor een kerk die geloofwaardig, rechtvaardig, barmhartig en inclusief wil zijn.

Namens vele gelovigen die queer zijn of "bondgenoten" zijn - en geloven, hopen, liefhebben.

Getekend door ...

Hermeneutiek is nodig

Rerum novarum is geen dogmatische tekst, maar een sociaal-politieke reactie op de ellende van de industriële arbeidersklasse in de 19e eeuw. **Een eigentijds document - niet dogmatisch.** De definitie van het huwelijk is niet de centrale inhoud, maar een marginale voorwaarde van een economisch systeem.

Hermeneutische vooruitgang is nodig - en geen terugkeer naar het verleden: De kerkelijke leer heeft zich op veel gebieden verder ontwikkeld: Arbeidsrechten, verdeling van eigendom, gelijke rechten voor vrouwen, omgaan met seksualiteit. Vandaag de dag is het duidelijk dat het inroepen van *Rerum novarum* om queer levensstijlen te discrimineren theologisch onhoudbaar is!

De exclusieve, enge lezing van *Rerum novarum*, zoals gebruikt door paus Leo XIV om queer families te devalueren in zijn diplomatieke inaugurele rede of om zijn dogmatiek aan te vullen, is **theologisch onjuist, pastoraal onverantwoordelijk en sociaal en ethisch achterhaald.** De dogmatische **bekrompenheid en octrofie** waarmee men het gezinsargument uit *Rerum Novarum* probeert weg te halen uit de queer theologie blijkt - zoals de voorgaande analyse duidelijk maakt - onjuist te zijn. Integendeel, een nadere beschouwing van de historische en hermeneutische context laat precies het tegenovergestelde zien: juist queer ouders en hun kinderen kunnen zich met volle recht beroepen op de sociaal-ethische principes van deze encycliek.

Regenbooggezinnen kunnen en moeten erkend worden **als "ware samenlevingen"** in de zin van de katholieke sociale leer - omdat ze verantwoordelijkheid dragen, vorm geven aan het leven en handelen voor het algemeen welzijn.

De hermeneutische conclusie is dat de encycliek *Rerum Novarum* primair begrepen moet worden als een sociaal-ethisch document, niet als een moreel-theologische verhandeling. Een theologische instrumentalisering van deze tekst om homoseksuele mensen te discrimineren is daarom ontoelaatbaar en in tegenspraak met de eigenlijke bedoeling ervan. De moderne katholieke sociale ethiek benadrukt nadrukkelijk de principes van persoonlijke waardigheid, subsidiariteit en participatie - centrale waarden die noodzakelijkerwijs ook betrekking hebben op homoseksuele gezinnen. Regenbooggezinnen moeten daarom begrepen en erkend worden als een uitdrukking van een "ware samenleving" in de geest van *Rerum Novarum*.

🕊️*Hoofdstuk 12:*
Administratie, transparantie en vertegenwoordiging van de kerk

Nauwelijks was de witte rook opgetrokken of Paus Leo XIV, geboren Robert Francis Prevost, moest de dringende bouwwerken van zijn pontificaat onder ogen zien. Hoewel de eerste Amerikaan op de stoel van Petrus een kerk overneemt die wereldwijd in de lift zit, nodigen de uitdagingen niet uit tot vreugde: Financiële stabiliteit, hervorming van de curie, omgaan met misbruikslachtoffers en andere hervormingskwesties liggen nu op zijn bureau. Franciscus, zijn oudere voorganger, had belangrijke veranderingen in gang gezet - van meer vrouwen in kerkelijke ambten tot het aanpakken van misbruikschandalen - maar veel bleef onafgewerkt. Nu is de hoop gevestigd op Leo XIV om deze hervormingen met hernieuwde kracht voort te zetten **en zijn eigen accenten te leggen**. Tegelijkertijd moet hij als morele autoriteit internationale bruggen bouwen, opkomen voor vrede en gerechtigheid en de stem van de Kerk versterken in mondiale kwesties zoals het klimaat en sociale ongelijkheid.

Financiële transparantie en efficiënte administratie

De financiën van het Vaticaan worden beschouwd als ondoorzichtig en gespannen - een erfenis die Leo XIV absoluut moest aanpakken. In de laatste maanden voor zijn dood luidde paus Franciscus de noodklok: hij spoorde de kardinalen aan **om hun financiën** in de toekomst **efficiënter te beheren en te streven naar een "nultekort"**. In feite hadden de pauselijke staten sinds 2022 geen volledig begrotingsverslag meer ingediend. De laatste beschikbare balans van medio 2024 liet een tekort zien van 83 miljoen euro; nog ernstiger was een geschat gat van ongeveer **631 miljoen euro** in het pensioenfonds van het Vaticaan. De bezorgdheid van Franciscus was zo groot dat hij, drie dagen voordat hij in februari ernstig ziek werd, haastig een commissie op hoog niveau benoemde om donaties te mobiliseren voor het krap bij kas zittende

Vaticaan. Deze dramatische stappen laten zien hoe dringend de economische fundamenten van de Curie moeten worden veiliggesteld.

Leo XIV staat nu voor de gigantische taak om **de transparantie en efficiëntie van de kerkadministratie te vergroten** en het vertrouwen in het financiële beheer van de Heilige Stoel te herstellen. Er wordt van hem verwacht dat hij de complexe bureaucratische structuren van het Vaticaan doorzift en **drastische kostenbesparende maatregelen** doorvoert. Dit is precies wat de kardinalen voor ogen hadden tijdens het conclaaf: De nieuwe paus moet financiële expertise meebrengen en bereid zijn om impopulaire hervormingen aan te pakken. De eerste tekenen wijzen erop dat Leo XIV een collegiale maar consistente stijl van leiderschap cultiveert - hij ziet de Curie als een dienende administratie **en niet als een machtswellustig centrum**. Hij gaf daarom onmiddellijk opdracht tot een inventarisatie van de bezittingen van het Vaticaan, inclusief de vele eigendommen die toebehoren aan de Pauselijke Staten. Het valt nog te bezien of sommige eigendommen daadwerkelijk zullen worden verkocht om schulden af te betalen, zoals intern wordt besproken. Kardinaal Reinhard Marx, de in München gevestigde economische expert in de Raad van Kardinalen, waarschuwt voor overhaaste actie: Marx wijst erop dat het verkopen van de onroerend goed bezittingen **"geen duurzame, maar een korte termijn herstructurering zou zijn"**. In plaats daarvan moeten de structurele uitgaven worden aangepakt.

De financiën van het Vaticaan zijn eigenlijk verdeeld in twee gebieden, zoals Marx uitlegt: **Vaticaanstad genereert overschotten**, maar de Heilige Stoel - dat wil zeggen het centrale bestuur met al zijn dicasterieën en nuntiaten wereldwijd - blijft meer kosten dan het verdient. Hoge salarissen en vooral pensioenkosten voor ongeveer 5.000 werknemers drukken op de begroting. Er zijn verschillende hefbomen nodig om dit structurele tekort weg te werken. Enerzijds zullen onder Leo XIV de bezuinigingsmaatregelen die Franciscus is begonnen waarschijnlijk worden geïntensiveerd: Franciscus verlaagde al de salarissen van kardinalen en curiemedewerkers, en Leo XIV zou deze koers kunnen voortzetten of zelfs intensiveren. Aan de andere kant **moeten de inkomsten worden versterkt**, maar op een transparante en ethische manier. Kardinaal Marx waarschuwt dat de Vaticaanse Bank IOR en het bestuur van Vaticaanstad een beslissende rol moeten spelen: zij moeten **op betrouwbare wijze overschotten overdragen aan de Heilige Stoel** zodat de missie van de Kerk gefinancierd blijft. Per slot van rekening staat de IOR nu in de zwarte cijfers en verdeelt elk jaar tientallen miljoenen aan de Heilige Stoel - niet genoeg om alle tekorten te dekken, maar wel een bouwsteen.

Leo XIV laat er ook geen twijfel over bestaan dat **transparantie aan de orde van de dag is**. Financiële verslagen moeten weer regelmatig worden gepubliceerd om de indruk van geheimzinnigheid tegen te gaan - de jarenlange praktijk van om de balansen achter slot en grendel te houden heeft de reputatie van het Vaticaan geschaad. Het is passend dat de nieuwe paus al tijdens zijn tijd als bisschop het bestuur als een dienst zag en veel belang hechtte aan **duidelijke verantwoording**. Deze cultuur moet nu ook in Rome worden ingevoerd. Insiders melden dat Leo XIV in de eerste dagen van zijn pontificaat een aantal hoofden van autoriteiten heeft ontboden om een precies beeld te krijgen van de financiën en administratieve processen. "We moeten de broekriem aanhalen zonder onze missie te verraden," zou hij hebben vermaand - een evenwichtsoefening die hij wilde bereiken door **elke euro in dienst van het evangelie te stellen**. Als Leo XIV erin slaagt om het gat in de begroting van het Vaticaan te dichten **zonder** het vertrouwen van de gelovigen te beschamen met nog meer financiële schandalen, zou dat veel winst opleveren. De universele kerk houdt nauwlettend in de gaten of hij kan bewijzen dat hij de "zware last" van de chaotische Vaticaanse financiën aankan.

Maatregelen om misbruik te voorkomen en aan te pakken

Waarschijnlijk heeft geen enkele kwestie het morele krediet van de Kerk de afgelopen jaren zo ondermijnd als de onthullingen van seksueel misbruik door geestelijken. Leo XIV is vastbesloten om **deze wond in de Kerk met alle macht te behandelen** - zowel preventief als curatief. Structurele taboes die lang als heilig werden beschouwd, worden ook ter discussie gesteld. Het hervormingsdebat richtte zich vooral op twee hoofdpunten: de celibaatseis voor priesters en nieuwe synodale leiderschapsmodellen met een sterke lekenparticipatie.

Afschaffing van het verplichte celibaat: een structurele hefboom?

Het verplichte celibaat van katholieke priesters wordt steeds kritischer bekeken als een mogelijke factor die de dynamiek van misbruik bevordert. Hoewel deskundigen benadrukken dat het celibaat niet de oorzaak is van seksueel geweld, zien velen het wel als een structurele risicofactor. Een uitgebreid Australisch onderzoek concludeert bijvoorbeeld dat het celibaat, in combinatie met onvolwassen seksualiteit, een omgeving kan creëren die seksueel geweld in de hand werkt. Volgens de auteurs vormen **psychologisch onvolwassen of seksueel gefrustreerde geestelijken** een verhoogd risico, vooral in internaten, tehuizen of scholen. Het is de moeite waard om eens te kijken naar de oosterse kerken die met Rome verenigd zijn: Sommige priesters daar mogen trouwen - en in feite zijn de misbruikcijfers in deze gemeenschappen aanzienlijk lager. Dit bewijs ondersteunt de eis van sommige hervormingsgroepen om het verplichte celibaat te heroverwegen om de dynamiek van het misbruik door geestelijken te doorbreken.

Leo XIV benaderde het onderwerp met de nodige voorzichtigheid, maar zonder oogkleppen op. Paus Franciscus heeft al duidelijk gemaakt **dat niets aan het celibaat onveranderlijk is.** Franciscus omschreef het priestercelibaat uitdrukkelijk **als een "tijdelijke regel"**, niet als een doctrine voor de eeuwigheid. Hij wees erop dat het *niet tegenstrijdig is dat priesters kunnen trouwen.* Uitspraken als deze gaven Leo XIV de ruimte om op nieuwe manieren te denken. In ieder geval gaan er in de universele kerk steeds meer stemmen op voor een versoepeling. **De Duitse Synodale Weg** - het hervormingsoverleg van de katholieke kerk in Duitsland - heeft zelfs met een overweldigende meerderheid een resolutie aangenomen waarin de paus officieel wordt gevraagd het verplichte celibaat te herzien. Het is onwaarschijnlijk dat Leo XIV zo'n verzoek van zijn kerkelijke basis zal negeren, vooral omdat het geen geïsoleerd fenomeen is maar onderdeel van een wereldwijde discussie. Natuurlijk zijn er ook zorgen: sommige theologen waarschuwen dat het afschaffen van het celibaat alleen het probleem niet zal oplossen en dat er geen "stormloop" van nieuwe, onberispelijke priesters zal komen. Als **preventieve hefboom** zou het vrijwillige celibaat echter op zijn minst de gevaarlijke dynamiek kunnen ontkrachten die voortkomt uit ongezonde onderdrukkingsmechanismen. Leo XIV kondigde aan dat hij over dit hete hangijzer wilde praten **zonder ideologie en zonder angst.** Volgens zijn naasten was het een kwestie van "alles op tafel leggen wat kan dienen om mensen te beschermen" - hoe traditioneel het ook mag zijn.

Synodale leiderschapsmodellen en lekenparticipatie

Tegelijkertijd zette Leo XIV zich in voor een culturele verandering in het leiderschap van de Kerk. Het oude machtsevenwicht - de almachtige clerus aan de top, de gehoorzame leken aan de onderkant - had zijn langste tijd gehad. Deze moet worden vervangen door meer **synodaliteit**: een gezamenlijke wandel van gewijde en niet-gewijde mensen waarin de macht wordt gedeeld en de controle niet langer alleen bij de hiërarchie ligt. Het onderzoek naar misbruikzaken in het bijzonder heeft aangetoond dat de concentratie van macht bij de clerus vaak heeft geleid tot een gebrek aan transparantie en doofpotaffaires. Wanneer **priesters en bisschoppen alleen aan elkaar verantwoording hoeven af te leggen**, ontstaat er gemakkelijk een "zwijgkartel" dat de instelling beschermt - niet de slachtoffers. Dit zou tegengegaan moeten worden door synodale structuren waarin ook niet-geestelijken betrokken zijn en inspraak hebben in de besluitvorming.

Vooraanstaande kerkleiders zijn uitdrukkelijk voorstander van deze opening. Kardinaal Jean-Claude Hollerich - Europa's hoogste aartsbisschop - riep **op om bisschoppen meer te laten controleren door leken**. *"Ik heb er geen probleem mee dat een groep leken mij controleert,"* zei Hollerich ondubbelzinnig en riep op om het klerikalisme te overwinnen. Deze houding, die een paar jaar geleden voor opschudding zou hebben gezorgd, wordt nu door velen gedeeld. In verschillende landen worden onafhankelijke commissies opgericht met medewerking van advocaten, psychologen en lekenvertegenwoordigers om gevallen van misbruik te onderzoeken en aanbevelingen te doen. Leo XIV verwelkomde zulke initiatieven uitdrukkelijk. In zijn eigen bisdom Chiclayo in Peru **probeerde** hij voor zijn verkiezing tot paus **participatieve vormen van leiderschap uit** en ervoer dat gedeelde verantwoordelijkheid goed is voor de geloofwaardigheid. Als paus benadrukt hij dat synodaliteit **niet** simpelweg democratisering betekent, maar eerder luisteren naar de Heilige Geest - maar de ervaring heeft geleerd dat dit luisteren breder en duidelijker is wanneer alle gelovigen erbij betrokken zijn.

Concreet zou dit kunnen betekenen dat op parochie- en diocesaan niveau **gemengde organen bestaande uit geestelijken en leken** meer beslissingsbevoegdheden krijgen: Bijvoorbeeld pastorale raden die samen met pastores adviseren over belangrijke zaken, of onafhankelijke adviesteams die betrokken zijn bij de werving van personeel, financiële kwesties en het omgaan met beschuldigingen. Het Vaticaan zelf heeft al stappen in deze richting gezet - in sommige Vaticaanse commissies zitten nu vrouwen en leken met stemrecht. Leo XIV zal deze koers waarschijnlijk consolideren. Voor hem is het cruciaal dat macht in de kerk wordt gezien **als een dienst** en transparant wordt uitgeoefend. *"We zijn allemaal gedoopt en behoren tot dezelfde kerk,"* was het motto dat hij - net als Hollerich - herhaaldelijk benadrukte. Dit gaat hand in hand met **een strengere verantwoordingsplicht** voor ambtsdragers: Bisschoppen die fouten maken of deze toedekken zouden zich niet langer moeten kunnen verschuilen achter hun collega-bisschoppen. Het wordt duidelijk dat Leo XIV duidelijke actie zal ondernemen in gevallen van misbruik en het onderzoek zal laten leiden door externe expertise. De Kerk moet hier een toonbeeld van transparantie worden - een ambitieus doel, maar een dat onmisbaar lijkt om het verloren vertrouwen terug te winnen.

Internationale vertegenwoordiging en diplomatieke rol

Paus Leo XIV wordt ook opgeroepen om op te treden **als bruggenbouwer en morele autoriteit** op het wereldtoneel. Alleen al de keuze van zijn naam - Leo - doet denken aan paus Leo XIII, die in de 19e eeuw campagne voerde voor sociale rechtvaardigheid. Leo XIV nam deze traditie bewust over door vrede, klimaatrechtvaardigheid en sociale kwesties tot de kenmerken van zijn pontificaat te maken. In zijn allereerste toespraak vanaf het balkon van de Sint-Pietersbasiliek gaf hij het goede voorbeeld: Ten overstaan van tienduizenden juichende gelovigen riep hij op **tot vrede en dialoog.** *"Vrede zij met u!"* - begroette hij de wereld met deze bijbelse groet zodra hij tot paus was gekozen. Leo XIV maakte van vredestichter zijn ondubbelzinnige prioriteit. Het viel internationale waarnemers op dat hij in dezelfde toespraak zijn idee van vrede schetste: het ging om een **"ongewapende en ontwapenende vrede"**, een vrede door dialoog en ontwapening, geheel in de geest van Christus. Voor Leo XIV was dit pacifisme geen naïeve droom, maar een concreet programma.

Slechts een paar dagen na zijn verkiezing werden deze woorden gevolgd door daden. Leo XIV ontmoette onmiddellijk diplomaten en afgezanten van over de hele wereld in Rome en benadrukte tegenover het corps diplomatique dat het buitenlands beleid van het Vaticaan een **"dienst aan de menselijke familie" was**. Hij trad in de voetsporen van Franciscus, die onvermoeibaar zijn geweten had wakker geschud - van *de "schreeuw van de armen"* tot de uitdagingen van **klimaatbescherming en globalisering**. Leo XIV maakte duidelijk dat hij deze thema's wilde voortzetten en tegelijkertijd zijn eigen prioriteiten wilde stellen. Hij kondigde een **reeks buitenlandse reizen** aan om nieuwe bruggen van begrip te bouwen over culturele en nationale grenzen heen. Zijn persoonlijke biografie - stations in het leven in zowel Noord- en Zuid-Amerika als Europa - vormt het programma: *"Mijn levensreis toont het verlangen om grenzen te overschrijden om verschillende mensen en culturen te ontmoeten,"* legde hij uit aan de diplomaten. De paus wil, zoals hij zegt, *"elk volk en elk individu op deze aarde dat verlangt naar waarheid, gerechtigheid en vrede, de hand reiken en omarmen"*.

Vrede door dialoog is een van zijn leidende principes. Leo XIV benadrukte dat een *oprechte wil tot dialoog* nodig was om conflicten te pacificeren - de wereld moest leren elkaar te ontmoeten in plaats van elkaar te bevechten. Dit hield ook in dat **internationale instellingen nieuw leven werd ingeblazen** en de diplomatie werd versterkt. Leo XIV positioneerde zich specifiek op 's werelds belangrijkste actuele vredesvraagstuk: de oorlog in Oekraïne. Kort na zijn ambtsaanvaarding kondigde hij Moskou en Kiev aan dat **territoriale vrede en mensenrechten** voor de Heilige Stoel ononderhandelbaar waren. De Oekraïense president Volodymyr Zelensky was opgetogen over de duidelijke woorden van de nieuwe paus: hij meldde een "zeer hartelijk en substantieel" telefoongesprek met Leo XIV, waarin deze opriep tot een **"rechtvaardige en duurzame vrede"** voor Oekraïne. Selensky nodigde Leo XIV onmiddellijk uit voor een bezoek aan Oekraïne - een dergelijk bezoek zou "echte hoop brengen" voor het lankmoedige volk, zoals de president benadrukte. Ook vanuit de Oekraïense kerk klinken hoopvolle geluiden: *"Franciscus werd hier niet begrepen. Maar paus Leo XIV heeft al laten zien dat vrede in Oekraïne hem na aan het hart ligt,"* verklaarde hulpbisschop Volodymyr Hruza in Lviv. De grote aartsbisschop van Kiev, Svyatoslav Shevchuk, ging zelfs zover om te zeggen dat een bezoek van Leo **vrede zou kunnen brengen.** Deze verwachtingen onderstrepen de mate waarin de wereld Leo XIV ziet in de rol van **neutrale bemiddelaar en vermaner voor vrede.**

Naast vredespolitiek sprak Leo XIV zich ook **sterk uit voor klimaatrechtvaardigheid en sociale rechtvaardigheid.** Franciscus had met zijn encycliek *Laudato si'* de lat hoog gelegd door milieu- en klimaatbescherming centraal te stellen in het kerkelijk onderwijs. Leo XIV laat zien dat hij deze koers wil voortzetten. In zijn programmatische ontmoeting met de ambassadeurs benadrukte hij dat de Heilige Stoel de *"uitdagingen van onze tijd"* zal blijven aangaan, *"van het behoud van de schepping tot kunstmatige intelligentie".* Hij sluit daarmee direct aan bij de socio-ecologische agenda van zijn voorganger. **Klimaatactivisten en ontwikkelingsorganisaties** zoals Greenpeace en CIDSE juichen dit uitdrukkelijk toe: zij associëren Leo XIV met de hoop dat de Kerk wereldwijd onrecht nog duidelijker aan de kaak zal stellen en zal bijdragen aan sociale en ecologische verandering. Greenpeace Duitsland, bijvoorbeeld, heeft de nieuwe paus opgeroepen om **van klimaatrechtvaardigheid een prioriteit voor de Kerk te maken** en om meer gebruik te maken van het vermogen van de Kerk voor duurzame projecten. Leo XIV lijkt klaar te zijn om ook hier een duidelijke kant te laten zien. In zijn toespraak zei hij dat de Kerk geen andere keuze had dan haar stem te verheffen tegen de vele onevenwichtigheden en onrechtvaardigheden *"die onder andere leiden tot onwaardige arbeidsomstandigheden en gefragmenteerde, door conflicten geteisterde samenlevingen".* De paus riep op tot *"inspanningen om de wereldwijde ongelijkheid weg te werken".* Tegelijkertijd deed hij een beroep op politieke leiders om vreedzamere samenlevingen te creëren door te investeren in **stabiele gezinnen en sociale gelijkheid.** Hij was vooral bezorgd over de waardigheid van de meest kwetsbaren - van **ongeboren kinderen tot migranten**, iedereen moet worden beschermd. Het is deze allesomvattende benadering - samen denken aan vrede, milieu, sociale rechtvaardigheid en de bescherming van het leven - die Leo XIV al tot een **onderscheidende nieuwe stem** op het wereldtoneel heeft gemaakt.

Leo XIV uitte ook kritiek op de verantwoordelijken in de politiek en de maatschappij. *"De Kerk kan nooit ontsnappen aan haar missie om de waarheid te spreken over de mens en de wereld,"* benadrukte hij en kondigde aan dat hij misstanden in duidelijke taal zou benoemen als dat nodig was. Deze waarheid is echter altijd verbonden met liefde en gericht op het welzijn van ieder mens. Met andere woorden, de paus wil geen doekjes om zijn diplomatieke woorden winden als het gaat om **migratiecrises, uitbuiting of oorlogszucht** - maar hij doet dat met een pastoraal hart dat het heil van mensen voor ogen heeft. Deze combinatie van klare taal en mededogen kenmerkt nu al zijn publieke imago.

Leo XIV is dus bezig **het profiel van de Kerk als wereldwijde morele autoriteit te versterken**. Hij bouwt voort op de fundamenten van zijn voorgangers - je voelt zowel de geest van Johannes Paulus II, die onvermoeibaar riep *"Nooit meer oorlog!"*, als die van Franciscus, die zich richtte op barmhartigheid en ecologie. Maar Leo XIV is vastbesloten om deze missie voort te zetten *met zijn eigen handtekening*. Zoals een Vaticaanse waarnemer het verwoordde: "Leo wil bruggen bouwen, maar hij wil er ook palen in slaan." Bruggen van dialoog - bijvoorbeeld met andere religies om samen de **"wil om te veroveren"** en fanatisme te verdrijven - en palen van duidelijkheid waar fundamentele waarden worden geschonden. Zijn eerste toespraak tot de diplomaten eindigde met een dringende waarschuwing voor ontwapening, in lijn met de laatste boodschap van wijlen Franciscus: *"Er kan geen vrede zijn zonder echte ontwapening!"* riep Leo XIV, waarschuwend voor een nieuwe wereldwijde wapenwedloop. Zulke woorden weerklinken - zowel in de zalen van de VN als in de marge van de samenleving.

Samenvattend bewees paus Leo XIV in de eerste weken van zijn pontificaat een paus te zijn die het bestuur en de transparantie in de Kerk versterkte, ongemakkelijke vragen niet uit de weg ging en de katholieke Kerk met frisse kracht op het wereldtoneel vertegenwoordigde. Hij vertrouwt op solide financiën als basis voor de missie, op een nederige kerk die leert van haar fouten en op een vastberaden houding op het gebied van vrede, klimaat en gerechtigheid. Tegelijkertijd blijft hij een pastor in hart en nieren: het verlangen om de Kerk geloofwaardiger te maken en haar boodschap gewicht te geven in de moderne wereld dringt door in alles wat hij doet. Leo XIV bewandelt geen gemakkelijke weg - maar veel stemmen, van de kardinaal in München tot de president van Oekraïne, spreken nu al de **hoop** uit dat deze paus inderdaad nieuwe wegen van geloof en gerechtigheid zal openen. De komende jaren zal blijken hoe ver Leo XIV komt met zijn plannen. Maar het vertrek is voelbaar: een *kerk in beweging*, gedragen door de eis om het bestuur transparant te maken, macht te delen en een pleitbezorger te worden voor de mensheid in de crises van de wereld.

🕊️ Hoofdstuk 13:
Synodaliteit en structurele vernieuwing van de kerk

Toen paus Leo XIV op 8 mei 2025 voor het eerst op de loggia van de Sint-Pietersbasiliek verscheen, beloofde hij, zichtbaar ontroerd, het synodale ontwaken van zijn voorganger voort te zetten. In zijn **eerste toespraak** bedankte hij paus Franciscus en riep hij de verzamelde gelovigen toe: Broeders en zusters "van Rome, van Italië, van de hele wereld, laten we een synodale Kerk zijn, een Kerk die in beweging is, een Kerk die altijd vrede zoekt, die altijd naastenliefde zoekt, die altijd nabijheid zoekt bovenal bij hen die lijden". Leo XIV engageerde zich dus rechtstreeks met **synodaliteit** als leidmotief - het concept van een "kerk die samen vorm krijgt". Paus Franciscus had synodaliteit al beschreven als de "weg die God verwacht van de Kerk van het derde millennium". Synodaliteit betekent in wezen samen de weg van het geloof bewandelen: **Luisteren, dialoog, gedeeld onderscheidingsvermogen en gedeelde verantwoordelijkheid** kenmerken deze stijl. De slotverklaring van de wereldsynode van 2023 definieerde het als alle gelovigen die samen voorwaarts gaan - in bijeenkomsten op alle niveaus, luisterend naar elkaar, overleggend en consensus bereikend onder de leiding van de Heilige Geest. Paus Leo XIV, die "weet wat synodaliteit betekent", haakt hier op in en maakt duidelijk dat hij **geen stap terug wil doen** - als je dat mag geloven - maar de door Franciscus ingezette hervormingskoers wil voortzetten. De voorzitter van de Duitse bisschoppenconferentie, Georg Bätzing, zei dat het *"bemoedigend"* was dat Leo XIV zich zo duidelijk had gecommitteerd aan een "synodale kerk die vooruit gaat en er wil zijn voor alle mensen". De nieuwe paus is dus in **continuïteit** met zijn voorganger en "maakt duidelijk dat wat Franciscus is begonnen zal worden voortgezet" - een belangrijk signaal, vooral voor Duitsland met zijn synodale weg, om de vernieuwing van kerkstructuren en meer medezeggenschap verder te bevorderen.

Synodale discussiecultuur van parochie tot curie

Onder Leo XIV moest synodaliteit niet alleen een modewoord in Rome blijven, maar de hele kerk doordringen als een **mentaliteit**. De paus bevorderde een synodale *gesprekscultuur* - van het lokale parochieleven tot de hoogste kerkelijke commissies. Concreet betekent dit dat **luisteren en dialoog** de norm worden voor kerkelijk handelen: In parochies moeten priesters en leken meer met elkaar in gesprek gaan en parochievergaderingen en -raden moeten er serieus bij betrokken worden. In de bisdommen moedigde Leo XIV de bisschoppen aan om lokale **synodes** of pastorale raden te houden zodat de gelovigen hun zorgen konden uiten. En zelfs in de Romeinse Curie werd deze stijl voortgezet - door middel van consultaties, internationale commissies en de deelname van verschillende stemmen (inclusief religieuzen en leken) aan de besluitvorming. Waarnemers beschrijven hoe Leo XIV als bisschop en kardinaal altijd openstond voor advies *"en samenwerking"*, bijvoorbeeld met vrouwen in leidinggevende posities. Zuster Yvonne Reungoat, die een van de eerste vrouwen was die samenwerkte met de toenmalige kardinaal Prevost in het Dicasterium voor Bisschoppen, benadrukt zijn **opmerkzaamheid en openheid**: hij luisterde actief naar vrouwen en betrok hen erbij - daarom is ze ervan overtuigd dat hij deze lijn zal voortzetten en zelfs uitbreiden als paus. Maar een echte synodale gesprekscultuur gedijt ook **bij geduldig luisteren** van alle kanten. De Weense theoloog Jan-Heiner Tück waarschuwt dat je in een synodale dialoog "echt naar de ander moet luisteren en niet overhaast je eigen wensen moet vereenzelvigen met het werk van de Heilige Geest". Dit principe zou ertoe moeten bijdragen dat discussies eerlijk en spiritueel blijven, zelfs als er controversiële onderwerpen aan de orde zijn. Leo XIV streefde naar een Kerk *"die aandachtig luistert, die dicht bij elke persoon staat, [...] in staat tot authentieke en gastvrije relaties - een huis en familie van God die openstaat voor iedereen: een missionaire synodale Kerk"*. Leo XIV aanvaardde deze visie uit een brief van het synodesecretariaat aan de nieuwe paus als een missie: Hij wilde de Kerk dichter bij de mensen brengen, meer in staat tot dialoog, meer klaar om te dienen en meer open naar de wereld.

Praktisch gezien betekende dit ook een **mentaliteitsverandering** in de kerkleiding. Leo XIV wordt gezien als een "bruggenbouwer" en *pragmaticus* die verschillende werelden van het katholicisme met elkaar wil verbinden. Als eerste paus van de VS met uitgebreide ervaring in Peru, is hij cultureel divers en kent hij zowel de zorgen van het *"kleine volk"* als de dynamiek van de Curie. Onmiddellijk na zijn verkiezing maakte hij duidelijk dat hij het wereldwijde synodale proces van Franciscus zou voortzetten. Velen verwachten echter dat hij niet alleen zal luisteren, maar ook **beslissingen zal nemen**. *"Ik geloof dat paus Leo niet alleen zal luisteren, niet alleen zal opnemen, maar uiteindelijk ook zal beslissen,"* zegt pater Mauritius Wilde, een in Duitsland geboren benedictijner monnik in de VS. De gelovigen hopen dat de nieuwe paus het vele overleg nu zal omzetten in concrete actie - *"Amerikanen [...] willen dingen zien, ze zijn erg pragmatisch. En dat [...] zal goed zijn voor de Kerk"*. Dit zelfbeeld - luisteren, maar dan ook **handelen** naar doelstellingen - werd herhaaldelijk gedemonstreerd door Leo XIV. Als kardinaal was hij niet alleen deelnemer aan de Wereldsynode, maar was hij zelfs voorzitter van een van de werkgroepen en toonde hij leiderschapskwaliteiten bij het zoeken naar oplossingen. In 2024 benadrukte hij in de marge van de Bisschoppensynode in Rome dat de *Heilige Geest* "de Kerk *aanspoort zichzelf te vernieuwen"*. Synodaliteit is **meer** dan een proces of het houden van extra bijeenkomsten - het gaat over samen vragen wat God vandaag van ons wil. Als Paus zal Leo XIV deze spirituele dimensie van synodaliteit blijven benadrukken: Het ging niet om "politieke agenda's" of persoonlijke prestigeprojecten, maar om **samen te luisteren naar de Geest van God**. Zo verbond hij de structurele en spirituele vernieuwing van de Kerk.

Hervorming van machtsstructuren en meer participatie van leken

Nauw verbonden met synodaliteit is een diepgaande **structurele vernieuwing** van de katholieke kerk, zoals bedoeld door Leo XIV. Centraal hierin staat de *vraag naar de verdeling van de macht* - d.w.z. wie beslist in de kerk en hoe beslissingen worden genomen. Paus Franciscus is al begonnen om hier nieuwe wegen in te slaan, maar veel van deze hervormingen stonden al op de agenda onder Leo XIV. Een belangrijk punt van zorg is de **deelname van leken** aan belangrijke beslissingen. De Wereldsynode 2021-2024 maakte duidelijk dat gelovigen over de hele wereld vragen om meer inspraak. In het

slotdocument van de synode stemden de vertegenwoordigers van over de hele wereld voor het versterken van de *medeverantwoordelijkheid* van de basis: de bisschoppensynode stemde voor meer decentralisatie in de wereldwijde kerk en een grotere deelname van gewone gelovigen aan belangrijke beslissingen. Dit omvat ook **transparantie en verantwoordingsplicht** van de hiërarchie - eisen die een brede meerderheid kregen. Paus Franciscus had deze resoluties van zijn laatste synode voor zijn dood in het voorjaar van 2025 uitdrukkelijk goedgekeurd en gepubliceerd zonder ze af te zwakken. Nu is het aan Leo XIV om ze in praktijk te brengen. Hij heeft al aangegeven dat hij vastberaden verder wil gaan op de weg van de hervorming.

Concrete **hervormingsstappen** betreffen onder andere een grotere gelijkwaardige betrokkenheid van vrouwen in leiderschap en gewijde bedieningen. De Wereldsynode heeft uitdrukkelijk aanbevolen om de kwestie van het *toelaten van vrouwen tot gewijde ambten open te houden*. Dit betekent bijvoorbeeld dat het lang besproken diaconaat voor vrouwen verder onderzocht zal worden - een kwestie die Paus Leo XIV in de nabije toekomst moet behandelen. Veel katholieken over de hele wereld hopen dat vrouwen in de toekomst op zijn minst als diaken zullen kunnen dienen of meer officiële opdrachten zullen krijgen (bijvoorbeeld als doop- of huwelijksassistenten). Kardinaal Reinhard Marx benadrukte dat dit *"ongetwijfeld een van de zeer centrale vragen van de toekomst"* is en dat hij zeer hoopt *"dat we vooruitgang zullen boeken"*. Hoewel de universele Kerk verschillende snelheden hanteert in deze kwestie, is het des te belangrijker om een paus te hebben *"die deze deuren openhoudt en niet achteruit gaat"*. Leo XIV had al eerder vrouwen gepromoveerd en **synodale elementen** uitgeprobeerd in zijn bisdom Chiclayo in Peru. Daar betrok hij leken - zowel mannen als vrouwen - bij pastorale beslissingen en vertrouwde hij op participatieve *grassroots kerkmodellen*. Deze schat aan ervaring brengt hij nu mee naar Rome. Collega's hebben zijn coöperatieve leiderschapsstijl al ervaren als prefect in het bisschoppencollege: De Franse non Reungoat meldt dat Prevost van nature samenwerkte met vrouwen bij het benoemen van bisschoppen en hun perspectief waardeerde. Volgens haar is er *"geen reden om te denken dat hij niet in deze richting verder zal gaan"* - integendeel, hij zou de medeverantwoordelijkheid van vrouwen in de Kerk **verder kunnen ontwikkelen**. Leo XIV heeft de eerste stappen al gezet door meer vrouwen en niet-geestelijken te benoemen in adviesorganen van het Vaticaan en door hun stem te laten horen in personeelszaken.

Maar het hervormen van machtsstructuren gaat verder dan de kwestie van vrouwen. Het gaat in het algemeen om het doorbreken van **de machtsmonopolies van de geestelijken** en het herstructureren van de hiërarchie in de richting van **dienend leiderschap.** Zo is bijvoorbeeld de geplande *Synodale Raad* op wereldniveau - een nieuw orgaan van bisschoppen en leken dat tussen synoden in bijeen zou kunnen komen - bedoeld om collegiaal leiderschap te versterken. In Duitsland is zo'n Synodale Raad controversieel besproken; traditionalisten waarschuwden voor een soort kerkparlement. Leo XIV zal zorgvuldig moeten afwegen hoe hij *participatieve elementen* introduceert **zonder** de hiërarchische orde volledig los te laten. Kardinaal Marx verwoordde het zo: de kerk moet meer participatie toestaan *"zonder een parlementaire democratie te worden"*. Dit is precies waar de uitdaging ligt: synodaliteit vereist **participatie en medezeggenschap**, maar binnen de kerkelijke gemeenschap waarin bisschoppen hun pastorale ambt blijven uitoefenen. Leo XIV benadrukte daarom dat synodaliteit *geen verzwakking*, maar juist een **revitalisering** van het kerkelijk gezag betekent - de herders horen het volk van God en beslissen dan in overeenstemming met het evangelie. Dit betekent ook dat bisschoppen worden **geëvalueerd:** De synode heeft procedures voorgesteld om het gedrag van bisschoppen in functie regelmatig te evalueren. Deze ongewone verantwoordingsplicht is bedoeld om vertrouwen te bevorderen en machtsmisbruik moeilijker te maken. Paus Leo XIV steunde dergelijke initiatieven omdat hij zich bewust was van de vertrouwenscrisis die door schandalen werd veroorzaakt.

Een ander belangrijk hervormingsgebied is de aanpak van het **misbruikschandaal**, dat in veel landen - vooral in Europa - heeft geleid tot een dramatisch verlies aan geloofwaardigheid en mensen die de kerk verlaten. Veel van de getroffenen zien de wortel van het probleem in vastgeroeste, autoritaire machtsstructuren. *De* vereniging van slachtoffers van *Eckiger Tisch*, bijvoorbeeld, roept de nieuwe paus op om "structurele veranderingen" door te voeren zodat er eindelijk consequenties kunnen worden getrokken uit het misbruikschandaal. Matthias Katsch, woordvoerder van het initiatief, waarschuwde kort na de verkiezing van Leo XIV dat de *leercurve* van het Vaticaan steil moest zijn - er was te veel tijd verspild, te veel pauselijke woorden zonder radicale hervormingen. In feite was Leo XIV goed geplaatst om hier een geloofwaardige indruk te maken: In Peru werd bisschop Prevost gezien als iemand die reageerde op de zorgen van misbruikslachtoffers en onafhankelijke onderzoeken bevorderde. Hij wordt echter ook gemeten aan zijn daden: **Transparantie**, strafrechtelijke samenwerking en het versterken van onafhankelijke controle in de kerk zijn verwachtingen die nu wereldwijd op hem worden gelegd. De hervorming van de kerk in een synodale geest omvat daarom noodzakelijkerwijs **het in het reine komen met misbruik** - een "vernieuwing van de kerk van binnenuit" die oude aanspraken op macht vervangt door nederigheid en rechtvaardigheid. Leo XIV heeft herhaaldelijk duidelijk gemaakt dat de kerk *"vooral nabijheid zoekt bij hen die lijden"* - en hier moeten slachtoffers van misbruik in de eerste plaats worden genoemd.

Nieuwe synodale instellingen: Wereld Synode en Decentralisatie

Naast dergelijke persoonlijke en mentale veranderingen stond Leo XIV ook voor de taak om **institutionele vernieuwingen** door te voeren. Een van de grote vernieuwingen onder Franciscus was het bijeenroepen van een *permanente wereldsynode*, d.w.z. een wereldwijd consultatief proces van de Kerk dat meerdere jaren duurt. Dit wereldsynodale proces (gestart in 2021) werd kort voor Franciscus' dood zelfs verlengd tot 2028. Het plan is om het in 2028 af te sluiten met een **Algemene Kerkvergadering** in Rome, waar opnieuw bisschoppen en leken uit alle continenten bijeen zullen komen. Paus Leo XIV heeft nu effectief het voorzitterschap van dit historische proces overgenomen. Hoewel dit volgens het kerkelijk recht niet verplicht was, maakte hij snel duidelijk dat de Wereldsynode door zou gaan *zoals gepland*. Zelfs in zijn eerste boodschap vanaf de Loggia benadrukte hij: *"Laten we een synodale kerk zijn"*. Veel waarnemers zagen deze toezegging als een indicatie dat er niet gebroken zou worden met de synodale cultuur. De Freiburgse kerkrechtdeskundige Georg Bier merkte op dat een nieuwe paus theoretisch de synodale hervormingen van zijn voorganger zou kunnen terugdraaien - maar hij achtte dit onwaarschijnlijk: *"Er zal geen paus komen die direct alle synodale hervormingen van Franciscus afschaft"*.

Leo XIV bevestigde deze verwachting door uitdrukkelijk aan te kondigen dat hij zou doorgaan op de weg van Franciscus. Het Secretariaat-Generaal van de Bisschoppensynode in Rome verwelkomde de nieuwe paus prompt met een ongebruikelijke openbare brief. Daarin spraken kardinaal Mario Grech en zijn collega's hun vreugde uit en beloofden ze hun uiterste best te doen om Leo XIV te steunen bij het voortzetten van de synodale weg. *"Nu de reis onder uw leiding wordt voortgezet, kijken we met vertrouwen uit naar de richtingen die u zult inslaan om de Kerk te helpen groeien als gemeenschap,"* schreven Grech, zuster Becquart en bisschop Marín de San Martín hoopvol. Daarmee gaven ze aan dat ze zich richten op **missionaire synodaliteit** - een kerk die ook naar buiten toe uitstraalt als ze samen voorwaarts gaat.

Onder Leo XIV kon **synodaliteit als een permanente instelling** in de Kerk **worden ingesteld**. Er werd bijvoorbeeld gesproken over de oprichting van een *permanente synodale raad* op wereldniveau, die tussen de grote synodale vergaderingen in bijeen zou komen. Dit orgaan, bestaande uit vertegenwoordigers van de wereldwijde kerk - bisschoppen, religieuzen en leken - zou de paus kunnen adviseren en bepaalde beslissingen op een gedecentraliseerde manier kunnen nemen. Zo'n **decentralisatie** komt overeen met het subsidiariteitsbeginsel, waar het Tweede Vaticaans Concilie al toe opriep. De synode beval zelfs aan om bisschoppenconferenties en continentale vergaderingen meer magisteriële autoriteit te geven, zodat ze pastorale kwesties zelf lokaal kunnen regelen. Paus Franciscus heeft iets soortgelijks voorgesteld in *Evangelii Gaudium* en heeft al een aantal liturgische beslissingen (zoals vertalingen) gedelegeerd aan de lokale kerken. Leo XIV zou dit nog verder kunnen uitbreiden. Er wordt bijvoorbeeld gedebatteerd over de vraag of in bepaalde regio's - zoals de laagvlakte van de Amazone, waar een tekort is aan priesters - speciale oplossingen moeten worden toegestaan, zoals de wijding van bewezen gehuwden (homines probati). Verschillende vormen van huwelijksbediening worden ook besproken op regionaal niveau (bijv. omgaan met hertrouwde gescheidenen of huwelijksceremonies voor alle paren). **Meer gedecentraliseerde besluitvorming** zou rekening houden met de diversiteit van de wereldwijde kerk en lokale bisschoppen meer verantwoordelijkheid geven. De synode pleitte hiervoor, maar benadrukte tegelijkertijd duidelijke grenzen: eenheid in geloof en in de sacramentele orde mogen niet worden opgegeven. Leo XIV zal dus moeten aftasten hoe ver hij kan gaan in de *globalisering van de medebeslissing* zonder de **katholiciteit** (dat wat de wereld verenigt) in gevaar te brengen.

Hij observeert zorgvuldig de ervaringen in de afzonderlijke landen. In *Duitsland* bijvoorbeeld streefde de Synodale Weg naar een nationaal Synodaal Concilie, dat in Rome met bedenkingen tegemoet werd getreden. Leo XIV kende deze controverse goed, omdat hij als curiekardinaal in gesprek was met de Duitse kerk. Aan de ene kant waardeert hij de zorg om leken en bisschoppen samen te laten overleggen; aan de andere kant deelt hij de zorg dat een permanente gemeenschap van leken en bisschoppen het gezag van de individuele bisschoppen niet mag ondermijnen. Het zou zijn taak zijn om **creatieve oplossingen** te vinden die synodaal overleg mogelijk maken zonder een schisma of nationale aberraties uit te lokken. Over het algemeen leek Leo XIV het **midden te** willen houden : Hij zal hervormingen mogelijk maken, maar in *gemeenschap* met de hele Kerk. De Frankfurter Allgemeine Zeitung merkte op dat Leo *"zich zou presenteren als een paus in de lijn van alle pausen en zijn eigen stijl zou vinden"* - met andere woorden, geen revolutionaire sprinter, maar een volhardende wandelaar op het pad van de hervorming.

Een uitweg uit de crisis: dalende ledenaantallen en nieuwe benaderingen van het geloof

De urgentie van al deze hervormingen blijkt vooral uit het **ledenverlies** waaronder de kerk lijdt, vooral in Europa. Jaarlijks keren tienduizenden gelovigen in landen als Duitsland, Zwitserland en Frankrijk de kerk de rug toe. Daar zijn veel redenen voor: de eerder genoemde misbruik- en doofpotschandalen, maar ook het gevoel van velen dat de kerk **niet meer bij de tijd past**, te hiërarchisch is, te ver afstaat van het dagelijks leven van mensen. Paus Leo XIV zag synodale vernieuwing als een centraal middel om deze erosie tegen te gaan. Synodaliteit betekent ook **het openen van nieuwe geloofswegen** - vormen van kerkzijn die dicht bij de mensen staan en hun zoektocht naar zingeving serieus nemen. In Europa experimenteren sommige bisdommen bijvoorbeeld met open *discussiefora*, stadspastoraat in winkelcentra, online pastoraat of vieringen van het woord van God aan de basis in parochies zonder priesters. De nieuwe paus moedigt dergelijke benaderingen aan. Hij wil een *"kerk die niet rond haar eigen kerktoren draait"*, zoals Bätzing het verwoordde, maar juist de mensen bereikt. Het is ook passend dat Leo XIV - in de geest van zijn naamgenoot Leo XIII - sociale problemen frontaal wil aanpakken. Hij was zich bewust van **de tekenen des tijds**: armoede, migratie, de klimaatcrisis en digitalisering. In een vroege toespraak noemde hij zelfs de uitdagingen van *kunstmatige intelligentie* en koppelde die aan de *verdediging van menselijke waardigheid en werk*. Dit laat zien dat hij het geloof in dialoog wil brengen met moderne vraagstukken. Dergelijke relevantie kan helpen om het vertrouwen terug te winnen van degenen die vervreemd zijn.

Vooral in geseculariseerde regio's van Europa probeerde Leo XIV het verloren vertrouwen terug te winnen door **transparantie en nederigheid**. Hij wist dat hervormingen in de machtsstructuur (zoals meer controle over de financiën, onafhankelijk onderzoek naar misstanden) een voorwaarde waren om de geloofwaardigheid te laten groeien. Tegelijkertijd, op , vertrouwt hij op **een pastorale** benadering - een kerk die luistert, begeleidt en niet veroordeelt. Synodaliteit creëert ruimtes waar bijvoorbeeld katholieken die de kerk hebben verlaten of zoekers openlijk kunnen spreken. In sommige Europese landen zijn er al synodale projecten die de dialoog zoeken met mensen die ver van de kerk staan, bijvoorbeeld via online participatieplatforms tijdens de Wereldsynode. Paus Leo XIV wil deze benaderingen graag consolideren: In de toekomst moet er **regelmatig overleg** plaatsvinden met de gelovigen - bijvoorbeeld om de paar jaar een soort wereldwijde "geloofs APK" in de parochies. Op deze manier kunnen problemen vroegtijdig worden herkend en nieuwe ideeën worden geboren. Het bevordert ook *nieuw geestelijk ontwaken*: jongerenbijeenkomsten, oecumenische basisgemeenschappen, charismatische bewegingen en nieuwe evangelisatie-initiatieven krijgen zijn steun, op voorwaarde dat ze in een synodale geest handelen. De paus richt zich ook op moderne communicatie zodat de Kerk de toegang tot het geloof kan openen voor met name jongeren: hij wil aanwezig zijn op sociale media met een *authentieke boodschap* en bruggen bouwen in plaats van polariseren. **Dialoog in plaats van dogmatisme** - dit motto moet de sfeer kenmerken, zodat mensen die ver van de kerk afstaan nieuwsgierig worden en misschien de weg terugvinden.

Mondiale verwachtingen en spanningsvelden

Synodaliteit mag dan een universeel principe zijn, maar **de verwachtingen ervan variëren** aanzienlijk **afhankelijk van de regio in de wereld.** Paus Leo XIV, die wordt beschouwd als een kosmopolitische "paus met drie paspoorten" (VS, Peru, Vaticaan), is zich bewust van deze diversiteit. Hij verenigt biografisch Noord en Zuid en kent de zorgen van de verschillende continenten uit de eerste hand. Dit helpt hem om te bemiddelen tussen zeer verschillende verwachtingen - want dit is ook waar de potentiële **spanningsvelden** van de World Synod liggen.

In **Europa** bijvoorbeeld - vooral in West-Europa - hopen veel gelovigen dat de synode ingrijpende hervormingen zal brengen om de kerk klaar te maken voor de toekomst. De eisen variëren van **volledige gelijkheid voor vrouwen** (inclusief de wijding van vrouwen) tot een meer liberale seksuele moraal (huwelijk voor alle paren, een nieuwe beoordeling van anticonceptie) en meer democratische structuren. Vooral in de Duitse kerk is het ongeduld voelbaar: Na jaren van debat verwachten hervormers nu concrete veranderingen. Leo XIV stond in principe open voor deze zorgen - hij *"hield de deuren open"* en maakte zelf deel uit van het synodale hervormingsproces - maar hij moest ook op de rem trappen waar eenheid en doctrine op het spel stonden. **De Duitse synodaliteit** had onder Franciscus soms spanningen veroorzaakt; men herinnert zich Romeinse vermanende brieven aan de synodale weg. Leo XIV is zich bewust van dit probleem en zal waarschijnlijk proberen de opkomende dynamiek in een ordelijke richting te sturen. Dat blijkt uit deze beoordeling: De paus zal ervoor zorgen dat stappen in de richting van hervorming **communiceerbaar** blijven - vooral naar die delen van de universele kerk die de neiging hebben om terughoudend te zijn.

In feite liggen de prioriteiten in Afrika, Azië en grote delen van Amerika vaak anders dan in Europa. In **Afrika** is de kerk nog steeds groeiende en leggen veel bisschoppen de nadruk op evangelisatie, sociale ontwikkeling en het behoud van traditionele morele waarden. Synodaliteit wordt verwelkomd voor zover het de gemeenschap en verantwoordelijkheid versterkt, maar het wordt minder gezien als een weg naar liberale verandering en meer als een **versterking van de eenheid**. Sommige Afrikaanse kerkleiders waarschuwden zelfs tegen de westerse hervormingsijver: te westers, te gefixeerd op seksuele moraal - dat is vaak de kritiek. Een *Afrikaanse bisschop* verwoordde het diplomatiek: Leo XIV *"zou niet ingaan op regionale hervormingsideeën"* die de universele kerk zouden kunnen verdelen (de dreigende titel van zijn interview). Met andere woorden: van de paus wordt verwacht dat hij vanuit Afrika het engagement van de leken bevordert en grieven bestrijdt, maar geen **dogma's** afzwakt. De Afrikaanse bisschoppenconferenties vreesden dat concessies de bijbelse leer zouden kunnen aanpassen en de innerlijke eenheid zouden kunnen veranderen. De taak van Leo XIV zal zijn om **synodaliteit** over te brengen **als een spiritueel proces** dat niet simpelweg de wensen van de meerderheid afdwingt, maar luistert naar de Heilige Geest en de hele Kerk op één lijn brengt met Christus.

In **Latijns-Amerika**, Leo's tweede thuis, zijn de verwachtingen anders geaccentueerd. Velen daar zijn bezorgd over de voortzetting van de *bevrijdingstheologische* impulsen van Franciscus: een kerk aan de zijde van de armen, vastberaden in haar inzet voor gerechtigheid, vrede en de integriteit van de schepping. Continentale stemmen roepen op om synodaliteit op te vatten *als missionair* - de kerk moet **een naar buiten gerichte** impact hebben, bijvoorbeeld door inheemse volken erbij te betrekken (sleutelwoord Amazone Synode) of door corruptie en geweld in samenlevingen aan de kaak te stellen. Er wordt gehoopt dat Paus Leo XIV, die zelf in de sloppenwijken van Peru heeft gewerkt, een beslissend standpunt zal innemen over sociale kwesties. Tegelijkertijd verwachten de gelovigen in Latijns-Amerika dat hun lokale vroomheid en cultuur gerespecteerd worden in de universele kerk. Synodaliteit betekent voor hen ook **inculturatie**: de kerk een "Amazonegezicht" of "Andesgezicht" mogen geven. Op de Amazonesynode van 2019 werd bijvoorbeeld gevraagd om een priesterschap dat is aangepast aan de lokale behoeften (bijv. het wijden van gehuwde diakens tot priester) - Leo XIV zal moeten overwegen of hij ruimte moet geven aan zulke regionale oplossingen. Decentralisatie kan hier helpen: Misschien zullen ervaren gezinsouders uiteindelijk als priester mogen officiëren in afgelegen gemeenschappen in het Amazonegebied als de paus dit regionaal toestaat. Leo XIV weet echter dat zulke stappen wereldwijd controversieel zouden zijn. Hij zal daarom waarschijnlijk afwegingen maken en in eerste instantie **proefprojecten** toestaan om de kerk op zijn kop te zetten en weer in vorm te brengen qua personeel en populariteit van de leden.

In **Azië** daarentegen wordt de synodaliteit gekenmerkt door de minderheidssituatie en de interreligieuze dialoog. Veel Aziatische kerken - bijvoorbeeld in India, Pakistan en Indonesië - zijn kleine gemeenschappen te midden van grote andere religies. Bovenal verwachten zij **steun en vrijheid** van de paus om hun geloof te beleven in een vaak moeilijke omgeving. Synodaliteit wordt hier vooral gezien als een versterking van *communitaire eenheid*: Priesters, religieuzen en leken trekken samen op om samen te getuigen. Aziatische katholieken hopen ook dat een synodaal vernieuwde kerk **meer open zal staan voor dialoog** met andere religies en culturen. Paus Leo XIV zal waarschijnlijk openstaan voor hun zorgen. Als religieus in multireligieuze regio's van Peru en als kosmopolitische Amerikaan heeft hij al geleerd bruggen te bouwen. Hij weet echter ook dat er in bijvoorbeeld **China** of Vietnam staatsbeperkingen heersen - synodale eenheid en slimme diplomatie zijn hier nodig. De overeenkomst met het Chinese leiderschap over de benoeming van bisschoppen blijft een gevoelige kwestie. Franciscus had hier compromissen gezocht; Leo XIV zal deze koers vermoedelijk voortzetten, maar tegelijkertijd **de eenheid met de onderdrukte ondergrondse kerken** willen bewaren. Een prominente Aziatische vermaner, kardinaal Joseph Zen uit Hong Kong, waarschuwde zelfs dat het voortzetten van de Wereldsynode een zaak was van *"leven of dood voor de Kerk die door Jezus is gesticht"*. Zulke alarmerende tonen tonen het wantrouwen van sommige Aziatische (en ook Amerikaanse) traditionalisten ten opzichte van de synodale koers. Leo XIV probeerde hun vrees weg te nemen dat synodaliteit betekende dat ze de leer moesten opgeven. In plaats daarvan benadrukte hij dat een synodale kerk **missionair** moet zijn - met andere woorden, ze moet het evangelie duidelijk verkondigen, maar *samen en in eenheid*.

In **Noord-Amerika** - vooral de VS - heeft de paus te maken met een gepolariseerde kerkomgeving. Hier zijn er conservatieve groepen die kritiek hebben op de hervormingen van paus Franciscus, terwijl andere progressieve katholieken oproepen tot verdere verandering. Interessant is dat de verkiezing van Leo XIV in de VS aanvankelijk *een positieve reactie van beide kanten* lijkt te hebben uitgelokt. Hij werd gezien als in staat om de verdeelde kerk in Amerika te verenigen. Eén waarnemer was hoopvol dat Leo XIV de maatschappij **en de** kerk zou kunnen verenigen. Zijn Amerikaanse afkomst en toch lange ervaring in het buitenland maken hem tot een *bruggenbouwer*. Natuurlijk is er de bijzondere uitdaging om zich te handhaven tegen politieke instrumentalisering. President Donald Trump - zelf geen katholiek - verwelkomde de pausverkiezing patriottisch als een *"grote eer voor ons land"*. Leo XIV heeft echter al duidelijk gemaakt dat hij geen **politieke marionet** wil zijn. Integendeel: hij zag de Kerk aan de kant van de *zwakken*, niet aan de kant van de machtigen. Tegenover nationalistische tendensen (zoals die van JD Vance, de vicepresident van de VS, die religie gebruikt voor anti-migrantenboodschappen) stelt hij de universele boodschap van naastenliefde: *"Liefdadigheid kent geen categorisering"*, sprak Prevost ooit scherp tegen. In Noord-Amerika wordt daarom verwacht dat de paus duidelijke **woorden van eenheid en menselijkheid** zal vinden en de polarisatie zal overwinnen. Synodaliteit zou hierbij kunnen helpen door *alle stemmen* - progressief en conservatief - aan tafel *te brengen*. Leo XIV heeft aangegeven dat hij zal luisteren, maar uiteindelijk wil hij ook **beslissend leiden**, geleid door het Evangelie, niet door partijpolitiek.

Er komen verschillende **prioriteiten** naar voren: *Europa* dringt aan op interne kerkhervormingen, *Afrika* op spirituele authenticiteit en groei, *Latijns-Amerika* op gerechtigheid en pastorale oplossingen, *Azië* op dialoog en bescherming van de gelovigen, *Noord-Amerika* op verzoening van een verdeelde kerk. Deze diversiteit herbergt een potentieel conflict - denk maar aan de kwestie van **gelijke rechten voor vrouwen**: Terwijl Duitse katholieken zoals Zr. Philippa Rath hoge verwachtingen hebben van de wijding van vrouwen, wijzen Afrikaanse bisschoppen dit nog steeds af; of de **behandeling van seksualiteit**: Europese synode leden zoals Mara Klein roepen op tot een pontificaat *dat "compromisloos aan de kant staat"* van LGBTQIA+ mensen, terwijl Afrikaanse en Aziatische kerken bijvoorbeeld hier nog onbekend mee zijn en liever het *gezin op de traditionele manier* versterken. Dergelijke spanningen waren duidelijk zichtbaar op de **Wereldsynode** 2023/24: sommige afgevaardigden riepen op tot moedige openingen, terwijl anderen waarschuwden voor breuklijnen. Leo XIV stond nu in het centrum van deze krachten. Zijn voordeel is dat hij gezien wordt als een *bemiddelaar tussen de werelden* - geen van beide behoorde duidelijk tot één kamp. Hij werd gezien als een *"man van het midden en een bemiddelaar"* die niet over conservatieve katholieken heen liep, maar voorzichtig hervormingen mogelijk maakte. Onder zijn pontificaat zou het **synodale proces** daarom in een evenwichtig tempo moeten doorgaan: **snel genoeg** om de verwachtingen voor verandering niet teleur te stellen, maar **voorzichtig genoeg** om de universele kerk niet te verdelen.

Paus Leo XIV zelf formuleerde een *credo* in dit opzicht: Hij wilde een kerk die "in beweging" was - dat wil zeggen, niet stilstond en zich niet overhaastte. Voor hem betekent synodaliteit *gezelschap* in verscheidenheid. Het is nu zijn taak om deze gemeenschap bij elkaar te houden zodat niet iedereen een andere kant op gaat. De komende maanden en jaren zal blijken hoe Leo XIV hierin slaagt. De verwachtingen zijn enorm - bijna *bovenmenselijk*, zoals een commentaar stelde. Maar de nieuwe paus kan putten uit een schat aan ervaring: de spiritualiteit van een religieus, de onderhandelingsvaardigheden van een voormalig generaal van een religieuze orde, de pastorale praktijk van een bisschop in de *periferie*, de bestuurlijke ervaring van een curiekardinaal. Dit alles rust hem toe om de synodaliteit in levensvatbare **structuren** te gieten en de Kerk in staat te stellen een nieuwe start te maken. Met Leo XIV aan het roer staat de Kerk op een historisch keerpunt, waarop beslist zal worden of zij zichzelf op geloofwaardige wijze kan **vernieuwen** zonder ontrouw aan zichzelf te worden. Synodaliteit en structurele hervormingen zijn hiervoor de sleutels. Als Leo XIV erin slaagt om de verschillende continenten, culturen en posities in de Kerk op één lijn te krijgen, zou hij zijn Kerk wel eens aan een nieuw *aggiornamento* (versneld ontwaken) kunnen helpen. De eerste tekenen - van het Loggia Woord tot oproepen voor vrede en de beslissende voortzetting van de Wereldsynode - geven veel mensen hoop. Toch blijft synodaliteit een **risico**: het vereist geduld, nederigheid en vertrouwen in de Heilige Geest. Leo XIV koos deze weg. De universele Kerk gaat nu met hem verder - *samen op weg*, in de spanning tussen traditie en hervorming, gedragen door de belofte dat de Geest van God haar zal leiden naar een vernieuwd heden.

🐾 *Hoofdstuk 14:*
Academische en canonieke competentie

Toen Leo XIV voor het eerst naar de gelovigen glimlachte, wisten deskundige waarnemers meteen dat er een paus aantrad met uitzonderlijke academische en juridische expertise. Paus Leo XIV verenigde in zijn persoon de eruditie van een theoloog en canoniek jurist met de ervaring van een missionaris in de wereldkerk. Deze ongewone combinatie kenmerkte zijn leiderschapsstijl vanaf het begin - strategisch goed doordacht, theologisch verantwoord en tegelijkertijd praktisch.

Zijn opleiding wijst al op deze dubbele competentie. Prevost studeerde aanvankelijk wiskunde en theologie in zijn geboortestad Chicago voordat hij canoniek recht ging studeren in Rome. Aan de Pauselijke Universiteit van St. Thomas van Aquino (Angelicum) in Rome promoveerde hij in 1985/87 tot doctor in het canonieke recht - met een proefschrift over *"De rol van de lokale prior in de Augustijner Orde"*. Dit specifieke onderzoeksgebied - de autoriteit en administratieve structuren binnen een orde - toont al Prevosts vroege interesse in **kerkelijk bestuur**. Met andere woorden, hij bestudeerde uit de eerste hand hoe leiderschap functioneert en effectief georganiseerd kan worden op lokaal niveau. Deze academische studie van de organisatiestructuren van de kerk vormde een solide basis voor zijn latere leiderschapsrol in het Vaticaan. Naast zijn formele diploma in canoniek recht had Leo XIV natuurlijk ook de gedegen theologische opleiding van een religieuze priester: na het voltooien van een Master in theologie (M.Div.) in Chicago en zijn priesterwijding in 1982 was hij zowel theologisch als pastoraal uitstekend toegerust. Al vroeg combineerde hij wetenschap met praktijk - na zijn studie werd hij uitgezonden naar Peru als opleider van jonge religieuzen en als missionaris. Daar werkte hij jarenlang niet alleen als pastor, maar ook als docent en hoogleraar canoniek recht aan seminaries en katholieke universiteiten. Leo XIV was dus niet alleen een theoreticus met titels op zijn visitekaartje, maar een man die kennis overdroeg en toepaste in verschillende culturen. Zijn oud-studiegenoot, priester Edward Beck, beschrijft Prevost als een bescheiden, rustige man met "een groot intellect en een echte visie voor de katholieke kerk". Deze zeldzame combinatie van nederigheid en intellectuele genialiteit gaf Leo XIV een hoge reputatie in intellectuele kringen en wekte vertrouwen bij zijn confraters.

Kerkelijk recht en bestuurlijke expertise

De expertise van Leo XIV in het canonieke recht is van onschatbare waarde voor het leiderschap van de universele kerk. Als doctor in het canonieke recht kende hij het katholieke rechtssysteem tot in de kleinste details - van de theologische achtergrond van de canons tot de fijne kneepjes van administratieve regels. Hij heeft deze kennis op de proef gesteld in verschillende leidinggevende functies: Prevost was al midden 40 toen hij als Prior Generaal (2001-2007) aan het hoofd stond van de wereldwijde Augustijner Orde en in twee ambtstermijnen blijk gaf van organisatorische vaardigheden en juridische expertise. Als provinciale overste in Peru aan het einde van de jaren 1990 en later als bisschop van het noordelijke Peruaanse bisdom Chiclayo (vanaf 2015), moest hij ook voortdurend canonieke normen in overeenstemming brengen met de pastorale realiteit. Zijn Regel van Orde en de Code van Canoniek Recht (CIC) waren voor hem geen abstracte teksten, maar levende richtlijnen die verstandig moesten worden toegepast. In Chiclayo, waar hij bijna tien jaar bisschop was, leerde hij het bestuur van een bisdom kennen met al zijn juridische, personele en structurele uitdagingen. Deze tijd heeft hem gevormd als *manager in de wijngaard van de Heer* en als pastor.

Prevosts bestuurlijke en juridische expertise werd vooral zichtbaar in de Romeinse Curie. Begin 2023 benoemde paus Franciscus hem tot prefect aan het hoofd van het machtige Dicasterium voor Bisschoppen. In deze rol onderzocht hij twee jaar lang kandidaten voor het bisschopsambt wereldwijd en speelde hij een sleutelrol in hun benoeming. Tegelijkertijd was hij verantwoordelijk voor de ad limina bezoeken van de bisschoppen aan het Vaticaan - regelmatige rapporten van de bisdommen aan de paus - waardoor hij een diep inzicht kreeg in de situatie van de lokale kerken op alle continenten. Geen wonder dus dat Prevost al snel een van de bekendste gezichten werd in het College van Kardinalen. Hij wordt beschouwd als *diplomatiek* en *pragmatisch* en wordt gewaardeerd door zowel progressieve als conservatieve vertegenwoordigers van de kerk. Deze beoordeling - doorgegeven door het katholieke persbureau KNA - onderstreept het feit dat hij controversiële kwesties eerlijk kan afwegen en het vertrouwen geniet van verschillende vleugels van de kerk.

Zijn juridische expertise werd ook heel concreet gebruikt in Rome: Paus Franciscus vertrouwde Prevost de uitvoering toe van een van zijn meest "revolutionaire" hervormingen, namelijk de deelname van vrouwen aan de selectie van nieuwe bisschoppen. Als prefect benoemde Prevost drie vrouwen in de adviescommissie die de voorstellen van de paus indient voor kandidaten voor het bisschopsambt. Dit was niet slechts een symbolische daad, maar een wettelijk vastgelegde structurele verandering in het voorheen door mannen gedomineerde besluitvormingsproces. Leo XIV (nog steeds kardinaal) toonde zich hier iemand die hervormingsideeën strategisch en in overeenstemming met het kerkelijk recht kon implementeren. Zijn dicastie is ook belast met het bewaken van de richtlijnen tegen seksueel misbruik - een gebied dat expertise in canoniek recht en doortastend handelen vereist. Het feit dat Prevost deze taak in de geest van Franciscus voortzette, geeft aan dat hij in staat is om de wet en het recht in de Kerk effectief te handhaven. Kortom, Leo XIV had alle voorwaarden om niet alleen de complexe bestuurlijke en juridische kwesties van de Kerk te begrijpen, maar ze ook actief vorm te geven.

Betekenis voor zijn kantoor

Welke invloed hadden deze kwalificaties op het werk van Leo XIV als paus? Ten eerste gaven ze hem een speciale strategische vooruitziende blik. Met zijn professorale achtergrond had hij de neiging om uitdagingen grondig te analyseren en langetermijnoplossingen te bedenken. Waarnemers benadrukten dat Prevost een breed scala aan kwaliteiten meebrengt die de wereldwijde kerk nodig heeft in deze gebroken tijd. Hij heeft ervaring in Noord en Zuid, kent zowel de kerkbasis als het roomse hoofdkwartier - en juist deze brede kennis is nodig in een kerk die haar weg moet vinden tussen hervormers en traditionalisten, tussen een dynamisch Zuiden en een zoekend Noorden. Zijn academische opleiding helpt hem om complexe kwesties

- zoals ethische vragen over biomedicine, het kerkelijk belastingsysteem of theologische debatten over de leer van de sacramenten - op een gefundeerde manier aan te pakken. Hij kan originele teksten van kerkmensen in hun context lezen en de nieuwste studies in de sociale wetenschappen begrijpen. Deze vaardigheid maakt hem tot een gesprekspartner op gelijke voet met theologen, wetenschappers en kerkelijke experts wereldwijd. Wanneer Leo XIV spreekt over controversiële onderwerpen, voel je dat hij zich heeft verdiept in de materie - of het nu in magistrale brieven is of in toespraken voor een gespecialiseerd publiek. Zijn uitspraken vinden daarom zowel gehoor in de academische theologie als aan de kerkelijke basis, omdat ze helderheid combineren met begrijpelijke taal (in de zin van een populair-wetenschappelijke toon, die hij, net als paus Benedictus XVI, beheerst).

Tegelijkertijd had Leo XIV's expertise in canoniek recht en administratief recht een directe invloed op zijn stijl van regeren: hij wist welke aanpassingen aan de kerkstructuur konden worden gemaakt zonder deze in gevaar te brengen. In het geval van geplande structurele hervormingen - zoals verdere veranderingen in het systeem van de curie of de versterking van lokale bisschoppenconferenties - kan hij zelf beoordelen welke stappen verenigbaar zijn met de huidige wetgeving of waar wijzigingen in de wetgeving nodig zouden zijn. Deze voorkennis van de paus versnelt het besluitvormingsproces, omdat hij niet in elk geval een deskundig advies hoeft in te winnen, maar veel juridische implicaties vanuit zijn eigen ervaring kan afwegen. Hij zal bijvoorbeeld vragen over diocesaan bestuur, kerkelijke jurisdictie of financieel toezicht deskundig kunnen beoordelen. Sommige canonisten zien dit als een groot voordeel: *eindelijk een paus die een getrainde canonist is!* Mensen zijn benieuwd of Leo XIV de procedures voor nietigverklaringen van huwelijken verder zal vereenvoudigen of de administratieve jurisdictie van de Kerk zal uitbreiden - gebieden waarop zijn voorgangers hervormingen in gang hebben gezet die nu zouden kunnen worden voortgezet. In ieder geval was Leo XIV iemand die de *instrumenten* van het canonieke recht niet zag als een droge verzameling paragrafen, maar als een instrument voor pastoraal leiderschap.

Participatieve synodale stijl of duidelijke beslissingen?

Een spannende vraag is hoe paus Leo XIV zijn expertise in theologie en recht in evenwicht brengt in zijn leiderschapsstijl: vertrouwt hij meer op participatieve, synodale processen voor hervormingen of neemt hij eerder duidelijke beslissingen op basis van zijn eigen expertise? De tekenen wijzen tot nu toe op een **evenwichtige mix**. Onmiddellijk na zijn verkiezing maakte Leo XIV duidelijk dat hij door wilde gaan op de synodale weg die paus Franciscus was ingeslagen. Vaticaanse waarnemers benadrukten dat Leo XIV *wist wat synodaliteit* betekende - met andere woorden, hij begreep het belang van overleg en samenwerken om oplossingen te vinden in de Kerk van vandaag. In feite had hij al synodale ervaring opgedaan in Latijns-Amerika, bijvoorbeeld tijdens bijeenkomsten over synodale samenwerking in de Kerk van het continent. Als bruggenbouwer tussen culturen en kerkgebieden - zoals zijn oud-studiegenoot Edward Beck hem goedkeurend beschreef - is hij waarschijnlijk voorbestemd om verschillende stemmen in de kerk samen te brengen. Leo XIV wordt in de media al de "Paus van het midden en van de samenwerking" genoemd. Dit label past bij een man die niet polariseert en ook niet autoritair wil regeren, maar eerder een gemeenschappelijk ontwaken bevordert. In zijn eerste toespraak tot het College van Kardinalen gebruikte Leo XIV opvallend synodale tonen: "Ik weet dat ik op **ieder van** jullie kan vertrouwen, dat jullie met mij mee zullen gaan," verzekerde hij de kardinalen. Hieruit spreekt een groot vertrouwen in de medewerking van zijn naaste adviseurs - een duidelijke aanwijzing dat deze paus collegialiteit serieus neemt.

Een synodale stijl betekent echter geenszins willekeur en Leo XIV weet ook wanneer hij als paus duidelijke richtlijnen moet geven. Juist omdat hij zo goed thuis was in de theologie en het kerkelijk recht, was hij in staat om duidelijke beslissingen te nemen over zaken van doctrine en recht als het er op aan kwam. Bij "zwart-wit" kwesties - d.w.z. fundamentele kwesties die duidelijk zijn beslist in de katholieke leer - verdedigt hij zonder aarzelen het huidige standpunt van de Kerk. Tegelijkertijd suggereert zijn houding tot nu toe dat hij ruimte zal laten voor discussie en participatie over open hervormingskwesties - zoals de versterking van leken in leidinggevende posities, gelijke rechten voor vrouwen in de kerk of het synodale proces als geheel. Zijn reputatie als **centrist** zal hem goed van pas komen: Leo XIV is geen man van grote bezuinigingen, maar zoekt eerder naar integratieve oplossingen. Dit evenwicht zou een groot voordeel moeten zijn bij het bewaren van de eenheid van de kerk en het toch moedig aanpakken van noodzakelijke hervormingsstappen.

Al met al staat paus Leo XIV voor een theologisch competente leider op het gebied van canoniek recht die de Kerk in de 21e eeuw een nieuwe impuls kan geven. Zijn uitgebreide kennis geeft hem autoriteit - niet in de zin van machtsbeluste strengheid, maar als geloofwaardige expertise die respect afdwingt. Hij kan debatteren met professoren en tegelijkertijd complexe geloofsvragen uitleggen aan de "kleine mensen". Dit vermogen om bruggen te slaan tussen theorie en praktijk maakt hem tot een *paus die verstand en hart combineert.* Kerkelijke waarnemers zien dit als een grote kans: een paus die intellectueel bij de tijd is **en** de wetten van de Kerk door en door kent, kan dringende kwesties op een visionaire en juridisch verantwoorde manier oplossen. Leo XIV zelf was zich er waarschijnlijk van bewust dat zijn kwalificaties verantwoordelijkheid met zich meebrachten. Hij ziet zijn ambt als een dienst waarin hij al zijn vaardigheden inzet - of het nu in synodale consultaties is of in solitaire beslissingen op het bureau van de paus. De kunst zal liggen in het vruchtbaar combineren van de twee. Gezien Leo XIV's herkenbare balans van luisteren en leiden, kunnen we erop vertrouwen dat hij de uitdaging aankan. Zijn academische briljantheid en expertise in canoniek recht zijn geen doel op zich, maar hulpmiddelen om de Kerk op een strategisch verstandige, rechtvaardige en duurzame manier te leiden. Of, in de woorden van een metgezel: Leo XIV brengt een "groot intellect" en een duidelijke visie met zich mee - precies wat de Katholieke Kerk nodig heeft in tijden van verandering.

🖐️ *Hoofdstuk 15:*

Uitdagingen en mogelijkheden van zijn pontificaat: Mondiaal perspectief en regionale uitdagingen

Tijdens zijn pontificaat werd Paus Leo XIV geconfronteerd met verschillende verwachtingen. Vanuit verschillende richtingen klonken kritische stemmen, die commentaar leverden op zijn bestuur en in sommige gevallen een verhit debat aangingen. Hervormingsgezinde katholieken prijzen zijn open stijl en hoop op verandering, terwijl conservatieve kringen argwanend staan tegenover sommige van de geplande vernieuwingen. Net als bij zijn voorganger ontstaan er fronten: Sommige traditionalisten vrezen een uitverkoop van de doctrine en hebben in het verleden zelfs beschuldigingen geuit tegen hervormingsgezinde pausen. Tegelijkertijd klagen progressieve krachten dat de hervormingsagenda te aarzelend is en dringen ze aan op snellere veranderingen. Deze spanning kenmerkte de interne kerkelijke controverses onder Leo XIV.

Kritische stemmen en controverses binnen de kerk

Een aandachtspunt van de geschillen zijn hervormingskwesties die overal in de wereldwijde kerk worden besproken. Vragen over de rol van vrouwen in kerkelijke bedieningen, de behandeling van LGBTQIA+ mensen of het afzwakken van het verplichte celibaat verdelen de meningen. Bisschoppenconferenties van afzonderlijke landen staan vaak in de schijnwerpers. De Duitse bisschoppenconferentie riep bijvoorbeeld proactief op tot meer **beslissingsruimte voor nationale kerken en meer gelijkheid voor vrouwen** in leidinggevende posities. Dergelijke vorderingen worden door voorstanders van hervormingen verwelkomd als iets wat al veel eerder had moeten gebeuren, maar tegelijkertijd worden ze in de echokamer van het Vaticaan in Rome met tegenzin of weerstand ontvangen. Leo XIV moest bemiddelen in deze debatten: Hij stond tussen progressieve kerkelijke vertegenwoordigers, die opriepen tot gedurfde stappen, en conservatieve krachten, die waarschuwden tegen een transformatie en verdere ontwikkeling van de traditie.

Er ontstaat conservatieve oppositie binnen de kerk, vooral daar waar hervormingen worden gezien als een bedreiging voor de identiteit van de kerk. Sommige hooggeplaatste prelaten uiten publiekelijk hun ongenoegen over veranderingen en dringen aan op het behoud van de "zuivere leer". Onder Franciscus hadden bijvoorbeeld al vier kardinalen hun twijfels geuit over pauselijke hervormingen in beroemde "Dubia"-brieven, en soortgelijke kritiek vergezelt nu ook Leo XIV als hij vernieuwingen overweegt. Lokale weerstand kwam ook van bisdommen of hele regionale kerken waarin de traditionele vroomheid sterk verankerd was. Er is hier sprake van een **regionale discrepantie**: terwijl velen in West-Europa of Noord-Amerika bijvoorbeeld aandringen op een nieuwe start, neigen kerkelijke vertegenwoordigers in delen van Afrika, Azië of Oost-Europa naar een conservatievere koers. **Binnenkerkelijke controverses** onder Leo XIV ontstaken dan ook vaak over de vraag hoeveel verandering de kerk kon toestaan zonder haar eenheid in gevaar te brengen. Deze controverses zijn uitdagingen voor de paus - maar bieden ook de mogelijkheid voor dialoog tussen verschillende kampen, op voorwaarde dat Leo XIV naar alle stemmen weet te luisteren en ze serieus neemt.

Eisen voor hervorming en sociale verwachtingen

De roep om hervorming komt niet alleen van groepen binnen de Kerk, maar ook van de samenleving als geheel. **Hervormingsgezinde katholieken** - van basisbewegingen tot theologische experts - stelden duidelijke eisen aan Leo XIV en de kerkleiding. Ze eisten onder andere meer **genderrechtvaardigheid** in de kerk, een herziening van machtsstructuren en eigentijdse antwoorden op moreel-theologische vragen. Bewegingen zoals *Maria 2.0* of *We are Church* zetten zich in voor de **toelating van vrouwen tot alle ambten** en de **afschaffing van het verplichte celibaat** om de kerk duurzamer te maken. Soortgelijke initiatieven ontstaan ook in andere landen, die vaak worden gesteund door oude katholieken die van hun kerk houden maar de noodzaak van hervorming inzien.

De maatschappelijke verwachtingen voor verandering zijn vooral gericht op kwesties van gelijkheid en seksuele moraal. In een tijd waarin gendergelijkheid en de acceptatie van LGBTQIA+ mensen deel uitmaken van de maatschappelijke consensus in veel landen, ligt de katholieke kerk met haar traditioneel restrictieve standpunten onder vuur. Zowel gelovigen als niet-katholieken vragen zich af of en hoe de Kerk zich zal aanpassen aan deze realiteit. Amerikaanse katholieken, bijvoorbeeld, bekritiseren de voortdurende ongelijke behandeling van vrouwen en hebben opgeroepen tot meer vrouwelijk leiderschap in breed overleg - inclusief discussies over vrouwelijke diakens, priesters en pausen. Ze zien dit niet alleen als een personeelskwestie, maar ook als een kwestie van rechtvaardigheid. Ook de behandeling van homoseksuele mensen door de kerk wordt aan de kaak gesteld: veel gelovigen klagen dat de kerk abstracte leringen en verboden boven de geleefde werkelijkheid van mensen stelt. Volgens onderzoeken voelen gezinnen met LGBTQIA+ leden zich vaak verscheurd tussen hun verbondenheid met de kerk en de onvoorwaardelijke liefde en steun van hun geliefden. Deze stemmen - op synoden, in petities of open brieven - weerspiegelen een **verandering in sociale waarden** waarmee Leo XIV rekening moet houden in zijn hervormingsprogramma als de kerk niet nog meer terrein wil verliezen.

Naast de kwesties van seksuele moraal en vrouwenrechten zijn er nog andere verwachtingen: **Transparantie en verantwoording** in machtsstructuren staan hoog op de agenda, vooral na de onthullingen van misbruikschandalen in de kerk. Veel gelovigen vragen om een onafhankelijk onderzoek en een **cultuur van verantwoordelijkheid** waarin kerkfunctionarissen verantwoordelijk worden gehouden voor wangedrag. Dit laat een nauwe alliantie zien tussen stemmen die kritisch staan tegenover de kerk en hervormingsgezinde krachten binnen de kerk: beide partijen roepen op tot veranderingen in de hiërarchie - bijvoorbeeld een grotere betrokkenheid van leken bij besluitvormingsprocessen om klerikalisme te verminderen. Ontwikkelingen zoals in Duitsland, waar gestreefd wordt naar de oprichting van een **synodale raad** - een orgaan waarin bisschoppen en leken samen op bindende wijze overleggen - laten zien dat dit geen marginale kwestie is. Hoewel het Vaticaan aanvankelijk probeerde dit hervormingsproject af te remmen, bleef de druk van de gelovigen om dergelijke vormen van participatie in te voeren groot.

Sociale actoren buiten de Kerk - van politici tot mensenrechtenactivisten - hielden de koers van Leo XIV ook nauwlettend in de gaten. Zij verwachtten dat de katholieke kerk haar morele autoriteit zou waarmaken en het goede voorbeeld zou geven in kwesties als **mensenrechten, sociale rechtvaardigheid en gelijkheid**. In veel landen beïnvloedt de Kerk via haar uitspraken debatten over zaken als abortus, het huwelijk voor iedereen en euthanasie. De samenleving - vooral in liberale democratieën - vraagt vaak om een luisterend oor en barmhartigheid. Leo XIV stond daarom voor de taak om de **spanning tussen de kerkleer en hedendaagse waarden** te matigen. Als hij erin slaagt tegemoet te komen aan de legitieme zorgen van hervormingsgezinde katholieken en de samenleving zonder de kern van het geloof te verraden, dan heeft zijn pontificaat een enorm potentieel: het zou de Kerk opnieuw kunnen positioneren als een geloofwaardige morele kracht in de 21e eeuw.

Perspectieven op regionale verschillen

De Katholieke Kerk is een **wereldkerk** en Leo XIV moet hervormingen en beslissingen altijd in een mondiale context zien. Wat in het ene deel van de wereld als een dringende vernieuwing wordt gezien, kan elders op onbegrip of afwijzing stuiten. Verschillende culturele invloeden, historische ervaringen en sociale realiteiten leiden tot soms uiteenlopende **perspectieven op de wereldkerk**. Deze spanning tussen wereldwijde eenheid en regionale diversiteit kenmerkt de uitdagingen van zijn pontificaat.

In **Europa** en Noord-Amerika, bijvoorbeeld, staan de Kerk en de paus voor de taak om een steeds meer seculiere samenleving te overtuigen. Hier zijn de kerkbanken op veel plaatsen leger geworden, schandalen hebben het vertrouwen gekost en de roep om hervormingen is bijzonder luid. Veel gelovigen keren de kerk de rug toe: Alleen al in Duitsland verlieten in 2022 meer dan een half miljoen mensen de katholieke kerk - meer dan ooit tevoren. De bisschoppen daar beschrijven deze ontwikkeling als "alarmerend" en zien het in de context van teleurgestelde hoop op hervormingen en het misbruikschandaal. De voorzitter van het Comité van Katholieken verklaarde zelfs dat de kerk het vertrouwen massaal heeft verkwanseld en "momenteel niet vastberaden genoeg is om visies voor de toekomst van het christendom te implementeren". Tegen deze achtergrond dringen de Europese kerken aan op veranderingen om hun geloofwaardigheid terug te winnen. De roep om **ontkrachting van overgecentraliseerde structuren**, om meer **lekenparticipatie** en **pastorale openheid** (bijvoorbeeld in het geval van hertrouwde echtelieden of in de omgang met gevoeligheden van hetzelfde geslacht) staan hierbij centraal. Leo XIV moest deze zorgen serieus nemen als hij de erosie van de Kerk in de Westerse wereld wilde afremmen.

De regionale diversiteit van de uitdagingen betekent dat de paus op een zeer gevoelige en gedifferentieerde manier moet handelen. Wat in het ene land een moedige stap voorwaarts is, kan in een ander land als een belediging worden opgevat. Gelukkig heeft Leo XIV zelf veel **internationale ervaring**. Hij is de eerste paus uit de Verenigde Staten en tegelijkertijd nauw vertrouwd met de cultuur van het Zuiden dankzij zijn jarenlange werk in Latijns-Amerika. Deze interculturele achtergrond - gekoppeld aan meertaligheid en wereldwijd netwerken - geeft hem de nodige gevoeligheid om de verschillende delen van de universele Kerk te begrijpen. Door goed te luisteren naar **regionale bisschoppenconferenties** en hen serieus te nemen, geeft hij het signaal af dat geen enkel perspectief zal worden genegeerd. Het potentieel van zijn pontificaat ligt hier in **eenheid in verzoende verscheidenheid**: als Leo XIV erin slaagt de perspectieven van de wereldkerk met elkaar in dialoog te brengen, kunnen regionale verschillen een kracht worden. De katholieke kerk zou zich kunnen onderscheiden als een werkelijk wereldwijde gemeenschap die verschillende culturele uitingen van het ene geloof toelaat en waardeert.

Strategieën voor moedige en geloofwaardige hervormingsstappen

Met het oog op de vele hervormingsverzoeken en controversiële debatten wordt Leo XIV opgeroepen om **strategieën voor verandering** te ontwikkelen die zowel moedig als geloofwaardig zijn - en die bovenal

communicabel blijven **voor** **de** **wereldwijde** **kerk.** Hervormingsstappen moeten zo ontworpen worden dat ze begrepen en geaccepteerd kunnen worden binnen de wereldwijde kerk. Dit vereist slimme communicatie, theologische degelijkheid en een gevoel voor timing en prioriteiten.

Een centrale strategie is om hervormingen **breed te ondersteunen** en ze niet te presenteren als louter top-down beslissingen. Leo XIV zette de synodale stijl van zijn voorganger voort: Hij legde meer nadruk op overleg in synoden en dialoog met de gelovigen aan de basis. Door wereldwijd overleg - bijvoorbeeld in het kader van de **Wereldsynode** - liet hij stemmen uit alle continenten binnenstromen in het besluitvormingsproces. Dit vergroot de acceptatie van mogelijke vernieuwingen, omdat de gelovigen zich betrokken voelen en er rekening wordt gehouden met regionale zorgen.

Geloofwaardige stappen in de richting van hervorming vereisen ook dat de paus het goede voorbeeld geeft. Leo XIV gebruikte de symbolische kracht van zijn ambt om nederigheid en berouw te tonen. Hij nam bijvoorbeeld een resoluut standpunt in bij het onderzoek naar misbruikschandalen: Hij ontsloeg daders uit hun functie, versterkte onafhankelijke toezichthoudende organen en vroeg publiekelijk om vergiffenis voor de tekortkomingen van de Kerk. Dergelijke acties ondersteunen zijn woorden en wekken het vertrouwen dat hij vernieuwing serieus neemt. Hij toonde ook persoonlijke tekenen van openheid - bijvoorbeeld door vrouwen en leken te benoemen op verantwoordelijke posities in de Curie, wat nu canoniek mogelijk is. Door meer **diversiteit in leidinggevende posities** toe te staan, gaf Leo XIV zijn hervormingsintenties geloofwaardigheid van binnenuit.

Een ander onderdeel van zijn strategie moet **het communiceren van** de hervormingen zijn. Gedurfde stappen stuiten in het begin natuurlijk op onzekerheid of weerstand. Leo XIV richtte zich daarom op transparantie en legde zijn motieven openlijk uit aan het wereldpubliek en de kerkelijke gemeenschap. In toespraken, pastorale brieven en mediaoptredens benadrukte hij herhaaldelijk dat hervorming geen doel op zich was, maar moest dienen om het Evangelie te verdiepen. Hij beschrijft specifieke gevallen waarin rigide regels pastorale zorg in de weg stonden en laat zien hoe aanpassing meer mensen in staat kan stellen Gods liefde te ervaren. Door deze verhalende communicatie - uiteraard op een populair-wetenschappelijke toon - slaagt hij erin om abstracte hervormingsonderwerpen om te zetten in **levendige verhalen** die weerklank vinden bij gelovigen wereldwijd. Wanneer bijvoorbeeld het huwelijk van paren van hetzelfde geslacht ter discussie staat, verwijst hij naar liefdevolle paren in gemeenten wier trouw en geloof duidelijk maken waarom de kerk hier een pastorale weg van erkenning zou moeten vinden. Op deze manier neemt hij angsten voor verandering weg door de christelijke kernzorg - naastenliefde - op de voorgrond te plaatsen.

Tot slot, maar daarom niet minder belangrijk, zorgde Leo XIV ervoor dat **hij coalities** smeedde **voor hervormingen.** Hij hoefde de moedige beslissingen niet alleen te nemen: Hij betrok geestelijken en theologische adviseurs in een vroeg stadium om gezamenlijke oplossingen te ontwikkelen. Hij brengt bijzonder hervormingsgezinde kerkleiders uit verschillende regio's van de wereld - uit Duitsland, India, de VS of Brazilië - samen in informele bijeenkomsten, zodat ze van elkaar kunnen leren en samen kunnen werken aan **compromissen die duurzaam zijn voor de wereldwijde kerk.** Afrikaanse en Europese bisschoppen zouden bijvoorbeeld samen kunnen overleggen over de inculturatie van de liturgie om recht te doen aan zowel de waardigheid van de universele viering van de eucharistie als aan lokale uitdrukkingsvormen. Dit soort uitwisseling bevordert wederzijds begrip en helpt hervormingsvoorstellen te ontkrachten voordat ze officieel worden aangenomen. Leo XIV trad hier op als moderator en als een **paus die strikt naar de toekomst keek,** maar die iedereen met zich meenam. Als hij slaagt in deze evenwichtsoefening, kunnen de hervormingsstappen van zijn pontificaat niet alleen moedig zijn, maar ook blijvend effectief, omdat ze gedragen worden door een brede consensus en oprechte overtuiging.

Hypothetische scenario's voor een nieuw Vaticaans Concilie

Een bijzonder project dat denkbaar zou zijn tijdens het pontificaat van Leo XIV is het **bijeenroepen van een nieuw Vaticaans Concilie** - met andere woorden, een groot wereldwijd concilie van leken en bisschoppen, zoals voor het laatst werd gehouden in de jaren 1960 met het Tweede Vaticaans Concilie. Zo'n onderneming zou enorm ambitieus en historisch belangrijk zijn. Maar wat zou paus Leo XIV concreet moeten doen als hij een *Derde Vaticaans Concilie* wilde voorbereiden? In het volgende worden verschillende hypothetische scenario's geschetst over hoe een nieuw concilie zou kunnen worden geïnitieerd, welke voorwaarden het zou moeten hebben, wie erbij betrokken zouden moeten zijn, binnen welk tijdsbestek het zou kunnen plaatsvinden en welke onderwerpen op de agenda zouden staan.

1. **Scenario 1: Zorgvuldige voorbereiding op lange termijn en brede consensus** - In dit scenario besluit Leo XIV om pas na grondig voorbereidend werk een nieuw concilie bijeen te roepen. Als voorwaarde hiervoor zou de paus eerst de stemming onder bisschoppen wereldwijd peilen. Hij zou een **voorbereidende commissie** kunnen oprichten bestaande uit vertegenwoordigers van alle continenten om de meest dringende kwesties te identificeren. Mogelijke actoren hier zouden bekende kardinalen zijn, maar ook theologen en zelfs enkele leken als adviseurs. Deze commissie zou enkele maanden werken, de lokale kerken raadplegen en een basiskader voor het concilie creëren. **Tijdsbestek:** Het zou denkbaar zijn dat Leo XIV het concilie bijvoorbeeld drie jaar van tevoren zou aankondigen. Deze jaren zouden gebruikt worden om werkdocumenten (*het* zogenaamde *schema*) op te stellen, commissies te vormen en organisatorische kwesties te verduidelijken (locatie - vermoedelijk het Vaticaan, maar misschien ook wisselende locaties -, volgorde van de zittingen, vertalingen, etc.). Organisatorisch zou men kunnen voortbouwen op het Tweede Vaticaans Concilie: meerdere sessies per jaar verspreid over 2-3 jaar, zodat de deelnemers tussendoor naar hun bisdommen kunnen terugkeren. **De onderwerpen van** zo'n concilie zouden veelomvattend zijn, bijvoorbeeld: de gelijkheid van vrouwen in de Kerk, synodaliteit en de verdeling van de macht, de seksuele moraal van de Kerk (bijv. omgaan met hertrouwde gescheiden vrouwen, anticonceptie, LGBTQIA+ kwesties), het celibaat,

oecumenische relaties met andere christenen, interreligieuze dialoog, de klimaatcrisis en sociale rechtvaardigheid vanuit het perspectief van de Kerk, en last but not least, maatregelen tegen misbruik en voor transparantie. Al deze onderwerpen zouden worden geformuleerd in voorbereidende stappen op zo'n manier dat ze *bespreekbaar zijn voor de wereldwijde kerk* - zonder sommigen te veel of anderen te weinig te belasten. Leo XIV zou in dit scenario blijk geven van grote diplomatieke vaardigheid: Door van tevoren zorgvuldig tot overeenstemming te komen, zou hij ervoor kunnen zorgen dat er op het Concilie zelf een redelijk haalbare consensus bereikt zou kunnen worden. De betrokken actoren - alle katholieke bisschoppen wereldwijd, plus deskundige adviseurs en auditors (mogelijk ook vrouwen en jongeren als toehoorders, zoals het geval was bij Vaticanum II) - zouden samenkomen in het besef dat dit Concilie **een historisch afscheid moet worden.** Het voordeel van dit scenario is dat er een goede kans is dat beslissingen uiteindelijk door een brede meerderheid gesteund zullen worden, omdat niemand verrast werd. Nadeel: het zou veel tijd en energie kosten, en sommige dringende hervormingen zouden in de tussentijd worden uitgesteld.

2. **Scenario 2: Snelle bijeenroeping als reactie op een crisis** - Hier zou Leo XIV relatief plotseling een nieuw concilie aankondigen, gedreven door een acute crisis die geen langer uitstel kon verdragen. Zo'n crisis zou bijvoorbeeld een **dramatisch verlies van geloofwaardigheid van de Kerk** in grote delen van de wereld kunnen zijn - bijvoorbeeld veroorzaakt door een wereldwijd schandaal, massale uittredingen uit de Kerk of ernstige spanningen die de Kerk dreigen te verdelen. Met het oog op deze situatie zou de paus de bisschoppen binnen een tot twee jaar kunnen oproepen voor een concilie om samen oplossingen te vinden voor *de noodsituatie.* De belangrijkste **voorwaarden** hiervoor zouden de moed en vastberadenheid van de paus

zijn, evenals de fundamentele bereidheid van de bisschoppen om naar de oproep te luisteren. De betrokken actoren zouden allemaal bisschoppen zijn, maar vanwege de korte aanlooptijd zouden er waarschijnlijk minder externe waarnemers of theologen bij de voorbereidingen betrokken zijn. **Organisatorisch kader:** Er zou een wat compacter concilie denkbaar zijn, misschien in één enkele, langere vergaderperiode van een paar maanden, waarin de beraadslagingen van dag tot dag plaatsvinden (meer vergelijkbaar met het Concilie van Trente in de 16e eeuw, dat in een paar intensieve fasen plaatsvond, zij het toen verspreid over meerdere jaren). **De onderwerpen** zouden zich richten op de meest dringende kwesties, bijv. concrete maatregelen tegen het verlies van leden in bepaalde landen, hervorming van de Curie, het omgaan met leerstellige conflicten en de opheldering van controversiële kwesties die de eenheid van de Kerk in gevaar brengen (zoals: Mogen nationale kerken hun eigen weg gaan? Hoe bindend zijn lokale synodale besluiten? etc.). In een dergelijk scenario zou Leo XIV waarschijnlijk moeilijke dogmatische vragen niet kunnen weglaten als ze de kern van de crisis vormen - zoals de houding ten opzichte van vrouwen in het gewijde ambt of seksuele moraal - omdat het vermijden ervan de crisis zou verlengen. Het voordeel van deze aanpak is dat de kerk handelingsbekwaamheid en moed toont; een concilie zou wereldwijd opschudding veroorzaken en misschien nieuw enthousiasme opwekken. Bovendien zouden resoluties snel geïmplementeerd kunnen worden om de crisis tegen te gaan. Nadeel: een overhaaste voorbereiding brengt risico's met zich mee; zonder grondige coördinatie vooraf kunnen conflicten openlijk uitbreken op het concilie zelf en leiden tot de vorming van kampen of zelfs afsplitsingen. Een slecht voorbereide raad zou kunnen eindigen zonder resultaten op te leveren - of geboycot worden door bepaalde groepen. In dit scenario zou Leo XIV zich dus zeer besluitvaardig moeten opstellen en, indien nodig, harde beslissingen moeten nemen om de raad op koers te houden.

3. **Scenario 3: Stapsgewijze weg via synoden naar een concilie** - Dit model combineert de twee bovenstaande benaderingen: Leo XIV zou een **procedurele weg** kunnen bewandelen die uiteindelijk via meerdere synoden naar een concilie leidt. De voorwaarde hiervoor zou de bereidheid zijn om een lange adem te hebben. De paus zou eerst **speciale synoden** bijeenroepen over specifieke onderwerpen - bijvoorbeeld een wereldsynode van bisschoppen over het onderwerp "Gelijke rechten voor vrouwen in de kerk", later een aparte synode over "De kerk en de moderne samenleving" (die zou kunnen gaan over seksuele moraal, celibaat en het gezin), en nog een over "Synodaliteit en kerkstructuur". Deze synodes zouden misschien 2-4 jaar kunnen duren. Hun resultaten - elk in de vorm van aanbevelingsdocumenten - zouden worden verzameld en zouden dan de **basis** kunnen vormen **voor een groot laatste concilie.** In principe zou zo'n concilie de hoeksteen vormen van een lang synodaal proces dat al veel voorbereidend werk heeft gedaan. Naast bisschoppen zouden er ook veel deskundigen en zelfs oecumenische partners **bij betrokken zijn**, van wie sommigen als waarnemers deelnemen aan synodes. Het **tijdsbestek** strekt zich hier uit over bijna een decennium of meer: het zou een generatieproject zijn dat Leo XIV misschien zelfs moet overdragen aan zijn opvolger als zijn ambtstermijn niet zo lang duurt. **Organisatorisch** zou dit het voordeel hebben dat de Kerk stap voor stap dichter bij elkaar zou komen en elke regio, elke bisschoppenconferentie zou al onderweg betrokken zijn. Zo'n Derde Vaticaans Concilie zou dan misschien aan het eind van de jaren 2020 bij elkaar komen, met het hoogste participatieniveau en voorbereid door stapels synoderapporten. **Onderwerpen** zouden in volgorde en na elkaar worden behandeld, culminerend in een overkoepelend document. Deze raad zou dan alle

hervormingen en richtlijnen die onderweg zijn ontwikkeld plechtig kunnen aannemen - zoals een nieuw constitutioneel kader voor de kerk dat synodaliteit als bindend vastlegt, of bijgewerkte leerstellige uitspraken over huwelijk en gezin op basis van brede consensus. Het voordeel van dit scenario is dat het diepgang en grondigheid combineert met het gezag van een concilie; het is minder confronterend, omdat veel van tevoren is opgehelderd. Nadeel: het vereist enorm veel geduld en brengt het risico van vermoeidheid met zich mee - de wereld zou de draad kwijt kunnen raken als processen zo lang aanslepen en tegenstanders van hervorming zouden genoeg tijd hebben om de zaken uit te zitten. Bovendien zou Leo XIV ervoor moeten zorgen dat **de resultaten van de synoden daadwerkelijk tot raadsbesluiten** leiden en niet halverwege blijven steken.

Ongeacht het scenario zou een nieuw Vaticaans Concilie onder Leo XIV *goed gefundeerd* moeten zijn. De Kerk roept niet zomaar een concilie bijeen - ze heeft het gevoel nodig dat *"de tijd rijp is"* en dat de Heilige Geest de Kerk aanspoort tot een groot gemeenschappelijk vertrek. Als Leo XIV dit moment herkent en de voorwaarden schept - betrokkenheid van de bisschoppen, gebed van de gelovigen, verduidelijking van de doelen - dan zou zo'n concilie het grootste potentieel van zijn pontificaat kunnen ontvouwen: namelijk de katholieke Kerk geloofwaardig, verenigd en duurzaam maken voor de komende jaren.

Kerkverlating en secularisatie: de uitdaging van het verlies van geloofwaardigheid

Paus Leo XIV werd niet alleen uitgedaagd door hervormingskwesties binnen de Kerk, maar ook door de **voortdurende veranderingen in de externe samenleving**. In veel traditioneel christelijke landen heeft de katholieke kerk al jaren te maken met een daling van het aantal leden en een verlies van belang in het openbare leven. **Ontslagnemingen uit de kerk** zijn een indicator geworden van de mate waarin het vertrouwen in en de betrokkenheid bij de kerk afbrokkelen. De redenen voor deze ontslaggolven zijn divers: toenemende **secularisatie** en onverschilligheid tegenover religie spelen een rol, maar ook concrete teleurstellingen over de kerk drijven gelovigen naar buiten.

Zoals reeds vermeld, bereikte het aantal uittredingen in Duitsland bijvoorbeeld historische hoogten - meer dan 500.000 katholieken verlieten het land in 2022. Ook bisdommen in andere West-Europese landen, Canada en Australië melden alarmerende verliezen. Degenen die vertrekken, noemen vaak de onwil van de Kerk om te hervormen, haar omgang met morele schandalen en het gevoel dat de instelling niet meer bij de tijd is, als redenen. Leo XIV reageerde op dit fenomeen met pastorale bezorgdheid. Hij was zich ervan bewust dat achter elk ontslag een menselijk lot schuilging: Mensen die lange tijd hebben geworsteld voordat ze hun kerk de rug toekeerden omdat ze er geen vertrouwen meer in hadden. Vooral de misbruikschandalen van de afgelopen decennia hebben enorm bijgedragen aan het verlies van geloofwaardigheid. Toen bisschoppen daders beschermden en de instelling zichzelf boven de bescherming van kinderen plaatste, werd het evangelie in de ogen van velen verraden. Leo XIV maakte er daarom een topprioriteit van om met deze overtredingen in het reine te komen. Hij wist dat **geloofwaardige vernieuwing** op dit gebied een basisvoorwaarde was om het vertrouwen van de gelovigen terug te winnen.

Tegelijkertijd analyseert Leo XIV de onderliggende trends van secularisatie. In verlichte, welvarende samenlevingen zien veel mensen zich eenvoudigweg niet langer afhankelijk van de kerk: sociale banden die vroeger het gemeenschapsleven versterkten lossen op; de morele invloed van de kerk verzwakt omdat de staat en andere instellingen haar functies hebben overgenomen (onderwijs, gezondheidszorg, sociale voorzieningen). Religie wordt een privéaangelegenheid en het grote verhaal van het christendom overtuigt steeds minder mensen. Zelfs een paus kan deze ontwikkeling niet in zijn eentje tegengaan. Maar Leo XIV probeerde nieuwe geloofwaardigheid te verwerven door **authentiek getuigenis.** Hij benadrukte de eenvoud van de christelijke boodschap, plaatste Jezus Christus in het middelpunt van alle prediking en probeerde de Kerk dichter bij de mensen te brengen. In praktische termen is dit bijvoorbeeld te zien in het feit dat hij parochies aanmoedigt om **nieuwe vormen van pastorale zorg** uit te proberen: Straatzending, digitale projecten, laagdrempelige gespreksmogelijkheden voor mensen die de kerk hebben verlaten. Ook nodigt hij intellectuelen en kunstenaars uit tot dialoog om het geloof in moderne taal begrijpelijk te maken. De paus zelf zoekt de nabijheid van gewone mensen - beelden van Leo XIV biddend op sociale hotspots of pratend met twijfelende jongeren zijn bedoeld om dit aan te geven: Deze kerk luistert en geeft om mensen.

Een bijzonder probleem vormen landen waar de Kerk vroeger een staatskerk was (zoals in delen van Europa) en nu worstelt met een zeker **sociaal trauma**. Daar moest Leo XIV veel doen om te overtuigen dat geloof en vrijheid niet tegenstrijdig waren en dat de Kerk van haar fouten had geleerd. Hij doet dit door ook **stemmen die kritisch zijn over de Kerk** serieus te nemen - hij ontmoet bijvoorbeeld verenigingen van slachtoffers van misbruik, luistert naar advies van externe deskundigen over bestuurskwesties en toont waar nodig nederigheid tegenover seculiere autoriteiten. Deze openheid dwingt hem respect af in delen van de samenleving. Het valt echter nog te bezien of de ontslaggolf kan worden gestopt. Het is mogelijk dat de Kerk in sommige landen nog kleiner zal worden voordat een nieuw begin mogelijk is. Leo XIV ziet hier echter ook potentieel in: een "kleinere kudde" zou ook een **authentiekere, meer overtuigde gemeenschap** kunnen zijn als de lauwheid afneemt. Hiermee sluit hij aan bij de gedachten van Benedictus XVI, die een gekrompen maar sterke kerk voorspelde. Hoe dan ook, omgaan met secularisatie en mensen die de kerk verlaten is een enorme uitdaging van zijn pontificaat. Zijn reactie hierop - nederige innerlijke vernieuwing gekoppeld aan een moedige benadering van de buitenwereld - zal een sleutelrol spelen bij het bepalen hoe goed de kerk uit deze crisis tevoorschijn komt.

Religieus pluralisme en interreligieuze dialoog

Globalisering en migratie hebben vandaag de dag geleid tot een kleurrijk **religieus pluralisme**, zelfs in voorheen homogene katholieke gebieden. Verschillende religies en denominaties leven naast elkaar en geheel nieuwe spirituele bewegingen of expliciet secularisme maken ook deel uit van het sociale beeld. Voor Leo XIV betekende dit dat de Kerk zich moest positioneren in een *wereld van dialoog*. **Interreligieuze dialoog** werd een kenmerk van zijn pontificaat, deels omdat hij veel persoonlijke ervaring had op dit gebied. In zijn tijd als bisschop en kardinaal had Leo

XIV al samengewerkt met andere geloofsgemeenschappen in verschillende landen en bruggen gebouwd. Deze expertise zal hem nu goed van pas komen op het wereldtoneel.

Een belangrijk gebied is de relatie met **de Islam**. In veel Afrikaanse en Aziatische landen leven katholieken als een minderheid in overwegend islamitische samenlevingen. Tegelijkertijd groeit de moslimbevolking in Europa. Leo XIV heeft het werk van zijn voorgangers voortgezet - we herinneren ons het broederlijke document van Franciscus met de Grote Imam van Al-Azhar of de gebeden voor vrede van Johannes Paulus II in Assisi - en de uitwisseling geïntensiveerd. Hij bezoekt vooraanstaande islamitische geestelijken en laat geen gelegenheid voorbij gaan om te benadrukken dat christenen en moslims in wezen in *één* God geloven en gemeenschappelijke waarden delen, zoals gezinscohesie, barmhartigheid en rechtvaardigheid. Onder zijn auspiciën ontstonden nieuwe platforms voor christelijk-islamitische samenwerking, bijvoorbeeld op het gebied van vluchtelingenhulp of milieubescherming, waar beide religies veel zouden kunnen bereiken. Natuurlijk stak Leo XIV de verschillen niet onder stoelen of banken - bijvoorbeeld op het gebied van godsdienstvrijheid of gelijke rechten - maar hij zocht altijd naar een gemeenschappelijke basis om de spanningen te verminderen. In regio's zoals het Midden-Oosten, waar politieke conflicten vaak overlaad zijn met religie, probeert de paus door bemiddeling en gebed een voorbeeld van vrede te stellen. Zijn internationale aanpak - gekenmerkt door **interculturele competentie** en oprecht respect voor buitenlandse tradities - levert hem erkenning op buiten de grenzen van de Kerk.

Leo XIV was ook toegewijd aan **de dialoog met andere christelijke denominaties** en niet-christelijke religies. Oecumene, d.w.z. de eenheid van de christenen, lag hem na aan het hart. Hij onderhield nauwe betrekkingen met de orthodoxe kerken, de protestantse gemeenschappen en de pinksterkerken. Vooral in landen waar christenen in de minderheid zijn of onder druk staan, bevordert hij samenwerking in plaats van concurrentie. Onder zijn invloed initiëren de kerken bijvoorbeeld gezamenlijke gebedsweken en komen ze samen op voor de rechten van vervolgde christenen in het Midden-Oosten of Zuid-Azië. Leo XIV deelde zijn bezorgdheid over jongeren, die steeds seculierder werden, met de **patriarchen van de Oosterse Kerk** en samen dachten ze na over hoe er in de 21e eeuw van het christendom kon worden getuigd. Deze oecumenische openheid straalt ook terug in de katholieke kerk: als gelovigen zien dat de paus verder kijkt dan zijn eigen neus lang is, bevordert dat een minder bekrompen blik en meer tolerantie binnen de kerk.

In zijn omgang met religies zoals **het jodendom, het boeddhisme** en traditionele natuurreligies gaf Leo XIV het voorbeeld van respect. Hij bezocht synagogen en gedenktekens om uitdrukking te geven aan de joods-christelijke band en zette consequent de strijd tegen alle vormen van antisemitisme voort. Hij bespreekt meditatie en mondiale ethiek met boeddhistische monniken om een gemeenschappelijke basis te vinden voor een mondiaal ethos. Dergelijke gebaren zijn niet alleen symbolische politiek - ze weerspiegelen Leo's overtuiging dat er een straaltje waarheid schuilt in alle oprechte religiositeit. Hij citeerde graag de zin uit het Conciliedocument *Nostra Aetate* dat de Kerk alles erkent wat waar en heilig is in andere religies. Dit laat zien dat Leo XIV de diversiteit van religies niet als een bedreiging zag, maar als een oproep tot dialoog en gezamenlijke actie voor het welzijn van de mensheid.

Het **groeiende religieuze pluralisme** brengt echter ook interne spanningen met zich mee. Sommige katholieken staan sceptisch tegenover de interreligieuze ijver van de paus. Ultraconservatieve kringen vreesden een verwatering van de waarheid of weigerden zoveel eer te bewijzen aan andere religies. Leo XIV moest ook hier een evenwicht zien te vinden: hij benadrukt naar binnen toe dat dialoog geen **relativisme** betekent. Integendeel, legt hij uit, een oprechte dialoog versterkt de eigen identiteit - want alleen wie zijn eigen geloof kent en liefheeft, kan zonder angst en agressie anderen ontmoeten. Hij probeert deze boodschap over te brengen door middel van catechese, vooral in de opleiding en bijscholing van kandidaten voor het priesterschap: De volgende generatie priesters en leken moet in staat worden gesteld om **te getuigen in een multireligieuze omgeving**, zonder vijandbeelden, maar met duidelijke overtuiging.

Door zijn internationale biografie had Leo XIV een diep begrip van hoe verschillend religie wordt beoefend in verschillende culturen. Als paus bevordert hij daarom ook een **theologie van culturen** binnen de Kerk die lokale religieuze tradities serieus neemt. Hij steunt bijvoorbeeld inheemse volken in het Amazonegebied of Canada bij het integreren van hun culturele uitingen in de liturgie (zolang deze verenigbaar zijn met het christelijk geloof). Dit is ook een aspect van pluralisme: diversiteit kan niet alleen bestaan tussen religies, maar ook binnen de wereldwijde kerk. Interreligieuze dialoog en openheid voor pluralistische contexten zijn dus zowel naar buiten gericht - naar vrede en begrip - als naar binnen, door de kerk zelf diverser en *katholieker* (in de zin van alomvattend) te maken.

Een paus tussen uitdagingen en een nieuw begin

Leo XIV stond tijdens zijn pontificaat voor enorme uitdagingen - van interne kerkhervormingsconflicten tot sociale omwentelingen en wereldwijde dialogen. Maar achter al deze uitdagingen gaat een even groot potentieel schuil. Zijn naam doet misschien denken aan eerdere pausen, maar zijn pad wijst naar de toekomst: met openheid, internationale ervaring en spirituele diepgang probeert hij de katholieke kerk door de spanningen van het heden te loodsen. Kritische stemmen dwingen hem om duidelijkheid te scheppen en echt te luisteren; de roep om hervorming dwingt hem om moedig maar verstandig te handelen; regionale verschillen herinneren hem eraan dat hij altijd het geheel van de universele Kerk in gedachten moet houden.

Als Leo XIV slaagt in deze evenwichtsoefening, kan zijn pontificaat een keerpunt worden: De Kerk van morgen wordt vandaag gevormd - in de confrontatie met kritiek, in de strijd voor de juiste weg en in het vertrouwen op Gods geest, die eenheid kan geven in verscheidenheid. Het is nu al duidelijk dat Leo XIV geen eenvoudige antwoorden geeft, maar de dialoog bevordert en stappen durft te zetten in de richting van verandering. Onder zijn leiding smelten **het mondiale perspectief** en **de regionale uitdagingen** samen tot een alomvattend vernieuwingsproces. De komende jaren zal op blijken of de hervormingsstappen en dialogen die hij in gang heeft gezet, vruchten zullen afwerpen. Maar één ding is zeker: Leo XIV durfde op weg te gaan - met als doel een **moedige, geloofwaardige en wereldwijde kerk** de 21e eeuw in te leiden, die crises kon doorstaan en opnieuw een teken van hoop kon zijn voor de mensen van vandaag.

🕊 *Hoofdstuk 16:*
Vooruitblik - Visie op een moderne en inclusieve kerk

Een regenboog boven de Sint-Pietersbasiliek in Rome zou de visie van paus Leo XIV kunnen symboliseren: een kerk die alle kleuren van de mensheid omvat en wereldwijd geloofwaardig en gastvrij is in de 21e eeuw. Vanaf het begin van zijn pontificaat werd Leo XIV gekenmerkt door een duidelijk standpunt voor **inclusiviteit**. Hij droomde van een kerk waarin *niemand* zou worden uitgesloten op basis van afkomst, geslacht, levensstijl of sociale status - een kerk die alle mensen van goede wil **over de hele wereld** zou omarmen en **geloofwaardig** zou getuigen van het evangelie. Leo XIV wilde deze geloofwaardigheid terugwinnen nadat schandalen en vertrouwenscrises de reputatie van de kerk hadden aangetast. Zijn model is een spirituele gemeenschap die dicht bij de mensen staat (*"dicht bij het geloof"*), luistert naar hun zorgen en antwoorden geeft zonder dogmatisch of defensief te blijven. Kortom: Leo XIV schetst het beeld van een vernieuwde katholieke Kerk die in de moderne wereld herkenbaar is als een **huis voor iedereen**.

Leo XIV verschilde dus aanzienlijk van veel van zijn voorgangers op de pauselijke troon. Terwijl eerdere pontificaten bepaalde taboeonderwerpen onaangeroerd lieten en terugschrokken voor verandering, durfde Leo XIV gevoelige onderwerpen openlijk aan te pakken. De Curie heeft bijvoorbeeld lang geweigerd om zelfs maar te praten over (sacramentele) kerkelijke huwelijken voor paren van hetzelfde geslacht - tot voor kort werden dergelijke initiatieven beschouwd als een ongehoord "verzoek" aan Rome. Leo XIV daarentegen zocht eerder de dialoog **met** dan tegen dergelijke hervormingsimpulsen. In het algemeen trad hij op als bruggenbouwer: Hij bouwt voort op de hervormingsstappen van paus Franciscus, maar kiest voor een nog daadkrachtiger aanpak. Zijn pontificaat wordt onmiskenbaar gekenmerkt door *de stijl van luisteren* - Leo XIV luistert bijzonder aandachtig naar de stemmen van de achterban, vrouwen en jongeren in de Kerk. In vergelijking met Benedictus XVI of Johannes Paulus II, die sterk de nadruk legden op de traditionele leer, legde Leo XIV andere accenten: pastorale barmhartigheid boven strikte regels, participatie boven centralisme, moedige openheid boven angstige isolatie. Deze frisse benadering gaf zijn pontificaat een uniek profiel in de recente kerkgeschiedenis.

Om zijn visie in realiteit om te zetten, nam Leo XIV zijn toevlucht tot zowel persoonlijke beslissingen als participatieve raadplegingsprocessen. In de allereerste jaren van zijn pontificaat gebruikte hij de bevoegdheden die hij kreeg om een voorbeeld te stellen: Hij benoemde bijvoorbeeld vrouwen en niet-geestelijken op leidinggevende posities in de Curie en in zijn team van adviseurs, om de gelijke zeggenschap van alle gelovigen te benadrukken. Hij deinsde er niet voor terug om onaangename beslissingen te nemen als hij ervan overtuigd was dat deze in het belang van de Kerk waren - of het nu ging om het ontslag van hooggeplaatste geestelijken in gevallen van wanbeheer of de benoeming van onafhankelijke commissies voor hervormingsvraagstukken. Tegelijkertijd was Leo XIV er diep van overtuigd dat blijvende veranderingen alleen samen met het hele volk van God konden worden bereikt. Daarom startte hij een breed wereldwijd consultatieproces met geestelijken **en** leken. Dialoogfora en synodale vergaderingen worden gehouden in bisdommen over de hele wereld, waar basisbewegingen en bisschoppen hun zegje kunnen doen. Deze participatieve aanpak culmineert uiteindelijk in een historische stap: Leo XIV bereidt de bijeenroeping van een **nieuw Vaticaans Concilie** voor. Dit mogelijke Derde Vaticaans Concilie zou - voor het eerst sinds de jaren 1960 - de wereldwijde Kerk in Rome samenbrengen om de fundamentele koers van de 21e eeuw te bespreken. Leo XIV bouwde zo voort op de erfenis van het Tweede Vaticaans Concilie, waarvan hij de geest van vernieuwing wilde overdragen naar de huidige eeuw. Door bisschoppen van alle continenten en experts en gewone gelovigen bij de voorbereidingen te betrekken, besteedde hij aandacht aan de bemiddeling van de wereldkerk: hervormingen moesten *katholiek* - dus universeel - zijn en niet alleen overeenkomen met afzonderlijke culturele regio's. Dit strategisch samenbrengen van de verschillende stemmen van de universele Kerk toont Leo XIV's fundamentele zorg: eenheid creëren in legitieme verscheidenheid.

De foto toont een indrukwekkende opname van de Sint-Pietersbasiliek in het Vaticaan. De opvallende gevel en de prachtige koepel van de kathedraal zijn duidelijk te zien op de voorgrond, die wordt verlicht door warm, gouden licht. Een kleurrijke regenboog die de koepel in een perfecte boog overspant is opvallend en brengt een symbolisch karakter van een inclusieve kerk en theologie over. De lucht op de achtergrond lijkt gedeeltelijk bewolkt en dramatisch, waardoor de regenboog des te meer opvalt. Het beeld heeft een sterke symbolische kracht en staat metaforisch voor hoop, vernieuwing en diversiteit.

Een centraal aspect van de visie van Leo XIV is de verdere ontwikkeling van het **beeld van de kerk** naar een synodale, inclusieve en populaire kerk. Concreet betekent dit een verschuiving van een puur hiërarchisch, monologisch model naar een **synodale cultuur** waarin *gemeenschap* en *participatie* de leidende principes zijn. De paus benadrukt herhaaldelijk dat *alle gedoopten* een gemeenschappelijke waardigheid en zending delen. Gewijde en niet gewijde mensen moeten daarom betrokken worden bij beslissingen op alle niveaus van de Kerk - er moet "een cultuur van echte medebeslissing" zijn, niet alleen van raadpleging. Leo XIV benadrukte dit niet alleen in woorden, maar onderbouwde het ook institutioneel: van de parochie tot de universele kerk bevorderde hij structuren die bindende medezeggenschap mogelijk maakten. Bijvoorbeeld, parochie- en diocesane raden moeten meer zijn dan adviesorganen - ze moeten echte invloed hebben op pastorale planning en financiële beslissingen. Op het niveau van de universele kerk versterkt Leo XIV de bisschoppensynode door er een veel meer synodale geest aan te geven: vertegenwoordigers van het volk van God, zelfs zonder wijding, hebben nu het recht om te stemmen en synodale beslissingen mee vorm te geven. Verantwoordelijk leiderschap in een synodale kerk, zo was zijn overtuiging, **vereist** transparantie, luisteren en gelijkheid voor alle gelovigen, ongeacht geslacht of afkomst. Leo XIV creëerde daarom een kader waarin deze principes in praktijk konden worden gebracht - bijvoorbeeld door bindende verantwoordingsplicht en transparante besluitvormingsprocessen in de kerkleiding. De feedback van de wereldwijde synodeprocessen benadrukte al hoe essentieel transparante structuren en zelfregulering zijn. De paus bouwt hierop voort: hij bevordert een **cultuur van verantwoording** zowel intern als extern, waarin kerkleiders regelmatig rapporteren en zich laten evalueren. Natuurlijk blijft er een zekere *spanning bestaan tussen synodale deelname en hiërarchische constitutie* - maar Leo XIV ziet deze spanning in een positief licht. Door nieuwe vormen van samenwerking kan deze spanning vruchtbaar gemaakt worden door charismatisch leiderschap en gemeenschappelijke deelname in een constructief evenwicht te brengen. De visie van een synodale, inclusieve kerk is er uiteindelijk op gericht dat gelovigen hun kerk weer ervaren als dichtbij hun geloofsleven en hun vragen - een kerk die luistert en begeleidt in plaats van van bovenaf de les te lezen.

Een ander toekomstscenario dat Leo XIV moest overwegen betrof **de sacramentele gelijkheid** en in het bijzonder de behandeling van paren van hetzelfde geslacht. De Katholieke Kerk heeft altijd geleerd dat het sacrament van het huwelijk uitsluitend is voorbehouden aan man en vrouw. In het licht van nieuwe inzichten in seksualiteit en liefde in partnerschap is er echter een groeiend verlangen binnen de Kerk om deze leer verder te ontwikkelen in pastorale termen. Leo XIV behoorde tot de generatie van kerkleiders die bereid waren om openlijk na te denken *over de manier waarop* trouwe partnerschappen tussen mensen van hetzelfde geslacht erkend kunnen worden zonder de sacramentele diepte van het huwelijk te devalueren. Allereerst steunt hij zonder voorbehoud de laatste stappen in de richting van meer erkenning: in december 2023 stond het Vaticaan bijvoorbeeld voor het eerst toe dat homoseksuele paren in de kerk gezegend worden. Hoewel deze toestemming aan voorwaarden is gebonden - er mag geen verwarring zijn met een liturgische huwelijksceremonie - is het een mijlpaal. Leo XIV volgde hierop en breidde de pastorale mogelijkheden uit. Onder zijn pontificaat ontwikkelde een theologische commissie scenario's voor hoe de Kerk nog uitgebreidere steun zou kunnen bieden aan paren van hetzelfde geslacht. Zo is er bijvoorbeeld een speciale vorm van een zegeningsdienst denkbaar die wereldwijd geldige liturgische teksten en tekens voor zulke paren biedt. Zelfs de kwestie van een kerkelijk *huwelijk* voor homoseksuele paren werd onder Leo XIV openlijk aan de orde gesteld - een stap die voor hem ondenkbaar leek. Natuurlijk zou dit een revolutie betekenen in de voorgaande sacramentele orde en vereiste het een grondige theologische reflectie en een brede consensus in de universele kerk. Maar alleen al het feit dat Leo XIV dit debat toestond en aanmoedigde, betekende een verschil: waar voorheen officiële autoriteiten elke discussie hadden geblokkeerd, moedigde hij een respectvol discours aan dat de geleefde realiteit van veel gelovigen serieus nam. Hij benadrukte dat de Kerk niemand van de sacramenten wil weghouden die in oprechte liefde en verantwoordelijkheid leeft. Leo XIV toont zo de moed om leerstellingen verder te ontwikkelen - in de wetenschap dat dit tijd kost en op wereldkerkelijk niveau gecommuniceerd moet worden. In sommige delen van de wereldkerk kan het idee van sacramentele gelijkheid voor paren van hetzelfde geslacht nog op weerstand stuiten, maar in andere delen wordt er al lang op gehoopt. Leo XIV heeft dit spanningsproces voorzichtig gematigd. Het is mogelijk dat hij in eerste instantie regionale oplossingen zal toestaan of *vieringen* officieel zal erkennen om ervaring op te doen. Op de lange termijn zou zelfs een formele opening van het sacrament van het huwelijk besproken kunnen worden - bijvoorbeeld op het geplande concilie - als hij niet zelfstandig een beslissing neemt. Een dergelijke beslissing zou historisch ongekend zijn en zou het pontificaat van Leo XIV onmiskenbaar maken. Het is in ieder geval al duidelijk dat wat begon als een moedige stap van individuele bisschoppen op het synodale pad in Duitsland in 2023 (meer dan 80% van de Duitse geestelijken stemde toen voor het zegenen van paren van hetzelfde geslacht) zich onder Leo XIV ontwikkelt tot een wereldwijde beweging die de Kerk confronteert met de vraag hoe ver haar inclusiviteit kan reiken zonder haar identiteit te verliezen.

Leo XIV stelde zich niet alleen open op het gebied van levensstijl, maar stimuleerde ook energiek de **digitale transformatie van het kerkelijk werk.** Hij wist dat de kerk aanwezig moest zijn in het digitale tijdperk, waarin mensen nu communiceren en gemeenschap zoeken. De coronavirus pandemie heeft al een golf van innovatie teweeggebracht: online kerkdiensten, virtuele gebedskringen en pastorale diensten via videochat zijn op veel plaatsen gemeengoed geworden. Leo XIV wil dit momentum niet laten verslappen, maar wil het strategisch gebruiken. Zijn visie is een *netwerkgerichte kerk* waarin de traditionele lokale gemeente verbonden is met digitale ruimtes en supraregionale netwerken. Specifiek stimuleert hij projecten die gemeenten beter digitaal met elkaar verbinden - zowel met elkaar als met gelovigen die hun geloof delen via sociale media en online platforms. Leo XIV ziet kerkverbanden, bewegingen en federaties, die vaak parochieoverschrijdend of internationaal actief zijn, als een verrijking. Ze moeten de territoriale parochie niet beconcurreren, maar juist

aanvullen, zodat verschillende *sociale vormen van kerkzijn* naast elkaar kunnen bestaan: Van de lokale misviering tot de internationale Zoom Bijbelstudiegroep. Om deze digitale kerkontwikkeling te ondersteunen, breidt Leo XIV ook uit op het gebied van personeel en structuur: Zo kunnen er in alle bisdommen speciale commissarissen voor digitale pastorale zorg komen of wordt er in het Vaticaan een centraal platform gecreëerd dat beproefde ideeën bundelt. Voor Leo XIV is het belangrijk dat digitale formaten niet slechts kopieën van analoge formaten blijven. De Kerk moet creatief gebruik maken van de eigenaardigheden van het internet om laagdrempelige mensen te bereiken. Experts benadrukken dat we niet simpelweg terug moeten keren naar het "oude normaal", maar dat we *"moeten behouden wat goed is en het verder ontwikkelen"* op basis van wat is uitgeprobeerd en getest in online pastorale zorg. Met dit in gedachten nodigt Leo XIV toegewijde mensen uit om nieuwe benaderingen uit te proberen: Of het nu gaat om het gebruik van spelplatforms zoals Minecraft voor jeugdpastoraat, de ontwikkeling van parochie-apps of interactieve online cursussen over geloofszaken. De digitale kerk onder Leo XIV blijft altijd gericht op mensen: hij ziet technologie als een middel om relaties te smeden en het geloof tastbaar te maken. In de toekomst zal een parochie in de traditionele zin van het woord niet langer slechts een geografische entiteit zijn, maar een knooppunt in een levend netwerk van geloof dat over grenzen heen reikt. Dit zal een **flexibele, genetwerkte kerk** creëren waarin gemeenschap zowel lokaal als online kan worden ervaren - een kerk die de vinger aan de pols van de tijd houdt zonder haar spirituele wortels te verbreken.

Tot slot legde Leo XIV grote nadruk op **participatieve, globale leiderschapsstructuren** die machtsmisbruik voorkomen en de participatie van *leken* versterken. De schokken veroorzaakt door het misbruikschandaal - of het nu van seksuele, spirituele of financiële aard was - deden de paus beseffen dat echte hervorming alleen kan slagen als *de macht in de kerk opnieuw in evenwicht wordt gebracht*. Hij beschouwde "klerikalisme" als de wortel van veel kwaad: als de beslissingsmacht te veel geconcentreerd is in de handen van een paar mannelijke functionarissen, neemt het risico op intransparantie en misbruik toe. Leo XIV pakte dit probleem aan door tegelijkertijd **de controlemechanismen** en **de machtsdeling** te versterken. Enerzijds betrok hij, zoals hierboven beschreven, aanzienlijk meer niet-geestelijken bij leidinggevende functies. Bekwame vrouwen en mannen zonder wijding kregen bijvoorbeeld leidinggevende posities in de Vaticaanse autoriteiten, wat alleen mogelijk was door recente veranderingen in het kerkelijk recht. Aan de andere kant moet Leo XIV onafhankelijke toezichthoudende organen creëren: Hopelijk zal hij bisschoppenconferenties over de hele wereld aanmoedigen om externe commissies van deskundigen op te richten over het omgaan met misbruik, met een meerderheid van leken en professionele leden. Deze commissies moeten toezicht houden op diocesane maatregelen en de getroffenen een stem geven. Een internationaal adviesorgaan van leken zou onder Leo XIV ook in het Vaticaan zelf kunnen worden opgericht, dat rechtstreeks aan de paus zou rapporteren en misbruik aan de kaak zou stellen - of het nu gaat om seksueel geweld, financiële onregelmatigheden of ambtsmisbruik. Dit was het antwoord van Leo XIV op eisen die ook door onafhankelijke partijen werden gesteld: Kerstin Claus, de Duitse misbruikcommissaris, waarschuwt bijvoorbeeld dat *leken* "zichtbaar moeten worden in het debat over de herwaardering" en moeten handelen met duidelijke verwachtingen ten opzichte van de kerkleiding. Leo XIV neemt zulke stemmen serieus en verankert het principe van **gedeelde verantwoordelijkheid** in de kerk. Paus Franciscus had met zijn motu proprio *"Vos estis lux mundi"* (2019/2023) al de koers uitgezet en bijvoorbeeld verordonneerd dat ook leken in leidinggevende functies verantwoordelijk zouden worden gehouden voor het toedekken van misbruik en verplicht zouden worden om gevallen wereldwijd te melden. Leo XIV bouwde voort op deze fundamenten en ging nog een stap verder: hij steunde de wijziging van kerkelijke wetten zodat een duidelijk recht om misbruik te verwerken en bindende kwaliteitsnormen werden vastgelegd. **Transparantie** werd de topprioriteit - of het nu ging om financiën of personeelsbeleid. Leo XIV kon bijvoorbeeld de disciplinaire maatregelen tegen daders in de kerk laten publiceren, of hij kon een centraal meldpunt in het Vaticaan opzetten waar slachtoffers wereldwijd terecht konden. Al deze maatregelen waren bedoeld om machtsmisbruik door mannelijke geestelijken - maar ook door leken in verantwoordelijke posities - te voorkomen en, in geval van twijfel, consequent te bestraffen. Door macht te verdelen en te controleren bevorderde Leo XIV een nieuwe cultuur van vertrouwen: niemand stond meer boven de wet van de kerk en tegelijkertijd droegen meer mensen verantwoordelijkheid *binnen* de kerk. Deze wereldwijde reorganisatie van het kerkleiderschap, met ingebouwde "checks and balances", moest ervoor zorgen dat het evangelie geloofwaardig werd verkondigd - vrij van de schaduw van doofpotaffaires en wantrouwen.

Samengevat schetst paus Leo XIV zijn visie op een **moderne en inclusieve kerk** die haar oude wonden heelt en nieuwe vitaliteit vindt. Zijn agenda is ambitieus: van de synodale transformatie van kerkstructuren tot het openstellen van controversiële morele kwesties en de digitalisering van pastorale zorg tot het vestigen van een participatieve leiderschapscultuur. Vooral wanneer Leo XIV op zoveel gebieden veranderingen initieert, zal hij zowel bewondering als weerstand oogsten. Maar het onmiskenbare kenmerk van zijn pontificaat is dat hij een stap durfde te zetten die anderen alleen maar hadden aangekondigd. Leo XIV kan en moet **realisme met visie combineren - om effectieve resultaten en noodzakelijke veranderingen te bereiken**: Hij kent de grenzen van wat mogelijk is en de verscheidenheid van wereldkerkelijke mentaliteiten, maar hij laat zich hierdoor zeker niet ontmoedigen. Stap voor stap - persoonlijk door moedige beslissingen, samen met de universele kerk door overleg en misschien een toekomstig synode-concilie - geeft hij vorm aan een kerk die in het heden zal aankomen. Deze kerk moet stevig op de fundamenten van haar geloof staan en tegelijkertijd haar deuren wijd openzetten. Leo XIV heeft zeker de wil en het potentieel om het verschil te maken: naar een geloofwaardige Kerk waarin het woord *"katholiek"* weer letterlijk "allesomvattend" betekent - **een Kerk die alle mensen van goede wil omvat en waarvan het getuigenis over de hele wereld gehoord wordt.**

Bijlage

Geloof is als dansen - theologie in beweging

Geloof en dansen - op het eerste gezicht twee werelden die weinig met elkaar gemeen hebben. De nieuwe publicatie *"Geloof is als dansen - Door geloof bewogen om te groeien als christen"* van Eureka Circe laat echter op indrukwekkende wijze zien hoe nauw de twee met elkaar verbonden zijn. In dit *trainingsboek voor religieuze vaardigheden* ontvouwt het theologische project van de boekenreeks *DEUS EX MACHINA* een dynamische visie op christen-zijn: *"Geloof betekent niet blindelings regels volgen, maar je inzetten met hart, hand en verstand: met jezelf, met andere mensen en met de wereld"*.

Illustratie: Boekomslag van "Glauben ist wie Tanzen" (Hamburg, 2025).

Dit werk nodigt je uit om je geloof te begrijpen, te beoefenen en te beleven door middel van dans:

"Geloof is als dansen - en jij bepaalt de weg en het ritme!"

Geloof betekent niet blindelings regels volgen, maar je inzetten met je hart, handen en geest: met jezelf, met andere mensen en met de wereld.

Dit trainingsboek voor het opbouwen van religieuze vaardigheden voor zowel christenen als leerkrachten en studenten in religieus onderwijs en in kinder- en jeugddiensten nodigt uit tot reflectie:

Het stimuleert en begeleidt je op weg naar de beslissende persoonlijke en sociale vaardigheden die iedereen nodig heeft om geloof en naastenliefde authentiek te kunnen beleven. Twaalf concrete leergebieden tonen: Het vermogen tot dialoog, empathie, kritisch denken en reflectie, gendersensitiviteit, zelfacceptatie, ethisch handelen en andere kunnen en moeten geleerd worden - in lessen godsdienstonderwijs, in zelfstudie, in theologiestages, in de gemeenschap en in het dagelijks leven. Een boek voor iedereen die zijn geloof niet alleen wil leren, maar het ook wil leven: flexibel, moedig en met vreugde in het liefhebben van anderen. Want wie zijn geloof echt beleeft, danst niet alleen naar vreemde, dogmatische regels, maar beweegt zich ook afgestemd en zelfbewust in harmonie met het ritme van zijn eigen leven: geloof is als dansvreugde! - en dit "stemwerk" kan geleerd worden.

Hier is geloof een actief, levend proces, vergelijkbaar met een dans waarin iedereen de manier en het ritme van zijn of haar geloofsleven mede bepaalt.

Deze theologisch geïnformeerde recensie neemt de centrale ideeën van het boek over en combineert ze met inspirerende stemmen uit de filosofie, de Bijbel en de kerkelijke praktijk op . Het laat zien waarom het *goed* is als gelovigen dansen (figuurlijk *en* letterlijk), hoe geloof, theologie en lichamelijke expressie met elkaar verweven zijn, en hoe zelfs de kerkleiding - d.w.z. *"het Rome van vandaag"* - dans als geloofsuiting zou moeten herontdekken.

Omdat: *"Geloof is als dansen"* is een zin die het idee overbrengt van geloof als een dynamische, levendige en persoonlijke ervaring. Het suggereert dat geloof geen statische toestand is, maar een proces van bezig zijn, verkennen en ontdekken, van gelukkig zijn - waaraan je actief deelneemt. Het is een metafoor die geloof beschrijft als een soort dans waarin je je eigen ritme en stijl vindt door je te engageren met de wereld, met jezelf en met anderen.

De zin "Geloof is als dansen" kan in verschillende contexten geïnterpreteerd worden:

Religieuze context: In deze context kan het aangeven dat geloof niet alleen een dogmatische acceptatie van regels is, maar een persoonlijke ervaring en een dynamische relatie met een hogere macht. De dans symboliseert beweging, betrokkenheid en het vinden van een eigen uitdrukking in het geloof.

Filosofische context: Hier kan het het idee overbrengen dat geloof een persoonlijke keuze is en een actief proces van herkenning en vertrouwen. De dans symboliseert beweging en onderdompeling in het leven, in plaats van alleen maar te geloven in een statisch concept.

Algemene context: In algemene zin kan de zin betekenen dat leven, geloof en handelen als een dans zijn waarin men zich inlaat met de muziek, beweging en het ritme van het leven en zijn eigen stijl vindt.

Nietzsche en de dansende god - vreugde in plaats van een religie van dreiging en dood

Om te beginnen is het de moeite waard om een filosofische blik opzij te werpen: Friedrich Nietzsche heeft ooit mensen aan het denken gezet met enkele tot nadenken stemmende woorden. *"Ik zou alleen in een God geloven die kon dansen,"* schreef hij destijds. Deze beroemde zin van de 19e-eeuwse filosoof was veel meer dan een schrille clou. Nietzsche, die het christendom van zijn tijd zag als een vreugdeloze "religie van de dood", riep op tot een God vol leven, lichtheid en uitbundigheid - een "dansende" God "die ons geloof überhaupt waardig zou zijn". Voor Nietzsche symboliseerde dansen levensvreugde, creativiteit en bevrijding van een al te verstarde moraal. Zijn fictieve Zarathustra verkondigt een God die zelfs kan lachen tijdens heilige handelingen - een belediging voor het beeld van het grimmige, onwrikbare dogma. Dienovereenkomstig roept de kerkbeweging *"Wij zijn Kerk"* op om een *"goed nieuws in plaats van een bedreigende boodschap"* te verkondigen. Figuurlijk gesproken horen daar dansende mensen bij - inclusief een dansende God en een dansende en zich aanpassende kerk.

Wat leren we hier theologisch van? Ten eerste wordt geloof dat zijn vreugde verliest ongeloofwaardig. Een christendom zonder dans, zonder lach, zonder levendige lichtheid dreigt weg te zinken in "nihilisme en wanhoop". Anderzijds moeten we Nietzsches verlangen serieus nemen: Achter zijn kritiek op God schuilt de diepe intuïtie dat oprecht geloof een speelse vrijheid nodig heeft - een vonk van hemelse levenskunst die ons tot *"dichters:in ons leven"* maakt. Het is precies deze vreugde van het geloof, deze danspas van de ziel, die (her)ontdekt moet worden.

Interessant genoeg nemen moderne christenen Nietzsches impuls over zonder zijn bitterheid te delen. De geestelijke *Wolf-Dieter Steinmann*, bijvoorbeeld, koos het motto *"Geloof betekent dansen"* voor een ochtenddienst in 2014 en plaatste ook de vreugdevolle God in het middelpunt.

En inderdaad, de Bijbelse traditie kent zo'n God in actie: in Jezus Christus, zoals gezongen in de hymne *"Lord of the Dance"*, danst God zelf door het leven en zelfs door de dood heen. De liedjesschrijver *Sydney Carter* schreef dit lied in 1961, "in een tijd waarin de kerk nog star en onbeweeglijk was". Als reactie hierop stelde hij zich Christus voor als een levenslievende danser die door niets en niemand permanent tegen de grond kan worden gedrukt. *"Ze hebben me neergeslagen, maar ik sta weer op... want ik ben de dansende God"*, staat er, en: *"Ik leef in jou - maar leef ook in mij"*. Dit is precies wat Nietzsche miste: een God die het leven viert en gelovigen meeneemt in zijn dans. Wie in zo'n God gelooft, vindt gemakkelijker vreugde.

"Dansen in de armen van God" - Madeleine Delbrêls

Niet alleen filosofen, maar ook christelijke zoekers hebben de analogie getrokken tussen geloof en dans. De Franse *Madeleine Delbrêl* (1904-1964) bedacht de zin: *"Geloof is als dansen"*. Delbrêl, die van atheïsme veranderde in een toegewijd christen, zag het leven met God als een opwindende dans vol toewijding. In een van haar gebedsteksten beschrijft ze haar relatie met God in prachtige dansbeelden. Je voelt de ervaring van een vrouw die haar geloof midden in het dagelijks leven beleefde en een enorme lichtheid behield. *"Het is aan ons [...] om gelukkige mensen te zijn die hun leven met u dansen,"* schrijft Delbrêl - om een goede danser te zijn, hoef je niet altijd de volgende stap te weten, maar moet je klaar zijn om te volgen: *"Je moet volgen, gelukkig zijn, licht zijn en vooral niet stijf"*. Deze woorden schetsen het beeld van een gelovige die zich vol vertrouwen laat leiden door Gods ritme. Zij die dansen met God vragen niet angstig *"waar de passen heen leiden"* na elke uitleg, maar *"draaien links en rechts"*, open voor verrassingen. Net als bij dansen gaat het om het aangaan met het moment en de partner - in dit geval de goddelijke tegenhanger. Delbrêl vat samen: Al onze stappen in het leven zouden zinloos zijn *"als de muziek [van God] er geen harmonie van zou maken"*. Met andere woorden, God zelf is de muziek die ons leven betekenis geeft en de verstrooide danspassen - de hoogte- en dieptepunten, successen en tegenslagen - samenbrengt tot een betekenisvol geheel.

Deze *dansmetafoor* drukt een diepe spirituele waarheid uit: geloof is een gebeurtenis tussen God en mens, een voortdurende verbintenis met elkaar. Net zoals dansers aandacht hebben voor de bewegingen van hun partners, luisteren gelovigen naar Gods stille leiding. Delbrêl spreekt over *"dansen in de armen van uw liefde"*, waarin ze zich als in een balzaal bevindt, volledig opgaand in muziek en ritme. Haar geloof is geen droog vasthouden aan doctrines, maar een leven in ritmische relatie met God.

Dit visionaire perspectief wordt in detail erkend in het boek *"Geloof is als dansen"*: de gedachten die Delbrêls citeert zijn een voorbeeld van hoe het geloof het hart en de zintuigen in zijn greep houdt. Dit maakt duidelijk dat wie gelooft zich door God gedragen mag weten als een danspartner - veilig en toch vrij, geleid en toch uitbundig.

Iedereen heeft dansen en geloof in zijn bloed

Dansen en geloof - zijn dat echt universele menselijke eigenschappen? De geestelijke *Matthias Lüskow* denkt van wel. In zijn vormselpreek in 2023 met als thema *"Geloof is als dansen"*, zei hij: *"Iedereen heeft dansen in zijn bloed."* Wat tot nadenken stemt, legt hij als volgt uit: zelfs baby's ervaren hun "eerste dans" wanneer ouders hen in hun armen wiegen - een oeroude, instinctieve geruststelling. *"Dansen is ons aangeboren, dansen maakt deel uit van onze ziel,"* zegt Lüskow. Op latere leeftijd kunnen sommige mensen dansen "afleren" of er voor terugdeinzen, maar het zit van oorsprong in ons ingebakken. En volgens Lüskow geldt dit ook voor het geloof: *"Net als bij dansen zou ik ook over geloof willen zeggen: iedereen heeft geloof in zijn bloed."* Vanaf het allereerste begin leven we met een basisvertrouwen - als kind vertrouwen we er van nature op dat iemand ons zal koesteren en troosten - en *"later dragen we dit basisvertrouwen over aan God"*. Wanneer mensen beweren dat ze "geen geloof" hebben, is er vaak iets in de weg gekomen dat hen van God heeft vervreemd. Maar in wezen blijft het zaad van vertrouwen in ons sluimeren. Deze parallel - aangeboren dans en aangeboren geloof - is een grote troost: het betekent dat niemand volledig onbekwaam is om te geloven. Net zoals iedereen ritmegevoel heeft en een drang om te bewegen, draagt iedereen ook het vermogen in zich om zich met het goddelijke bezig te houden. En uit de pas dansen is ook een kunst!

Als geen van de gasten in een kleine discotheek de dansvloer op durft, staan er vaak maar een paar mensen aan de bar hun drankje vast te houden. Niemand durft te dansen. Iedereen blijft in de veiligheid van de groep. Totdat er eindelijk iemand het hart ophaalt, die door iedereen wordt aangestaard, toegejuicht en misschien wel stiekem benijd.

Wat zij of hij durft! De knoop is doorgehakt. Later op de avond is de dansvloer vol. Lichamen stuiteren, zwieren en zwaaien ritmisch links en rechts. Dansen is eigenlijk heel gemakkelijk als iemand anders de weg wijst.

In het geloof is het soms net zo: we houden vaak liever de koffie op. We praten over het weer of sport in plaats van moedig aan te pakken wat nodig is: toen christenen zich verzetten tegen het nationaalsocialisme en hun stem verhieven; toen we dingen in het gezin aankaartten die we ten goede moesten keren; toen we eindelijk eisten en wilden implementeren in de gemeenschap wat nodig en bevrijdend was voor individuen en iedereen.

Ja, soms durven we naar buiten te treden - met ons geloof. Geloof is net als dansen, heel eenvoudig als anderen meedoen. We hebben mededansers nodig die in onze waarden geloven. Dan is het fijn om niet aan de zijlijn te hoeven staan. *"Dus ga de dansvloer op - en oefen,"* benadrukt geestelijke *Sebastian Sievers* in een podcast.

Dit besef heeft praktische gevolgen: Als geloof, net als dansen, iets is dat van oorsprong menselijk en goed is, dan kunnen we daarop voortbouwen.

Dit is precies wat het boek *"Deus Ex Machina - Deel III"* doet door ons uit te nodigen om sluimerende *"religieuze vaardigheden"* wakker te maken en te ontwikkelen. Geloof wordt niet gepresenteerd als een star dogma, maar als iets dat in ieder mens aangeboren is, maar aangemoedigd en getraind moet worden. De teksten, oefeningen en suggesties stellen ons in staat om van ons aangeboren spirituele verlangen naar concrete vaardigheden te gaan die we kunnen ontwikkelen - vergelijkbaar met het oefenen van de danspassen.

Oefenen, loslaten, durven - de danspassen van het geloof leren

Als je wilt dansen, moet je *oefenen*. Dit geldt ook voor geloof. Een dans lijkt licht en vrij, maar achter deze lichtheid gaat vaak discipline en training schuil. Net zoals geestelijken benadrukken in dienst van evangelisatie, vereist geloof begeleiding en gezamenlijke oefening.

Niemand wordt als een perfecte danser geboren; je leert passen, probeert ze uit, wordt gecorrigeerd - totdat je op een gegeven moment *"je eigen dans danst"*. Zo is het ook met geloof: zonder begeleiding en onderwijs (bijv. van ouders, teamleden, pastors, godsdienstonderwijs) zouden veel mensen de toegang tot God verliezen. Dit is precies waar het werkboek voor religieuze vaardigheden om de hoek komt kijken: Het ziet zichzelf als een trainingsboek dat gebruik maakt van reflectievragen en leervelden om lezers te begeleiden in het beoefenen van geloof. In twaalf *"leervelden"* - van het vermogen tot dialoog en empathie tot zelfacceptatie en ethisch handelen - worden vaardigheden beschreven die ontwikkeld kunnen worden om het geloof beter te beleven.

Hier zijn enkele mogelijke toepassingen:

- *Godsdienstonderwijs:* Leerkrachten kunnen de leergebieden gebruiken om leerlingen aan te moedigen na te denken over hun geloof en dit actief te beleven.
- *Zelfstudie:* Individuen kunnen het boek gebruiken als gids om hun eigen religieuze geletterdheid te verdiepen.
- *Gemeenschapswerk:* Het kan dienen als basis voor workshops of discussiegroepen om geloof te begrijpen als een dynamisch proces.
- *Theologie stage:* Theologiestudenten kunnen de inhoud gebruiken om praktische benaderingen van godsdienstonderwijs te ontwikkelen.
- In combinatie met ander lesmateriaal kan het boek worden gebruikt als aanvulling op traditionele tekstboeken om nieuwe perspectieven en benaderingen te creëren.
- En: individuele citaten of vragen uit het boek kunnen worden gebruikt als impuls voor discussies of groepswerk.
- Met zijn diverse suggesties en de levensechte metafoor van dansen kan *"Geloof is als dansen"* een waardevolle bijdrage leveren aan eigentijds en vaardigheidsgericht godsdienstonderwijs. Het moedigt leerlingen aan om actief en vol vertrouwen hun eigen geloofsreis vorm te geven.

- ## Naast oefening is er moed voor nodig om de dansvloer op te gaan.

- Het boek moedigt een flexibele, moedige en vreugdevolle benadering van het geloof aan die verder gaat dan dogmatische regels: geloof vereist, net als dans, inzet en oefening. Mgr. Josef Hernoga benadrukt ook in zijn bijdrage vanuit katholiek perspectief: *"Geloof vereist ook betrokkenheid, persoonlijke toewijding en creativiteit. Alleen wie enthousiast is over God en gefascineerd door Jezus Christus heeft 'vreugde in het geloof'".* Enthousiasme ('geestdrift' - letterlijk een God in ons) is de motor die aanvankelijke verlegenheid overwint.

- *Dansen en moed gaan altijd samen:* Je geeft iets van jezelf prijs, elke beweging maakt je kwetsbaar. Als je voor anderen danst, loop je het risico dat je vragend wordt aangekeken - *"Wat doet hij daar?"* - en toch stelt de vreugde van het dansen je in staat om deze verlegenheid te overwinnen. Op dezelfde manier vereist geloof moed. In een seculiere omgeving is er vaak burgerlijke moed voor nodig om je geloof te belijden - het is gemakkelijk om je belachelijk te voelen, *"alsof je een expressieve dans van de vrijeschool hebt gedaan".* Maar wie zijn geloof *danst*, krijgt innerlijke vrijheid van de meningen van spotters. De boodschap is: laat je niet verlammen door angst. *Beoefen* je geloof en *durf* het aan de buitenwereld te laten zien. Net zoals een danser pas na vele repetities zelfverzekerd het podium op stapt, wordt een christen moedig genoeg om in het dagelijks leven voor zijn waarden op te komen door ze te beoefenen.

Figuur: God als DJ.

Een spiritueel heldere vrouwenfiguur met lang wit haar en een aureool draagt een grote zwarte koptelefoon. Voor haar staat een platenspeler met een model van het zonnestelsel: De zon in het midden, de planeten in concentrische banen eromheen. Zachtjes raakt ze met haar vingers de aarde en andere planeten aan, alsof ze de muziek van een kosmos speelt die mensen aanmoedigt om te dansen. Op de achtergrond is een donkere sterrenhemel met stralende sterren en andere planeten. De scène van God als DJ straalt rust, wijsheid en een spirituele verbinding met het universum uit.

Dit toont een van de grote voordelen van *geloof is als dansen*: Training kan theologische reflectie combineren met praktische begeleiding op karakterontwikkeling. Dit moedigt mensen aan om hun geloof actief vorm te geven en te beoefenen - *"niet alleen [om te dansen] volgens vreemde, dogmatische regels, maar [...] zelfbewust in harmonie met het ritme van [hun] eigen leven"*. Deze zelfbepaling in het geloof - zonder willekeur, maar met een persoonlijk verinnerlijkte overtuiging - is het doel van "stemmingswerk". In de context van het vorige deel van Deus Ex Machina zou je kunnen zeggen: *iedereen moet zijn eigen persoonlijke geloofsdans vinden die ook in harmonie is met Gods grote melodie.*

Dans van vreugde - geloven met lichaam en ziel

Maar waarom eigenlijk dansen? Wat levert dans het geloof op? Het antwoord is eenvoudig: vreugde en heelheid. *"Dansen maakt gelukkig"*, roepen veel jongeren. Van de eerste tot de laatste tel is dansen pure emotie en gelukzaligheid - iets wat zelfs buitenstaanders kunnen voelen. Deze ervaring kan direct worden overgedragen op het geloof: *"Geloof maakt ook gelukkig,"* zegt Lüskow. Het is het beleven van je geloof dat het leven een diepere betekenis geeft, een "rode draad" in de dans van het leven. Wie gelooft, wordt - metaforisch gesproken - vastgehouden in een choreografie die alle emoties van het leven meet, maar uiteindelijk leidt naar een vervuld doel. Geloof geeft richting en hoop aan de dans van het leven.

De metafoor van het dansen benadrukt vooral de lichamelijkheid van het geloof. Christelijk geloof wil niet alleen in het hoofd plaatsvinden, maar de hele persoon doordringen - hart, ziel en lichaam. In de Bijbel danst koning David vol overgave voor de ark van God, ongeacht zijn koninklijke waardigheid (2 Sam 6). Zijn beroemde bekentenis: *"Ik zal dansen voor het aangezicht van de HEER"*, ondanks de blikken van de mensen om hem heen, is paradigmatisch voor het feit dat God een fysieke uiting van vreugde verdient. Waar geloof leeft, inspireert het mensen om te zingen, muziek te maken en *"vol overgave"* te dansen. Het volk Israël deed dit duizenden jaren geleden en mensen over de hele wereld ervaren dit vandaag de dag nog steeds in kerkdiensten en kerkelijke festivals. Vooral in charismatische of Afrikaanse kerken is dansen een natuurlijker onderdeel van het loven van God dan in Midden-Europese kerken. Er is echter ook een herontdekking van liturgische en meditatieve dans in dit land. Hildegard Linn, een danslerares met een jarenlange staat van dienst, heeft haar eigen choreografieën ontwikkeld voor de viering van de mis en Kerstmis - van Kyrie en Gloria tot Sanctus - en verwijst telkens naar de bijbelse symboliek van de gebaren. Dansen op gewijde muziek zoals de *Misa Criolla* uit Zuid-Amerika laten zien dat gebed en beweging gecombineerd kunnen worden: De *pulserende ritmes zijn een uitdaging om op te dansen* en degenen die ermee bezig zijn, bidden met hun lichaam.

Dans wordt ook gewaardeerd als een gebedservaring buiten de officiële liturgie. In een bijdrage aan de katholieke serie *SWR4 Abendgedanken* geeft Marianne Krämer-Birsens een indrukwekkend verslag van hoe een groep oudere dames samen *meditatief dansen* op de muziek. *"Dansen is als bidden" is* de titel. Voor deze vrouwen - van wie velen ouder zijn dan 60 - wordt de wekelijkse danskring een oase, een plaats van Gods aanwezigheid in het hier en nu. 90 minuten lang is niets anders belangrijk dan de harmonie met de anderen; elke stap in de cirkel wordt een concentratie op het wezenlijke. *"Jezelf verliezen in dans kan zijn als een gebed. Helemaal bij jezelf zijn, helemaal in het moment zijn, het met toewijding doen - dat is bidden voor mij,"* schrijft Krämer-Birsens. Deze ervaring valt samen met het inzicht van Delbrêl: het gaat om toewijding, het loslaten van alle storende gedachten en het ervaren van diepe vreugde. Een dans als deze *"verwijdert alle tijdelijke en fysieke beperkingen"* - je voelt je jong en vrij. Tegelijkertijd putten de deelnemers nieuwe kracht uit het dagelijks leven; woede en zorgen worden op deze momenten gerelativeerd. Blijkbaar komt hier niet alleen endorfine vrij, maar ook spirituele energie. Als mensen met lichaam en ziel bidden - of dat nu door middel van woorden, stilte of dans is - spreekt het hen op een meer holistische manier aan dan wanneer het geloof alleen een zaak van het hoofd zou zijn. Dit is precies waar Mgr. Hernoga op wijst: Geloof heeft altijd te maken met zintuigen en gevoelens; levend geloof heeft zelfs een helende werking op mensen. Dans kan een vorm van therapie zijn - zowel fysiek als emotioneel - en oprecht geloof heeft ook een helend en betekenisvol effect. *Geloof is als dansen* benadrukt daarom dat vaardigheden als empathie, dialoog en zelfacceptatie vereisen dat lichaam, geest en ziel samenwerken. Geloof moet *"flexibel, moedig en met vreugde"* worden beleefd - dit komt meer overeen met de levendige danspas dan met de stijve kniebuiging.

Kerk in beweging - dans als uitdrukking van doorleefd geloof

Als geloof is als dansen, rijst de vraag: *waar danst de kerk?* Veel te lang is er een ongeschreven regel van onbeweeglijkheid geweest in sommige delen van de kerk - vrome lichamen moeten stil zijn, handen gevouwen en gezichten ernstig. Maar deze houding is aan het veranderen. Paus Franciscus bijvoorbeeld herinnert ons onvermoeibaar aan de *vreugde van het evangelie* en dat christenen *geen "zuurpruimen"* moeten zijn. Hoewel Franciscus het niet letterlijk over dansen had, komt zijn visie van een kerk die bruist van vreugde dicht in de buurt. In feite zou "het Rome van vandaag", d.w.z. de kerkleiding, er goed aan doen om dansen bewuster te promoten als een uitdrukking van geloof. Liturgie kan plechtig en eerbiedig zijn - maar eerbied sluit vreugde niet uit. Denk aan koning David: zijn extatische processie voor de ark was net zo'n eredienst als de cultus van het tempeloffer, alleen spontaner. Dus waarom geen ruimte maken voor liturgische dans waar het past bij de cultuur? In veel Afrikaanse en Oceanische gemeenschappen is het vanzelfsprekend om te dansen tijdens de offerande of het Gloria. De Roomse Kerk zou van deze "jonge kerken" kunnen leren en ook in Europese diensten de vreugde van beweging kunnen toelaten zonder bang te hoeven zijn om de controle te verliezen. Natuurlijk is hier tact nodig - dansen in het koor wordt niet overal begrepen - maar processies, ritmisch zingen met lichaamsbeweging of meditatieve kringdansen in het gebed zouden een verrijking kunnen zijn in plaats van een bedreiging.

Een opening naar het lichaam zou ook wenselijk zijn in de opleiding van predikanten en theologen. Zij die priester of pastor worden leren veel over dogmatiek en liturgie, maar weinig over lichamelijke vormen van gebed. Een workshop *over "Gebed en Beweging"* in het seminarie voor priesters, een seminar over "Dans als Gebed" in de theologiestudies - zulke impulsen zouden toekomstige geestelijken kunnen helpen hun angst te overwinnen om nieuwe wegen in te slaan met hun congregaties. De Franse non Zr. Geneviève Médevielle zei ooit: "*Als de geest blaast, moet het lichaam ook kunnen resoneren.* Dit is waar pneumatologie (de leer van de Heilige Geest) en kinesiologie samen een holistische spiritualiteit vormen. De kerk moet begrijpen dat jongeren vandaag de dag op zoek zijn naar andere benaderingen - wie in het kader van zijn jeugdwerk een Taizé-dans of een gebedsavond met hiphopbewegingen aanbiedt, kan op een directere manier harten bereiken dan door alleen maar te zitten en te luisteren.

Er is al een bemoedigend nieuw begin in de kerkelijke praktijk. Dansgroepen, meditatieve dansbijeenkomsten (zoals gerapporteerd door Krämer-Birsens) of zelfs eenvoudige bewegingsliederen in de gezinsdienst maken de sfeer losser en geven je het gevoel dat je hier *gelukkig* kunt zijn. De starre opstelling van de kerkbanken wordt een podium waarop iedereen wordt uitgenodigd om mee te doen. Waar gelovigen letterlijk en figuurlijk *leren dansen,* komt de gemeente tot leven. Er ontstaat een gemeenschapsgevoel - mensen bewegen op dezelfde beat, lachen en verliezen hun angst voor elkaar. Menig vooroordeel dat geloof saai is, zou ontkracht kunnen worden als van buitenaf zichtbaar werd hoe levendig het kan zijn met christenen.

De theologe en danseres Hildegard Don Bosco merkte ooit met een knipoog op dat Jezus' eerste officiële daad na de opstanding een vreugdedans moet zijn geweest - maar geen van de evangelisten durfde dit op te schrijven. Maar geen van de evangelisten durfde dit op te schrijven. Ook al blijft dit een legende, de kern is waar: de *vreugde van de verrijzenis* wil in beweging worden uitgedrukt. Dus waarom zouden we Pasen niet vieren met liturgische dans in plaats van alleen maar "Christus is opgestaan" te zingen? De kerk van de toekomst kan moediger worden en *nieuwe (dans)stappen* durven *zetten.*

Dans je geloof!

Uiteindelijk blijven we achter met de uitnodiging die het eerder genoemde trainingsboek en alle aangehaalde stemmen al hebben gedaan: Kom naar de dansvloer van het geloof! Wie deze vergelijking aangaat, ontdekt dat geloof echt is als dansen - een samenspel van leiden en volgen, van ritme en improvisatie, van ernst en vreugde. Dat blijkt uit de recensie van *"Geloof is als dansen":* Het boek combineert inspirerende theologische inzichten met zeer praktische hulp om geloof *in beweging* te krijgen. Het benadrukt dat we ons geloof alleen authentiek kunnen beleven als we onszelf erin terugvinden - in harmonie met het ritme van ons leven en toch open voor het ritme dat God bepaalt.

Het geloof wint als gelovigen *dansen* en leren dansen: symbolisch, door hun geloof te laten "swingen" vol vertrouwen en vreugde, en ook praktisch, door hun lichaam te begrijpen als een geschenk van God. Een dansende gelovige is het tegenovergestelde van een verbeten fanaticus - dan stralen we lichtheid, liefde en moed uit om het leven tegemoet te treden. Dit is precies het soort getuigenis dat de wereld nodig heeft. Als Gods melodie in ons hart weerklinkt, moeten we niet bang zijn om er met onze voeten op te reageren. De psalmisten waren er al van overtuigd dat God met ons danst: *"Loof hem met tamboerijn en rondedans!"* (Psalm 150:4). *"Omdat God danst, dansen wij ook"*, zeggen veel geestelijken. Ja, de *"dansende God"* staat aan onze kant - nu is het aan ons om mee te doen met de hemelse muziek. Met dit in gedachten: *"Dans je leven, dans je geloof!"*. Want wie gelooft, mag zich verheugen als iemand die danst voor God en in het licht van de Heilige (GN - W/D/M). Laten we voor de liefde van God die ons ondersteunt de moed hebben om deze vreugde uit te drukken - in onze gemeenten, onze gebeden, ons hele leven. Geloof is als dansen: een risico, een geschenk en een hemelse vreugde. **Amen** - of moeten we zeggen: Àmen (in 3/4 maat).

Aanvullende online bronnen

- **ABC News** - abcnews.go.com - Nieuwsportaal van de Amerikaanse televisiezender ABC met actueel nieuws en achtergrondreportages.

- **Aleteia** - aleteia.org - Internationaal katholiek online portaal met nieuws, spiritualiteit, geloof en levensvragen vanuit katholiek perspectief.

- **ARD Tagesschau** - tagesschau.de - ARD's publieke nieuwsportaal met nieuws en achtergrondinformatie over Duitsland en de wereld.

- **Berliner Morgenpost** - morgenpost.de - Landelijk dagblad met de nadruk op actueel nieuws uit Berlijn, Duitsland en de wereld.

- **Bertelsmann Religion Monitor** - bertelsmann-stiftung.de - Regelmatig onderzoek door de Bertelsmann Stiftung naar religieuze houdingen, praktijken en sociale veranderingen.

- **Katholieke Antwoorden** - catholic.com - Apologetisch katholiek portaal dat geloofszaken en de kerkleer uitlegt en verdedigt.

- **Catholic News Agency (CNA)** - catholicnewsagency.com - Engels katholiek persbureau gespecialiseerd in berichtgeving over het Vaticaan en de wereldwijde Kerk.

- **CBS News** - cbsnews.com - Amerikaanse nieuwssite van het televisienetwerk CBS met actueel nieuws over internationale gebeurtenissen.

- **CIDSE** - cidse.org - Internationale alliantie van katholieke ontwikkelingsorganisaties die zich inzetten voor sociale rechtvaardigheid, duurzaamheid en armoedebestrijding.

- **CNA Duits** - de.catholicnewsagency.com - Duitstalig portaal van CNA voor katholiek nieuws in Duitstalige landen.

- **Crux** - cruxnow.com - Onafhankelijk katholiek nieuwsportaal uit de VS met de nadruk op wereldwijde kerkelijke gebeurtenissen en het Vaticaan.

- **Duitse bisschoppenconferentie (DBK)** - dbk.de - Officiële website van de katholieke bisschoppen van Duitsland, met documenten, verklaringen en actueel nieuws.

- **Die Presse** - diepresse.com - Oostenrijks dagblad met gedetailleerde reportages en commentaren over politiek, maatschappij en kerk.

- **Domradio** - domradio.de - Katholiek online portaal en radiostation in Keulen, biedt uitgebreid nieuws en achtergrondinformatie over de katholieke kerk.

- **FAZ (Frankfurter Allgemeine Zeitung)** - faz.net - Toonaangevend Duits dagblad met uitgebreide berichtgeving over politiek, zaken, maatschappij en religie.

- **Famvin** - famvin.org - Internationaal netwerk van de Vincentiaanse familie, biedt informatie over projecten en nieuws uit de Vincentiaanse gemeenschap.

- **Frankfurter Rundschau** - fr.de - Nationaal Duits dagblad met maatschappijkritische artikelen en nieuws over actuele onderwerpen.

- **Greenpeace** - greenpeace.de - Internationale milieuorganisatie die zich inzet voor wereldwijde klimaatbescherming, milieubescherming en duurzaamheid.

- **Heute** - heute.at - Oostenrijks nieuwsportaal met actuele berichten over politiek, maatschappij en milieu.

- **Kath-Kirche Kärnten** - kath-kirche-kaernten.at - Officieel katholiek informatieportaal van het bisdom Gurk-Klagenfurt met regionaal en wereldnieuws over de kerk.

- **Katholisch.de** - katholisch.de - Officieel nieuwsportaal van de katholieke kerk in Duitsland, biedt nieuws, achtergrondinformatie en debatten.

- **Kathpress (Katholische Presseagentur Österreich)** - kathpress.at - Oostenrijks katholiek persbureau met uitgebreide berichtgeving over kerk en religie.

- **Kirche+Leben** - kirche-und-leben.de - Katholiek onlineportaal van de wekelijkse krant van het bisdom Münster met nieuws, reportages en commentaren over kerk en samenleving.

- **Misereor** - misereor.de - Katholieke hulporganisatie voor ontwikkelingssamenwerking, toegewijd aan het bestrijden van armoede en sociaal onrecht wereldwijd.

- **National Catholic Reporter** - ncronline.org - Kritisch en onafhankelijk Amerikaans katholiek nieuwsportaal over kerk en sociale zaken.

- **n-tv** - n-tv.de - Duitse particuliere nieuwszender, doet verslag van actuele nationale en internationale gebeurtenissen.

- **ORF Religion** - religion.orf.at - Oostenrijks nieuwsportaal over religieuze onderwerpen, kerknieuws en interreligieuze dialogen.

- **PBS News** - pbs.org - Amerikaanse publieke nieuwszender met achtergrondinformatie en reportages over internationale kwesties.

- **Sonntagsblatt** - sonntagsblatt.de - Protestants nieuwsportaal, biedt uitgebreide informatie over kerk, religie en samenleving.

- **Süddeutsche Zeitung (SZ)** - sueddeutsche.de - Toonaangevend Duits dagblad met uitgebreide berichtgeving over nationale en internationale onderwerpen, politiek en maatschappij.

- **Vatican News** - vaticannews.va - Officieel nieuwsportaal van het Vaticaan, berichten over de paus, het Vaticaan en wereldwijde katholieke kwesties.

- **Watson** - watson.de - Online nieuwsportaal met een jong publiek, bericht over politieke en sociale kwesties in hedendaagse taal.

- **Wikipedia** - wikipedia.org - Gratis online encyclopedie, biedt uitgebreide artikelen over bijna alle kennisgebieden, inclusief religieuze en kerkelijke onderwerpen.

- **Zeit Online** - zeit.de - Online portal van het Duitse weekblad DIE ZEIT, biedt gedetailleerde artikelen en analyses over sociale, politieke en culturele onderwerpen.

Andere meer specifieke katholieke en kerkelijke online portalen:

- **Herder Korrespondenz** - herder.de/hk - Een maandelijks katholiek tijdschrift dat kerkelijke, politieke en culturele ontwikkelingen kritisch onder de loep neemt.

- **Katholische Nachrichten-Agentur (KNA)** - kna.de - Duits katholiek persbureau, biedt actuele en onafhankelijke berichtgeving over onderwerpen met betrekking tot de kerk, religie en samenleving.

- **The Tablet** - thetablet.co.uk - Brits katholiek weekblad met diepgaande berichtgeving en analyses over de kerk en internationale gebeurtenissen.

- **Zenit** - zenit.org - Internationaal katholiek nieuwsagentschap dat zich richt op gebeurtenissen met betrekking tot het Vaticaan en de wereldwijde Kerk.

Lijst met illustraties

Dit volume is een *kunstwerk van* kunstmatige *intelligentie-algoritmen*: de illustraties zijn volledig door AI gegenereerd: het beeld van de curator in het impressum is bewerkt met AI-filters en -algoritmen.

Werkopdracht in de jaarlijkse stage met woordenlijst

Werktaak in de jaarlijkse stage:
Dagelijkse reflectie op een begrippenlijst

Als onderdeel van een jaarlijkse stage ontvang je elke dag een nieuwe **woordenlijstterm**, waarmee je intensief aan de slag gaat. Het is jouw taak om zelfstandig of in samenspraak met anderen de volgende stappen uit te voeren:

1. **Begrip en contextualisering**: Nadenken over de inhoud van de term, indien nodig aanvullende informatie en bronnen onderzoeken en de centrale betekenis van de term in de context van de katholieke kerk verduidelijken.

2. **Persoonlijke reflectie en evaluatie**: Analyseer welke betekenis, vragen en impulsen de term voor jou persoonlijk heeft. Kijk kritisch naar welke gedachten en innerlijke impulsen de term bij je oproept.

3. **Kritische beschouwing in relatie tot de katholieke kerk**: Evalueer hoe deze term kan worden gecategoriseerd met betrekking tot de huidige uitdagingen, ontwikkelingen en noodzakelijke hervormingen binnen de katholieke kerk. Identificeer duidelijke hervormingsbenaderingen en mogelijke behoeften aan verandering.

4. **Lokale haalbaarheid en ontwikkeling van maatregelen**: Denk specifiek na over welke maatregelen, acties of initiatieven je lokaal (bv. in een parochie, in kerkgroepen of lokale netwerken) kunt afleiden, bespreken en praktisch implementeren uit het omgaan met dit concept. Beschrijf de eerste stappen of suggesties voor lokale implementatie of thematisering.

De dagelijkse verwerking moet schriftelijk worden vastgelegd, zodat je aan het einde van de jaarlijkse stage een uitgebreide verzameling hebt van je bevindingen, suggesties en hervormingsimpulsen.

(1) **#OutInChurch**: Een initiatief van queer (LGBTQIA+) medewerkers van de katholieke kerk die publiekelijk hun identiteit erkennen en discriminatie aan de kaak stellen om noodzakelijke veranderingen in gang te zetten.

(2) **Abortus:** De beëindiging van een zwangerschap. Wordt fundamenteel afgewezen door de katholieke kerk.

(3) **Achterstand in hervormingen:** Een situatie waarin noodzakelijke structurele of inhoudelijke veranderingen niet worden doorgevoerd, wat leidt tot stagnatie of achteruitgang.

(4) **Ad limina bezoek:** Het verplichte bezoek van de bisschoppen van een bisschoppenconferentie aan de paus in Rome, dat normaal om de vijf jaar plaatsvindt.

(5) **Adelphopoiesis (broederlijke band):** Rituelen in de vroege middeleeuwen voor de liturgische zegening van emotioneel hechte relaties tussen mensen van hetzelfde geslacht, bekend als "broederband".

(6) **Afgoderij (of idolatrie):** De aanbidding of vergoddelijking van iets anders dan God. In de context wordt buitensporig nationalisme aangeduid als afgoderij van de eigen natie of het eigen volk.

(7) **Afstandelijke gedoopten:** Mensen die gedoopt zijn maar later wegbleven van de kerk, hoewel ze formeel nog steeds tot de kerk behoren.

(8) **Alfred Delp SJ:** Een Duitse jezuïet en verzetsstrijder tegen het Nazi-regime, wiens uitspraak "Een christen kan nooit een nationalist zijn" in de tekst wordt aangehaald als een uitdrukking van de onverenigbaarheid van radicaal nationalisme en christelijk geloof.

(9) **Algemeen Relator:** Een belangrijke positie op een synode, verantwoordelijk voor het samenvatten van de discussies.

(10) **Algemene Vergadering:** Het hoogste gezag van de Synodale Weg, waar beslissingen worden genomen.

(11) **Amazone Synode:** Een speciale bijeenkomst van bisschoppen in het Vaticaan (2019) waarin de uitdagingen en pastorale behoeften van het Amazonegebied aan de orde kwamen.

(12) **Apostolische visitatie:** Een officieel onderzoek van een bisdom, religieuze gemeenschap of andere kerkelijke instelling namens de paus.

(13) **Ascetische houding / soberheid:** Een levensstijl die gericht is op vrijwillige verzaking, matiging en vermindering van consumptie ten gunste van delen en verantwoordelijkheid voor de schepping.

(14) **Authentieke bekering en hervorming:** Een diepgaande en oprechte verandering en vernieuwing binnen de kerk, die zowel persoonlijke houdingen als structurele aspecten beïnvloedt.

(15) **Authentieke ontwikkeling:** Ontwikkeling die niet alleen gericht is op economische groei, maar ook rekening houdt met het holistische welzijn van mensen en de inclusie van iedereen.

(16) **Balans voor algemeen welzijn:** Een instrument om de bijdrage van een bedrijf aan het algemeen welzijn te meten, naast puur financiële indicatoren.

(17) **Basisgemeenschappen (CEB's):** Basisgemeenschappen in Latijns-Amerika, kleine gemeenschappen van gelovigen die samenkomen voor gebed, Bijbelstudie en sociale betrokkenheid.

(18) **Basisgemeenschappen:** Kleine christelijke gemeenschappen, vaak geworteld in Latijns-Amerika, waarin gelovigen elkaar op ooghoogte ontmoeten en samen de lokale kerk vormgeven.

(19) **Basisregels voor kerkdienst:** De basisregels die de arbeidsomstandigheden en loyaliteitsverplichtingen van werknemers van de katholieke kerk regelen.

(20) **Basisregels voor kerkdienst:** De basisregels die de arbeidsvoorwaarden en loyaliteitsverplichtingen voor werknemers van de katholieke kerk vastleggen en hervormd zijn.

(21) **Begeleiding bij zwangerschapsconflicten:** Verplichte counseling in Duitsland voor vrouwen die een zwangerschap willen afbreken. Progressieve stemmen pleiten voor een open einde.

(22) **Beginselen van het handelsrecht:** Beginselen van boekhouding en financiële verslaglegging die gebruikelijk zijn in de economie (bijv. volgens HGB in Duitsland).

(23) **Behoefte aan hervorming:** De behoefte aan fundamentele veranderingen in de structuren, regels en cultuur van de kerk als reactie op het misbruikschandaal.

(24) **Behoefte om vorm te geven:** De dringende behoefte om de structuren, praktijken of leringen van de kerk actief te veranderen en te ontwikkelen om relevant en levendig te blijven.

(25) **Bergrede:** Een centrale verhandeling van Jezus in het Nieuwe Testament die ethische lessen bevat, waaronder de geboden over geweldloosheid en liefde voor vijanden.

(26) **Bescherming van het leven:** Het fundamentele principe in de katholieke kerk dat de waarde en heiligheid van het menselijk leven benadrukt vanaf de conceptie tot de natuurlijke dood.

(27) **Bevrijdingstheologie:** Een theologische richting die het geloof weerspiegelt vanuit het perspectief van de armen en onderdrukten en de nadruk legt op sociale rechtvaardigheid.

(28) **Bewapeningsbeleid:** Politieke maatregelen en beslissingen met betrekking tot de productie, de handel en het gebruik van wapens en militaire uitrusting.

(29) **Beweging van kerkmensen "Wij zijn Kerk":** Een katholieke hervormingsbeweging die campagne voert voor meer democratie en gelijke rechten in de kerk.

(30) **Bisdom:** Een administratief district van de katholieke kerk onder leiding van bisschoppen.

(31) **Bisdom:** Een andere term voor bisdom.

(32) **Bisschoppelijke zetel:** speciaal vermogen van bisschoppen dat apart van de algemene bisschoppelijke financiën wordt beheerd.

(33) **Bisschoppen die bereid zijn om dingen vorm te geven:** Geestelijken op bisschoppelijk niveau die openstaan voor verandering en hervorming binnen de katholieke kerk en daar een actieve rol in willen spelen.

(34) **Bukken en dekking zoeken (in een kerkelijke context):** Ironische metafoor voor reflexief, passief of defensief gedrag van geestelijken bij crises of hervormingen, het vermijden van conflicten of ongemakkelijke discussies.

(35) **Bundesarbeitsgemeinschaft Kirche und Rechtsextremismus (BAG K+R):** Een oecumenisch netwerk dat campagne voert tegen rechts populisme, rechts extremisme en groepsgerichte vijandschap en kerkelijke actoren adviseert en ondersteunt.

(36) **Canoniek recht:** Het interne rechtssysteem van de katholieke kerk, dat de structuur, organisatie en regels voor kerkelijke ambten, lidmaatschap, enz. regelt.

(37) **Caritas:** Een internationale vereniging van katholieke hulporganisaties die in veel landen een belangrijke werkgever is en onder het kerkelijk arbeidsrecht valt.

(38) **CEAMA (Conferencia Eclesial de la Amazonía):** Een kerkelijke conferentie voor het Amazonegebied die geestelijken en leken samenbrengt en wordt beschouwd als een model voor synodaal leiderschap.

(39) **Celibaat:** Vrijwillig celibaat omwille van het koninkrijk der hemelen, dat nog steeds verplicht is voor priesters van de Latijnse ritus in de Rooms-Katholieke Kerk.

(40) **Centraal Comité van Duitse Katholieken (ZdK):** De officiële vertegenwoordiging van de katholieke leken in Duitsland.

(41) **Centralisme:** Een organisatorisch principe waarbij beslissingen en macht voornamelijk geconcentreerd zijn in een centraal orgaan of autoriteit, in deze context in Rome/Vaticaan.

(42) **Charisma's:** Gaven en bekwaamheden die de Heilige Geest aan individuele gelovigen geeft om de gemeenschap te dienen.

(43) **Christelijk mensbeeld:** De theologische overtuiging dat ieder mens geschapen is naar het beeld van God en daarom een onschendbare waardigheid heeft, ongeacht afkomst, religie, seksuele geaardheid, etc.

(44) **Christelijk Sociaal Onderwijs:** De verzameling principes en leerstellingen van de katholieke kerk over sociale, economische en politieke kwesties, gebaseerd op het evangelie en de kerkelijke traditie.

(45) **Christelijke sociale ethiek:** Een gebied van theologie dat zich bezighoudt met de toepassing van christelijke waarden en principes op sociale, economische en politieke kwesties.

(46) **CIC (Code van Canoniek Recht):** De verzameling wetten en normen die de katholieke kerk regeren.

(47) **Circus van loyaliteitsconflicten:** een situatie waarin kerkelijke actoren voortdurend in conflict zijn door tegenstrijdige verwachtingen (bijv. tussen Rome en de lokale kerk).

(48) **Clericalisme:** Een houding of structuur die de geestelijkheid boven de leken plaatst en hun rol en autoriteit te veel benadrukt.

(49) **Clobber passages:** term die in de queer theologie gebruikt wordt voor bijbelpassages die vaak geïsoleerd en zonder historische context geciteerd worden om homoseksualiteit te veroordelen.

(50) **Collectief Borg:** Fictieve soort uit Star Trek, afgebeeld als een cybernetisch collectief bewustzijn waarin individuen hun onafhankelijkheid verliezen en worden gecontroleerd door een centrale "hive mind". In de tekst gebruikt als metafoor voor de gewenste aanpassing van de deelnemers aan het seminar aan een monolithische ideologische structuur.

(51) **Collectieve veilige ruimte:** Een veilige ruimte die gecreëerd wordt door de gemeenschappelijke houding en acties van een groep (bijv. een bisschoppenconferentie).

(52) **Collegialiteit:** Het principe dat bisschoppen (of, in bredere zin, andere groepen in de kerk) samen verantwoordelijkheid dragen en beslissingen nemen als een college.

(53) **Communio:** Gemeenschap, een centraal concept in het begrip van de kerk als een gemeenschap van gelovigen.

(54) **Competentiecentrum voor democratie en menselijke waardigheid:** Een instelling die is opgericht door de katholieke kerk om de eis te ondersteunen dat rechtsextremisten worden geweerd uit lekenposities in de kerk.

(55) **Concept van ambt:** Het theologische begrip van kerkelijk ambt (bijv. priesters, pastors, bisschoppen) en de legitimiteit ervan.

(56) **Conflictbegeleiding en bemiddeling:** Professionele ondersteuning om conflicten tussen individuen of groepen te verduidelijken en op te lossen, vooral tussen bisschoppen of verschillende kampen binnen de kerk.

(57) **Congregatie voor de Geloofsleer:** Een van de oudste congregaties van de Romeinse Curie, verantwoordelijk voor het beschermen en verdedigen van de katholieke geloofs- en zedenleer.

(58) **Creatieve geestelijkheid**: Een geestelijke die bereid en in staat is om de kerk en haar gemeenschap actief te ontwikkelen, gekenmerkt door openheid, vernieuwingsgezindheid, participerend leiderschap en moed.

(59) **Curia (Romeinse Curie):** De centrale administratieve autoriteit van de Heilige Stoel, die het hoofd van de Kerk bijstaat in het besturen van de universele Kerk.

(60) **Dans van vreugde:** Het idee dat dans (en dus ook geleefd geloof) vreugde en geluk overbrengt en het geloof tot een holistische ervaring maakt.

(61) **Dansen in de armen van God:** Een metafoor van Madeleine Delbrêl die de relatie met God beschrijft als een opwindende dans vol toewijding, waarin men zich laat leiden door Gods ritme.

(62) **De Emmaüsgangers (Lucas 24):** Een bijbels verhaal over twee discipelen die teleurgesteld uit Jeruzalem wegdwalen, door Jezus worden vergezeld zonder herkend te worden en hem uiteindelijk herkennen, wat hen nieuwe hoop en vreugde geeft. Dient als beeld voor de gemeenschappelijke zoektocht naar geluk.

(63) **Democratisering (in de kerk):** Niet de overdracht van politieke democratie, maar de uitbreiding van echte medezeggenschap en deelname in verantwoordelijkheid van alle gedoopten in de besluitvormingsprocessen van de kerk.

(64) **De-pathologisering:** Het proces waarbij bepaalde gedragingen, aandoeningen of identiteiten (zoals seksuele geaardheid) niet langer als pathologisch of behandelbaar worden beschouwd.

(65) **Desinvestering**: De beslissing om investeringen of geld terug te trekken uit bepaalde bedrijven, sectoren of fondsen, vaak om ethische of morele redenen (bijv. uit bedrijven die investeren in fossiele brandstoffen).

(66) **Diaconaat:** Het eerste niveau van het gewijde ambt in de katholieke kerk. Diakens assisteren priesters en bisschoppen en mogen bepaalde liturgische diensten uitvoeren.

(67) **Dicasters:** De belangrijkste autoriteiten of ministeries van het Vaticaan die de paus bijstaan in het bestuur van de universele Kerk (bijv. Congregatie voor de Geloofsleer, Dicasterie voor Bisschoppen).

(68) **Diocesaan recht:** bepalingen van kerkelijk recht die van toepassing zijn op een specifiek bisdom (diocese).

(69) **Diocesane raad:** Een adviesorgaan op het niveau van een bisdom, vaak met deelname van leken.

(70) **Diversiteit:** Wordt in de tekst beschreven als een rijkdom binnen de kerk en de samenleving die verschillende perspectieven op geluk met zich meebrengt.

(71) **Doctrinele herwaardering:** De herziening en, indien nodig, aanpassing van bestaande kerkelijke leerstellingen.

(72) **Doctrinele prediking:** De officiële communicatie en interpretatie van de kerkleer.

(73) **Dogmatische grenzen:** Overtuigingen en leerstellige bepalingen die als bindend worden beschouwd en de theologische basis kunnen vormen voor scheidslijnen tussen denominaties.

(74) **Doofpot:** Het opzettelijk verzwijgen of verhullen van gevallen van misbruik door kerkfunctionarissen om de instelling of individuen te beschermen in plaats van de slachtoffers te steunen en de misdaden op te helderen.

(75) **Dubbele standaarden:** Het naast elkaar bestaan van openbare morele leer (bijv. over seksualiteit) en geheim, afwijkend gedrag (bijv. geheime relaties, affaires). Wordt genoemd als een probleem in de context van de celibaatscultuur.

(76) **Duitse bisschoppenconferentie (DBK):** De vereniging van katholieke bisschoppen in Duitsland.

(77) **Duurzaamheid:** Een principe waarbij hulpbronnen zo worden gebruikt dat ze in de behoeften van het heden voorzien zonder de mogelijkheden van toekomstige generaties in gevaar te brengen. In de katholieke kerk vaak in de zin van het behoud van de schepping.

(78) **Dynamische visie op christen-zijn:** Een idee van christen-zijn dat verder gaat dan het simpelweg volgen van regels en de nadruk legt op een actieve betrokkenheid bij jezelf, anderen en de wereld met hart, hand en verstand.

(79) **Ecclesia semper reformanda:** Latijnse uitdrukking die "de kerk die altijd vernieuwd wordt" betekent, wat de noodzaak van voortdurende hervorming in de kerk benadrukt.

(80) **Ecologische omschakeling:** Een verandering in denken en doen die leidt tot een meer verantwoordelijke benadering van het milieu.

(81) **Economie voor het algemeen welzijn:** Een alternatief economisch model dat niet gebaseerd is op winstmaximalisatie, maar op waarden zoals menselijke waardigheid, solidariteit, rechtvaardigheid en duurzaamheid.

(82) **Eenheid in verzoende verscheidenheid (communio):** Een ideaal van de kerk waarin eenheid niet wordt afgedwongen door uniformiteit, maar door verschillen te verdragen en te integreren in een sfeer van verzoening en gemeenschap.

(83) **Eenzame wolven**: Bisschoppen die op eigen houtje hervormingen of veranderingen proberen door te voeren, zonder brede steun of netwerken binnen het college.

(84) **Encycliek Laudato si'**: Een pauselijke circulaire van paus Franciscus uit 2015 die uitgebreid ingaat op milieu- en klimaatkwesties en sociale rechtvaardigheid.

(85) **Episcopaat**: Het ambt van bisschoppen.

(86) **Ethische consumptie**: beslissingen van consumenten die rekening houden met sociale, ecologische en ethische factoren, bijvoorbeeld door fairtradeproducten te kopen.

(87) **Etnisch nationalisme**: Een vorm van nationalisme die gebaseerd is op het idee van een etnisch of cultureel homogene natie en die vaak gepaard gaat met de devaluatie of uitsluiting van andere groepen.

(88) **EU Supply Chain Act**: Een wet die bedrijven verplicht om mensenrechten- en milieurisico's in hun wereldwijde toeleveringsketens te identificeren, te voorkomen en te beperken.

(89) **Eucharistie / Avondmaal**: Het sacrament van het Avondmaal in de Protestantse Kerk en de Eucharistie in de Katholieke Kerk; gezamenlijke deelname aan dit sacrament als teken van kerkelijke gemeenschap.

(90) **Evangelii Gaudium**: Een lesbrief van paus Franciscus die begint met de "vreugde van het evangelie" en het beschrijft als een bron van vreugde voor degenen die Jezus ontmoeten.

(91) **Extern deskundig oordeel**: Een onderzoek, bijv. naar gevallen van misbruik of de afhandeling daarvan, uitgevoerd door een niet-kerkelijke, onafhankelijke instantie (bijv. een advocatenkantoor) om een objectievere beoordeling mogelijk te maken.

(92) **Feministische theologie**: Een theologische benadering die de Bijbel, traditie en kerkleer kritisch onderzoekt en herinterpreteert vanuit een feministisch perspectief om ongelijkheid en discriminatie van vrouwen in de kerk aan te pakken.

(93) **Financieel management**: De manier waarop financiële middelen worden beheerd en gebruikt.

(94) **Focolare Beweging**: Een internationale beweging in de katholieke kerk die streeft naar gemeenschap en dialoog tussen christenen van verschillende denominaties en mensen met verschillende geloofsovertuigingen.

(95) **Foutencultuur**: Een houding die mensen toestaat om fouten te maken en ervan te leren zonder angst voor buitensporige straffen.

(96) **Fratelli tutti**: Een sociale encycliek van paus Franciscus uit 2020 over broederschap en sociale vriendschap, die onder andere globalisering, populisme en nationalisme behandelt en een "cultuur van ontmoeting" tegenover de "cultuur van muren" plaatst.

(97) **Fundamentele werknemersrechten**: Fundamentele rechten van werknemers die door de staatswet worden beschermd (bijv. bescherming tegen discriminatie, bescherming tegen ontslag).

(98) **Gaudium et Spes:** Document van het Tweede Vaticaans Concilie, dat gaat over de waardigheid van de mens en zijn rol in de moderne wereld en dat het geweten beschrijft als het "verborgen centrum van de mens".

(99) **Gebod van respect voor het leven ("Gij zult niet doden"):** Een fundamenteel bijbels gebod dat de heiligheid van het menselijk leven benadrukt en dient als ethische basis voor de bescherming van het menselijk leven in het verkeer.

(100) **Geestelijk begeleider:** Iemand die seminaristen of gelovigen begeleidt op hun spirituele reis, vaak door middel van gesprekken over geloofsvragen, innerlijke conflicten en geweten.

(101) **Geestelijke zwijgcultuur:** De tendens binnen de kerk om niet openlijk te spreken over moeilijke of onaangename onderwerpen, vooral seksualiteit en wangedrag, maar om ze taboe te maken, te onderdrukken of te verdoezelen.

(102) **Geestelijken:** Geestelijken van de kerk (bijv. priesters, bisschoppen).

(103) **Gelijkheid en non-discriminatie:** Principes die vereisen dat alle mensen gelijk worden behandeld en niet worden benadeeld, ongeacht geslacht, seksuele geaardheid of levensstijl.

(104) **Geloof is als dansen:** De centrale metafoor die geloof beschrijft als een dynamisch, levendig en actief proces, vergelijkbaar met een dans die inzet, oefening en toewijding vereist.

(105) **Geloofwaardigheid:** Het vermogen van de kerk om authentiek en betrouwbaar te zijn in haar leringen en praktijken, vooral met betrekking tot haar consistentie met de grondbeginselen van het evangelie en sociale waarden.

(106) **Gemeenschappelijk goed:** Het welzijn van alle leden van een samenleving, dat boven individuele belangen wordt geplaatst. De kerk zet zich in voor het algemeen welzijn.

(107) **Gemeenschapsgerichte schapen en waakhonden van de kudde:** Een metafoor voor actieve, zelfbewuste en coöperatieve leken die geen passieve "schapen" zijn, maar op eigen verantwoordelijkheid de kerkgemeenschap beschermen en vormgeven en samenwerken met de geestelijkheid.

(108) **Gen Z (Generatie Z):** De leeftijdsgroep die ruwweg geboren is tussen halverwege de jaren 1990 en halverwege de jaren 2010.

(109) **Genadetheologie:** Vanuit het perspectief van de leer van Gods genade.

(110) **Genderbewust:** Rekening houden met gendergelijkheid in kerkelijke structuren en praktijken.

(111) **Gendergelijkheid:** Het principe dat mannen en vrouwen gelijk behandeld moeten worden en dezelfde kansen en rechten moeten hebben.

(112) **Generatieconflict:** Spanning en conflict tussen verschillende leeftijdsgroepen met verschillende waarden, houdingen en verwachtingen.

(113) **Gescheurde loyaliteiten:** Het innerlijke conflict dat progressieve kerkleiders ervaren wanneer ze moeten bemiddelen tussen officiële normen en de pastorale realiteit ter plaatse.

(114) **Gewetensvorming:** Het proces van het ontwikkelen en aanscherpen van het eigen morele oordeel, vaak in vergelijking met leringen, tradities en persoonlijke ervaringen.

(115) **Gewijde ambten:** De ambten in de kerk die worden toegekend door de sacramenten van de wijding (diaken, priester, bisschop).

(116) **Glücklichsein:** De diepere betekenis van het Duitse woord "Glück", dat een staat van innerlijke vervulling, harmonie en tevredenheid beschrijft.

(117) **Goed nieuws:** Een term voor het evangelie die benadrukt dat de centrale boodschap van het christelijk geloof een boodschap van vreugde is.

(118) **Goede Vrijdag en Pasen:** Christelijke gedenkdagen voor de dood van Jezus (Goede Vrijdag) en zijn verrijzenis (Pasen), die de transformatie van lijden naar hoop en nieuw leven symboliseren.

(119) **Grijze gebieden:** Gebieden binnen de kerk waar bepaalde praktijken of benaderingen worden getolereerd maar niet officieel worden erkend.

(120) **Groene stroom:** Elektriciteit opgewekt uit hernieuwbare energiebronnen zoals wind, zon of water.

(121) **Gulden regel:** Een ethisch principe dat in veel religies en culturen voorkomt ("Behandel anderen zoals je zelf behandeld wilt worden") en wordt genoemd als een gemene deler in de interreligieuze dialoog.

(122) **Heer van de dans:** Een hymne van Sydney Carter die Jezus Christus bezingt als de dansende God die door leven en dood danst en de gelovigen uitnodigt in zijn dans.

(123) **Hertrouwde gescheidenen:** Katholieken die burgerlijk hertrouwd zijn na een echtscheiding.

(124) **Hervorming van de katholieke seksuele moraal:** Het proces en de inspanningen om de traditionele leer en praktijk van de katholieke kerk met betrekking tot seksualiteit, partnerschap en gezin te vernieuwen en aan te passen aan de huidige kennis en de realiteit van het leven van mensen.

(125) **Hervormingsinspanningen:** Inspanningen binnen een instelling om veranderingen aan te brengen in bestaande regels, doctrines of praktijken.

(126) **Herwaardering:** Het proces van het uitgebreid onderzoeken, documenteren en begrijpen van gevallen van seksueel misbruik in de katholieke kerk in het verleden en de achtergrond daarvan, inclusief institutionele tekortkomingen, om er lessen uit te trekken voor het heden en de toekomst.

(127) **Het beeld van God:** De christelijke doctrine dat mensen geschapen zijn naar het beeld van God, die de basis vormt voor de onschendbare waardigheid van ieder mens.

(128) **Het huwelijk begrijpen:** De theologische en wettelijke definitie van het huwelijk door de kerk.

(129) **Holistisch welzijn:** Ontwikkeling die niet alleen economische groei omvat, maar ook sociale, milieu- en culturele aspecten van het leven van mensen en gemeenschappen.

(130) **Homines Probati:** Bewezen mensen, als groep mensen in het algemeen, ongeacht geslacht, die praktisch als priester kunnen werken.

(131) **Homoseksualiteit:** Seksuele geaardheid waarbij een persoon zich emotioneel, romantisch en/of seksueel aangetrokken voelt tot personen van hetzelfde geslacht.

(132) **Homoseksuele sensatie:** Een seksuele voorkeur die gericht is op mensen van hetzelfde geslacht.

(133) **HuK (oecumenische werkgroep "Homoseksuelen en de Kerk"):** Een werkgroep die kritisch kijkt naar de seksuele moraal van de kerk en pleit voor de erkenning van relaties tussen mensen van hetzelfde geslacht.

(134) **Hulp bij zelfdoding:** Hulp bij zelfdoding. Wordt fundamenteel afgewezen door de katholieke kerk.

(135) **Humanistische en ecologische bekering:** een eis om ons af te keren van de "afgoderij van het geld" en ons te richten op menselijk leven, waardigheid en het milieu.

(136) **Huwelijk:** Een levenslange en onverbrekelijke verbintenis tussen een man en een vrouw, door de Kerk erkend als een sacrament (in de traditionele leer van de katholieke Kerk).

(137) **Huwelijksceremonie:** Het sacramentele huwelijk in de katholieke kerk.

(138) **Implementatie van het gelijkheidsbeleid:** De praktische uitvoering van maatregelen om gelijke behandeling en non-discriminatie van een groep te garanderen.

(139) **in persona Christi:** Een theologische term die betekent dat een gewijde bedienaar handelt in de persoon van Christus wanneer hij bepaalde sacramenten viert (vooral de Eucharistie).

(140) **Inclusief begrip van de kerk:** Een visie op de kerk die diversiteit ziet als een verrijking en die alle gedoopte mensen omvat, ongeacht hun confessionele achtergrond of seksuele geaardheid.

(141) **Inclusieve kerk:** Een kerk die alle mensen verwelkomt en insluit, ongeacht hun kenmerken of achtergrond.

(142) **Inculturatie:** De aanpassing van de kerkelijke leer en praktijk aan de cultuur van een bepaalde plaats of groep.

(143) **Indoctrinatie:** Het systematisch aanleren van een eenzijdig wereldbeeld of bepaalde dogma's, vaak met behulp van manipulatie en druktechnieken om kritisch denken te onderdrukken.

(144) **Informele sector:** Het deel van de economie dat niet gereguleerd of belast wordt door de overheid en vaak gekenmerkt wordt door onzekere arbeidsomstandigheden.

(145) **Institutionele homofobie:** Discriminatie en vooroordelen tegen homoseksuele mensen die verankerd zijn in de structuren, regels en praktijken van een instelling.

(146) **Institutionele verantwoordelijkheid:** De verantwoordelijkheid van de kerk als organisatie om de systemische problemen te erkennen, er doorheen te werken, verbeteringen aan te brengen en structuren zo te veranderen dat toekomstig misbruik wordt voorkomen, boven de individuele schuld van individuele daders.

(147) **Institutionele verlamming:** Een toestand waarin noodzakelijke hervormingen of veranderingen binnen een instelling (in dit geval de kerk) worden geblokkeerd en geen vooruitgang boeken.

(148) **Integrale ecologie:** Het concept dat het onlosmakelijke verband tussen milieuproblemen en sociale problemen benadrukt en een holistische kijk op beide vereist.

(149)   **Integriteit van de schepping:** Een theologische term die de bescherming en zorg voor de natuurlijke omgeving beschrijft als een menselijke plicht tegenover God en de wereld.

(150)   **Intercelebratie:** De gezamenlijke uitvoering van een liturgische viering (bijv. Eucharistie of Heilige Communie) door geestelijken van verschillende denominaties.

(151)   **Interdiocesane collegiale netwerken:** Informele verenigingen van bisschoppen uit verschillende bisdommen of landen die regelmatig bijeenkomen om ideeën uit te wisselen en elkaar te steunen.

(152)   **Interreligieuze dialoog:** De uitwisseling en ontmoeting tussen mensen van verschillende religies.

(153)   **Isolatie:** Het gevoel of de toestand afgesneden te zijn van sociale of emotionele banden. De tekst noemt isolatie in verband met het celibaat als een risicofactor die kan leiden tot eenzaamheid en een problematische zoektocht naar nabijheid.

(154)   **John Jay-rapport:** Verschillende onderzoeken die begin jaren 2000 in de VS werden uitgevoerd voor de Amerikaanse Conferentie van Katholieke Bisschoppen door het John Jay College of Criminal Justice naar seksueel misbruik van minderjarigen door katholieke geestelijken.

(155)   **Katechismus van de Katholieke Kerk:** De officiële samenvatting van de leer van de katholieke kerk.

(156)   **Kathedraal kapittel:** Een orgaan van priesters dat bisschoppen adviseert en bepaalde taken uitvoert binnen het bisdom, vaak met eigen financiën.

(157)   **Katholieke Sociale Leer:** Het geheel van doctrinaire documenten van de katholieke kerk over sociale, economische en politieke kwesties, beginnend met Rerum Novarum (1891).

(158)   **Kerk in beweging:** De visie van een kerk die meer openstaat voor fysieke geloofsuitingen en dans toelaat als onderdeel van de liturgie en spiritualiteit.

(159)   **Kerk van de angst:** Een kerkelijke sfeer die wordt gekenmerkt door wantrouwen, controle en angst om af te wijken.

(160)   **Kerk van de velen:** Een doel van synodale vernieuwing waarin priesters, bisschoppen en leken op alle niveaus samenwerken.

(161)   **Kerk van vertrouwen:** een kerkelijke sfeer die wordt gekenmerkt door waardering, gedeelde verantwoordelijkheid en de moed om nieuwe wegen te verkennen.

(162)   **Kerkbelastingraad:** Een orgaan binnen een bisdom dat de bisschop adviseert over financiële zaken en de begroting onderzoekt en goedkeurt.

(163)   **Kerkelijk arbeidsrecht:** De specifieke arbeidsrechtelijke regels en normen die gelden voor werknemers van de katholieke kerk.

(164)   **Kerkelijk leergezag:** Het officiële leergezag en de leer van de katholieke kerk, in het bijzonder door de paus en de bisschoppen.

(165)   **Kerkgemeenschap:** De volledige gemeenschap tussen kerken gebaseerd op overeenstemming in zaken van geloof, sacramenten en kerkstructuur.

(166)   **Kerkstructuren:** De organisatorische hiërarchie en de manier waarop beslissingen worden genomen in de kerk.

(167) **Klimaatbescherming:** Maatregelen om de uitstoot van broeikasgassen te verminderen en de opwarming van de aarde te beperken, vaak gezien als onderdeel van de verantwoordelijkheid voor de schepping.

(168) **Klimaatbeschermingsconcept:** Een plan met maatregelen om de uitstoot van broeikasgassen te verminderen en zich aan te passen aan de gevolgen van klimaatverandering.

(169) **Klimaatrechtvaardigheid:** Een concept dat stelt dat klimaatverandering een onevenredig grote impact heeft op armere landen en bevolkingsgroepen, en oproept tot wereldwijde actie om deze onrechtvaardigheid aan te pakken.

(170) **Klimaatverandering:** De wereldwijde verandering op lange termijn in het klimaat op aarde, in het bijzonder door de stijging van de gemiddelde temperatuur als gevolg van menselijke activiteit.

(171) **Koninkrijk van God:** Een centraal thema in het Nieuwe Testament dat de toestand van de wereld beschrijft waarin Gods heerschappij wordt gerealiseerd en rechtvaardigheid en vrede heersen.

(172) **Kritiek op kapitalisme:** Een kritisch onderzoek naar de basisprincipes en effecten van het kapitalisme, vaak vanuit een ethisch, sociaal of ecologisch perspectief.

(173) **Kunstmatige intelligentie (AI):** Computersystemen die taken kunnen uitvoeren waarvoor normaal menselijke intelligentie nodig is, zoals leren, problemen oplossen en beslissingen nemen.

(174) **Laici Probati:** Bewezen leken, leken (vrouwen en mannen) die gewijd zijn op basis van hun ervaring en gelijkgesteld kunnen worden met geestelijken voor hun respectieve niveau van activiteit ter plaatse, ook voor de liturgische uitvoering van sacramenten.

(175) **Laudato Si' (2015):** Een encycliek van paus Franciscus die ingaat op milieu- en sociale kwesties en het concept van integrale ecologie introduceert.

(176) **Leavers:** mensen die officieel het lidmaatschap van de kerk hebben verlaten, vaak uit protest of teleurstelling.

(177) **Leiderschapscultuur:** De manier waarop leiderschap en besluitvorming in de kerk in praktijk worden gebracht, inclusief de verdeling van macht en verantwoordelijkheid.

(178) **Leken:** Gedoopte leden van de kerk die geen geestelijken zijn.

(179) **Lerende organisatie:** Een organisatie die zich voortdurend aanpast, experimenteert en leert van haar ervaringen.

(180) **LGBTQIA+ inclusie:** De inclusie en acceptatie van mensen die lesbisch, homo, biseksueel, transgender, queer, interseksueel, aseksueel zijn of een andere seksuele geaardheid of genderidentiteit hebben.

(181) **LGBTQIA+:** Afkorting voor lesbisch, homo, biseksueel, transgender, queer, interseksueel, aseksueel en andere genderidentiteiten en seksuele oriëntaties.

(182) **Lichamelijkheid van het geloof:** De nadruk dat christelijk geloof niet alleen in het hoofd plaatsvindt, maar de hele persoon moet doordringen - hart, ziel en lichaam.

(183) **Liturgie:** Het geheel van handelingen en vormen van aanbidding in de kerk.

(184) **Liturgische en meditatieve dans:** dansvormen die bewust gebruikt worden in kerkdiensten of als gebedservaring om geloof en beweging te combineren.

(185) **Liturgische organisatie:** De manier waarop diensten en rituelen in de kerk worden uitgevoerd.

(186) **Lumen Gentium:** De dogmatische constitutie over de Kerk van het Tweede Vaticaans Concilie, die onder andere het concept van het "volk van God" versterkte.

(187) **Machtsmisbruik:** Het misbruiken van een machtspositie of hiërarchische superioriteit, wat in de kerkelijke context een belangrijke factor is in het mogelijk maken van seksueel geweld en het toedekken ervan.

(188) **Magisterium:** Het gezag van de katholieke kerk om leerstellingen te verkondigen en te interpreteren.

(189) **Maria 2.0:** Een katholieke hervormingsbeweging die in 2019 is begonnen en zich inzet voor volledige gelijkheid voor vrouwen in de kerk, inclusief toegang tot alle ambten.

(190) **Medeverantwoordelijkheid (gezamenlijke verantwoordelijkheid):** Het theologische principe dat alle gedoopten samen verantwoordelijk zijn voor het zijn en handelen van de kerk.

(191) **Menselijke waardigheid:** Het idee, centraal in de katholieke sociale leer en ethiek, van de intrinsieke, onvervreemdbare waarde van ieder mens.

(192) **Menswetenschappen:** Disciplines die menselijk gedrag en menselijke samenlevingen bestuderen (bijv. psychologie, sociologie).

(193) **Mentorschap:** Een proces waarbij een meer ervaren persoon (mentor) een minder ervaren persoon (mentee) adviseert en ondersteunt.

(194) **Met brandende bezorgdheid:** Een encycliek van paus Pius XI uit 1937, geschreven in het Duits en kritisch over het nationaalsocialisme en zijn rassenideologie.

(195) **MHG-studie:** Een wetenschappelijke studie uit 2018 over seksueel misbruik van minderjarigen door katholieke geestelijken. De tekst verwijst naar de bevindingen met betrekking tot daderprofielen en systemische factoren.

(196) **Minderheidsstress:** Chronische stress veroorzaakt door de stigmatisering van en discriminatie tegen leden van minderheidsgroepen.

(197) **Ministers:** Personen die een kerkelijk ambt bekleden (bijv. bisschoppen, pastors).

(198) **Misbruikcommissaris van de DBK:** Een door de Duitse bisschoppenconferentie benoemde commissaris die zich bezighoudt met misbruik en de verwerking ervan.

(199) **Mogelijkheden tot discriminatie:** Praktijken in het arbeidsrecht die bepaalde groepen mensen (bijv. homoseksuele werknemers, hertrouwde mensen) discrimineren of uitsluiten op basis van hun levensstijl.

(200) **Monocratisch:** Bestuur of heerschappij waarin één persoon de enige beslissingsbevoegdheid heeft.

(201) **Moraaltheologie:** Een gebied van theologie dat zich bezighoudt met de moraliteit van menselijk gedrag en criteria ontwikkelt voor moreel goed en slecht gedrag.

(202) **Naastenliefde:** Een centraal gebod in het christendom dat oproept tot liefde en solidariteit met alle mensen, ongeacht hun afkomst of gezindte. Het wordt genoemd als het tegenovergestelde van haat en uitsluiting.

(203) **Neoliberalisme:** Een economisch systeem gebaseerd op ongebreideld marktdenken, winstmaximalisatie en minimale staatsbemoeienis.

(204) **Nietzsche en de dansende God:** verwijzing naar de uitspraak van Friedrich Nietzsche dat we alleen kunnen geloven in een God die kan dansen, geïnterpreteerd als een verlangen naar een vreugdevolle en expressieve God in tegenstelling tot een vreugdeloze religie.

(205) **Nucleaire afschrikking:** Een veiligheidsbeleidsstrategie waarbij een potentiële aanvaller wordt afgeschrikt om een aanval uit te voeren omdat hij een verwoestende nucleaire tegenaanval vreest.

(206) **Oecumene:** De beweging en het streven naar eenheid tussen verschillende christelijke denominaties.

(207) **Oefenen, loslaten, durven:** stappen in het geloof die worden vergeleken met leren dansen: Geloof vereist oefenen (instructie, onderwijzen), loslaten (van angsten, starheid) en durven (moed om geloof te tonen en te leven).

(208) **Ommekeer in het beleid voor gendergelijkheid:** Een fundamentele verschuiving in beleid en praktijk naar gelijke behandeling van alle mensen, ongeacht hun seksuele geaardheid.

(209) **Onafhankelijke commissaris voor misbruik van de federale overheid:** Een overheidsinstantie in Duitsland die opkomt voor de belangen van slachtoffers van misbruik en die het herbeoordelingsproces in verschillende instellingen kritisch begeleidt.

(210) **Onbeschikbaarheid van het leven:** De theologische visie dat het menselijk leven een geschenk van God is en niet onderhevig is aan de vrije wil of controle van het individu.

(211) **Oorspronkelijke digitale bewoner:** Een persoon die is opgegroeid in het digitale tijdperk en van jongs af aan vertrouwd is met technologie en internet.

(212) **Open communiepraktijk:** Een praktijk waarbij niet-katholieken of hertrouwde gescheiden mensen onder bepaalde omstandigheden de eucharistie mogen ontvangen.

(213) **Open debatcultuur:** Een discussiecultuur waarin verschillende standpunten transparant kunnen worden besproken, zelfs als ze controversieel zijn.

(214) **Openbaarmaking van dossiers:** Het ter beschikking stellen van kerkelijke archieven en documenten met betrekking tot gevallen van misbruik en de afhandeling daarvan aan onafhankelijke onderzoekers en betrokkenen.

(215) **Operationele blindheid:** Het onvermogen om de eigen fouten, problemen of verouderde structuren te herkennen omdat men te veel betrokken is bij de dagelijkse routine.

(216) **Oproep tot ongehoorzaamheid:** Een publieke verklaring van het Pastors' Initiative waarin wordt opgeroepen tot burgerlijke ongehoorzaamheid tegen bepaalde kerkelijke regels.

(217) **Optie voor de armen:** Een centraal principe van de christelijke sociale leer, dat stelt dat christenen een speciale verplichting hebben om voor de armen en kwetsbaren te zorgen en voor hun rechten op te komen.

(218) **Ordinariaten:** administratieve eenheden in de katholieke kerk die geleid worden door een ordinarius (bijv. bisschop).

(219) **Overheidsbedrijf:** Een rechtsvorm die bepaalde organisaties speciale rechten en plichten geeft in de publieke sector, zoals het geval is bij de grote kerken in Duitsland.

(220) **Pacem in terris:** Een encycliek van paus Johannes XXIII uit 1963 over vrede op aarde, die wordt beschouwd als een belangrijk referentiepunt voor de katholieke vredesleer.

(221) **Palaver:** Traditionele vormen van overleg in Afrikaanse culturen die gebaseerd zijn op intensieve dialoog en het bereiken van consensus.

(222) **Paradigmaverschuiving:** Een fundamentele verandering in de manier van denken of in een systeem (hier: katholieke seksuele moraal) die leidt tot een nieuw perspectief en andere praktijken.

(223) **Paragraaf 218:** De paragraaf in het Duitse wetboek van strafrecht die abortus regelt.

(224) **Parrhesía (vrijmoedigheid):** Een term die staat voor moedige en open meningsuiting die alles mag uitdrukken wat men voelt.

(225) **Participatie:** De actieve betrokkenheid van mensen bij besluitvormingsprocessen.

(226) **Participatief leiderschap:** Een managementstijl waarbij werknemers of leden betrokken worden bij besluitvormingsprocessen.

(227) **Partnerschap/huwelijk van hetzelfde geslacht:** Een relatie gebaseerd op liefde, trouw en verantwoordelijkheid tussen twee mensen van hetzelfde geslacht die erkend wordt door de staat of de kerk (in sommige contexten).

(228) **Pastoraal realisme:** Het vermogen van kerkleiders om de concrete behoeften en omstandigheden van de gelovigen en de samenleving te herkennen en daarop te reageren.

(229) **Pastorale dialoog:** Een benadering van pastorale zorg die erop gericht is om in gesprek te blijven met mensen, zelfs als ze er politieke opvattingen op na houden die afwijken van de kerkleer. Het doel is vaak om reflectie aan te moedigen en een mogelijke terugkeer naar de kerkelijke lijn te vergemakkelijken.

(230) **Pastorale gebieden:** Grotere pastorale eenheden die ontstaan door het samenvoegen van kleinere parochiestructuren, vaak als onderdeel van structurele hervormingen.

(231) **Pastorale oplossingen:** Praktische pastorale antwoorden op de behoeften van mensen die soms afwijken van de officiële regels.

(232) **Pastorale proeven:** Tijdelijk of lokaal beperkte experimenten met nieuwe pastorale benaderingen die worden gemonitord en geëvalueerd.

(233) **Pastorale raden:** adviesorganen in parochies, dekenaten of bisdommen die zich bezighouden met pastorale kwesties.

(234) **Pastorale realiteit op het terrein:** de concrete behoeften, uitdagingen en realiteit van het leven van mensen in parochies en bisdommen.

(235) **Pastorale zorg:** De zorg en ondersteuning van gelovigen door geestelijken of andere kerkelijke medewerkers in zaken van geloof en leven.

(236) **Pastorale zorg:** verwijst naar de pastorale zorg en het praktische werk van de kerk met de gelovigen.

(237) **Patriottisme:** liefde voor het eigen land, dat volgens de leer van de kerk respect voor andere naties en culturen inhoudt en verschilt van overdreven nationalisme.

(238) **Pax Christi Duitsland:** De Duitse afdeling van de internationale katholieke vredesbeweging Pax Christi.

(239) **Permanente diakenen:** Een niveau van gewijd ambt dat ook openstaat voor getrouwde mannen. Ook: de mogelijke wijding van vrouwen tot permanent diaken.

(240) **Permanente tijdelijke oplossing:** Een situatie die bestaat maar niet permanent beveiligd of officieel geregeld is.

(241) **Pfarrer:innen-Initiative:** Een vereniging van priesters en gelovigen in Oostenrijk die campagne voert voor hervormingen in de katholieke kerk.

(242) **Plaatselijke kerken:** De lokale of regionale delen van de katholieke kerk, meestal bisdommen.

(243) **Pneumatologie en kinesiologie:** De combinatie van de leer van de Heilige Geest (pneumatologie) met de leer van beweging (kinesiologie) om een holistische spiritualiteit te beschrijven waarin het lichaam de beweging van de geest volgt.

(244) **Praedicaat Evangelium:** De apostolische constitutie van paus Franciscus over de hervorming van de Romeinse Curie, die een grotere deelname van leken, vooral vrouwen, in leidinggevende functies mogelijk maakt.

(245) **Preventie van seksueel geweld:** Maatregelen op verschillende niveaus (primaire, secundaire, tertiaire preventie) om misbruik te voorkomen, bijvoorbeeld door opleiding, gedragsregels, risicobeoordeling en interventie.

(246) **Priesterlijk ambt:** Het tweede niveau van het gewijde ambt, dat het recht geeft om de Eucharistie te vieren en andere sacramenten toe te dienen.

(247) **Primaat van het geweten:** De theologische doctrine dat het geweten van het individu een primordiale rol speelt in morele besluitvorming.

(248) **Primaire preventie:** Maatregelen gericht op het voorkomen van misbruik in de eerste plaats, bijvoorbeeld door het creëren van veilige omgevingen, het trainen van personeel en het creëren van een cultuur van mindfulness.

(249) **Primum non nocere:** Latijns principe dat "eerst geen kwaad doen" betekent, bijzonder relevant in een medische en ethische context.

(250) **Prioriteit voor de armen:** Een centraal principe van de katholieke sociale leer, dat stelt dat de behoeften van de armen en gemarginaliseerden prioriteit moeten krijgen bij politieke en economische beslissingen.

(251) **Proefprojecten:** Experimentele initiatieven of hervormingsproeven die op beperkte schaal worden uitgevoerd om hun doeltreffendheid te testen.

(252) **Profetisch:** In de context van de kerk verwijst dit naar de taak om onrecht aan de kaak te stellen en een visie op een rechtvaardiger wereld te verkondigen.

(253) **Progressieve theologen:** Theologen die zich inzetten voor de verdere ontwikkeling van de katholieke leer en praktijk, waarbij vaak meer rekening wordt gehouden met sociale veranderingen en de individuele realiteit van het leven.

(254) **Psychoseksuele onvolwassenheid:** Het gebrek aan een gezonde, geïntegreerde en volwassen ontwikkeling in het omgaan met de eigen seksualiteit, relaties en emoties. Wordt genoemd als risicofactor voor celibaat en misbruik.

(255) **Queer Christologie:** Een theologische benadering die Jezus Christus herinterpreteert vanuit het perspectief van LGBTQIA+ mensen - onder andere begrepen als queer of homoseksueel - en kritisch bevraagt welke betekenis een dergelijk beeld van Jezus kan hebben voor het geloof en de spirituele identiteit van queer mensen.

(256) **Queer gemeenschap:** Een veelomvattende term voor mensen die niet heteroseksueel en/of cisgender zijn (LGBTQIA+).

(257) **Queer katholieken / LGBTIQIA+ katholieken:** Mensen met een niet-heteroseksuele of niet-cisgender seksuele geaardheid of genderidentiteit die deel uitmaken van de katholieke kerk.

(258) **Queer theologie:** Een theologische benadering die de Bijbel en theologische tradities opnieuw interpreteert en bevraagt vanuit het perspectief van LGBTQIA+ mensen.

(259) **Queer werknemers:** Kerkelijke werknemers die zich identificeren als lesbisch, homo, biseksueel, transgender, intersekse of queer.

(260) **Queer:** Een collectieve term voor mensen wier seksuele oriëntatie, genderidentiteit of genderexpressie afwijkt van de sociale normen; in bredere zin ook voor LGBTQIA+.

(261) **Queer-sensitieve pastorale zorg:** Pastorale zorg en houdingen in de kerk die de behoeften, identiteiten en ervaringen van homoseksuele mensen erkennen, waarderen en opnemen.

(262) **Rechts populisme:** Een politieke houding of strategie die vaak wordt gekenmerkt door een nadruk op "gewone mensen" in tegenstelling tot "elites", nationalisme, kritiek op immigratie en vaak antidemocratische tendensen.

(263) **Rechtsstaat:** De toepassing van principes zoals transparantie, overleg, duidelijke regels en onafhankelijke controle ook binnen kerkelijke procedures en beslissingen.

(264) **Rechtvaardige deelname:** De kans voor alle leden van de samenleving om deel te nemen aan het economische, sociale en culturele leven en de vruchten ervan te plukken.

(265) **Rechtvaardige oorlog (Ius ad bellum/Ius in bello):** Een traditioneel concept van de christelijke ethiek dat voorwaarden formuleert waaronder oorlog moreel toelaatbaar kan zijn (Ius ad bellum) en regels vaststelt voor gedrag tijdens oorlog (Ius in bello).

(266) **Rechtvaardige vrede:** Een concept van christelijke vredesethiek dat vrede niet alleen opvat als de afwezigheid van oorlog, maar als een toestand van rechtvaardigheid, verzoening en het welzijn van iedereen.

(267) **Regens:** Het leiderschap van een seminarie.

(268) **Relatiecompetentie:** Het vermogen om gezonde, duurzame en reflectieve interpersoonlijke relaties aan te gaan en vorm te geven. Wordt als essentieel beschouwd voor effectieve pastorale zorg, vooral in relatiekwesties.

(269) **Religieuze competenties:** Vaardigheden en disposities in mensen die geloof mogelijk maken en die aangemoedigd en getraind kunnen worden, vergelijkbaar met het oefenen van danspassen.

(270) **Repressie:** Onderdrukking of bestraffing van mensen of initiatieven die afwijken van de officiële lijn.

(271) **Rerum Novarum (1891):** De eerste grote encycliek van de katholieke sociale leer die de omstandigheden van de arbeidersklasse aan de orde stelde.

(272) **Retraites met collegiale uitwisseling:** Geplande time-outs of retraites die gerichte ruimte bieden voor open dialoog, spirituele reflectie en wederzijdse versterking.

(273) **Risicomijding:** Een houding die ten koste van alles mogelijke negatieve gevolgen wil vermijden, zelfs als dit noodzakelijke veranderingen of innovaties blokkeert.

(274) **Rome/Vaticaan:** Verwijst naar de Heilige Stoel en het centrale bestuur van de katholieke kerk, vaak synoniem met de positie van paus.

(275) **Romeinse normen:** Regels, instructies en leerstellige uitspraken van het Vaticaan of het hoofd van de kerk.

(276) **Rooms-Katholieke Wereldkerk:** Het geheel van de katholieke kerk wereldwijd, met Rome als de centrale zetel van leiderschap.

(277) **Saamhorigheid in plaats van eenzaamheid:** Een thema over het overwinnen van isolement door gemeenschap en wederzijdse steun onder bisschoppen.

(278) **Sacrament van het huwelijk:** Het sacrament van het huwelijk, dat wordt opgevat als een heilige band tussen een man en een vrouw.

(279) **Sacrament:** Heilige tekenen en handelingen in de christelijke kerk waardoor genade wordt verleend volgens de leer van de kerk (bijv. doop, huwelijk, eucharistie).

(280) **Sacramenteel huwelijk:** Het huwelijk tussen een man en een vrouw dat door de katholieke kerk wordt erkend en door een sacrament wordt bevestigd.

(281) **Sacramenten:** Heilige handelingen in de kerk die worden beschouwd als een teken van Gods genade (bijv. doopsel, eucharistie, huwelijk).

(282) **Schaamte- en schuldcultuur:** Een cultuur waarin natuurlijke menselijke gevoelens, behoeften of ervaringen (zoals verlangen, seksualiteit) als verdacht, zondig of beschamend worden beschouwd, wat kan leiden tot onderdrukking en een gebrek aan integratie.

(283) **Scheiding der machten (in de kerkelijke context):** Het principe van het invoeren van controlemechanismen en gedeelde verantwoordelijkheden binnen kerkelijke structuren (checks and balances) om de machtsconcentratie bij individuen te beperken en verantwoording te garanderen.

(284) **Secundaire preventie:** Maatregelen gericht op het vroegtijdig identificeren van borderlinegedrag en ingrijpen om escalatie te voorkomen.

(285) **Seksueel geweld:** Daden van seksueel misbruik gepleegd binnen de katholieke kerk door geestelijken of andere medewerkers van de kerk, vaak door misbruik te maken van machtsposities.

(286) **Seksuele ethiek:** De leer van de Kerk over menselijke seksualiteit en seksuele relaties.

(287) **Seksuele moraal:** de leer van de Kerk over seksualiteit en seksuele relaties.

(288) **Seminarist:** Een persoon in opleiding tot priester in een seminarie.

(289) **Shalom:** Een Hebreeuws woord dat meer betekent dan alleen vrede, maar ook heelheid, welzijn en innerlijke vrede inhoudt.

(290) **Slachtoffers van misbruik:** Personen die te maken hebben gehad met seksueel geweld en misbruik in de kerk door kerkfunctionarissen.

(291) **Smalle gang:** Een beperkte actieradius waarbinnen progressieve krachten binnen de kerk moeten opereren.

(292) **Snelheidslimiet 130:** Een maximumsnelheid van 130 kilometer per uur op snelwegen.

(293) **Sociale markteconomie:** Een economisch model dat een markteconomie combineert met een sterk socialezekerheidsstelsel en overheidsregulering.

(294) **Sociale randvoorwaarden:** Sociale en economische factoren die de leefsituatie van gezinnen en zwangere vrouwen beïnvloeden en die door progressieve stemmen als relevant voor de bescherming van het leven worden beschouwd.

(295) **Sociale verantwoordelijkheid:** De verplichting van bedrijven en politici om verantwoordelijkheid te nemen voor het welzijn van de maatschappij en het milieu, naast het genereren van winst.

(296) **Speelse vrijheid:** De noodzakelijke kwaliteit van waar geloof die een zekere lichtheid, creativiteit en moed van expressie mogelijk maakt, vergelijkbaar met vrijheid in dans.

(297) **Spirituele diepgang:** Een verankering in geloof en spiritualiteit die dient als bron van kracht en inspiratie om het kerkelijk leven vorm te geven.

(298) **Stemmen:** Het proces van het vinden van het eigen geloof in harmonie met het ritme van het eigen leven en tegelijkertijd in harmonie met Gods grote melodie.

(299) **Structureel geweld:** Geweld dat niet rechtstreeks afkomstig is van individuen, maar verankerd is in de structuren van de samenleving, de economie of de politiek en onrecht, lijden of achterstelling veroorzaakt (bijv. door oneerlijke handelsvoorwaarden, wapenexport naar conflictgebieden).

(300) **Structurele uitsluiting:** Systemische barrières en discriminerende praktijken binnen een instelling die bepaalde groepen benadelen.

(301) **Subsidiariteit:** Een principe van de sociale leer dat stelt dat taken en beslissingen moeten worden genomen op het laagste, kleinste of meest lokale niveau dat daartoe in staat is.

(302) **Synodaal pad:** Een meerjarig discussie- en hervormingsproces van de katholieke kerk in Duitsland, waarbij bisschoppen en leken betrokken zijn.

(303) **Synodale Raad:** Een gepland gezamenlijk advies- en bestuursorgaan van bisschoppen en leken op nationaal niveau, waarvan de oprichting door het Vaticaan werd tegengehouden.

(304) **Systemische oorzaken:** Problemen die niet beperkt zijn tot individuele personen, maar geworteld zijn in de structuren, regels, culturen en machtsverhoudingen van een instelling (hier: de kerk) en wangedrag bevorderen.

(305) **Tertiaire preventie:** Maatregelen die worden genomen nadat een misdrijf bekend is geworden en die tot doel hebben zaken professioneel af te

handelen, verdere misdrijven door de dader te voorkomen en de slachtoffers te ondersteunen.

(306) **Theologen:** Wetenschappers en geleerden in de theologie (de leer van God en religie) die in de tekst genoemd worden als belangrijke stemmen voor hervorming en een kritisch onderzoek naar de systemische problemen van de kerk.

(307) **Theologische verarming:** De toestand waarin het theologische discours en de ontwikkeling van leerstellingen binnen de kerk stagneren of verdorren, vaak door het vermijden van controversiële onderwerpen.

(308) **Thomas van Aquino:** Een belangrijke Doctor van de Kerk die het natuurlijke menselijke streven naar geluk erkende.

(309) **Toevalstreffer:** Een betekenis van het Duitse woord "Glück", dat verwijst naar willekeurige, niet-beschikbare gebeurtenissen zoals een overwinning of het vermijden van gevaar.

(310) **Trainingsboek voor religieuze vaardigheden:** Een werkboek dat je begeleidt bij het oefenen en ontwikkelen van geloof door middel van reflectievragen en leergebieden (zoals dialoog, empathie, zelfacceptatie).

(311) **Transhumanisme:** Een beweging die het menselijk bestaan wil verbeteren en overstijgen door het gebruik van technologie.

(312) **Transparantie:** De openheid en toegankelijkheid van informatie over gevallen van misbruik, processen voor het omgaan met misbruik en institutionele beslissingen voor de betrokkenen, het publiek en externe auditors.

(313) **Tuchtreglement voor geestelijken:** Een bepaling in het kerkelijk recht die voorziet in duidelijke sancties tegen mannelijke geestelijken voor wangedrag, in het bijzonder met betrekking tot misbruik of het in de doofpot stoppen.

(314) **Tweede Vaticaans Concilie (Vaticanum II):** Een belangrijk concilie van de katholieke kerk (1962-1965) dat leidde tot belangrijke hervormingen en een heroriëntatie van de kerk.

(315) **Uit de kast komen:** Het proces van het erkennen van de eigen seksuele geaardheid of genderidentiteit en dit communiceren naar anderen.

(316) **Uitbuiting van grondstoffen:** Het buitensporige of oneerlijke gebruik van natuurlijke hulpbronnen, vaak met negatieve sociale en milieugevolgen.

(317) **Ultima Ratio:** Het laatste redmiddel; een middel dat alleen wordt gebruikt als alle andere opties zijn uitgeput.

(318) **Universeel basisloon (basisinkomen):** Een regelmatig, onvoorwaardelijk inkomen betaald aan elke burger of inwoner van een land.

(319) **Vaticaans Concilie II:** Een belangrijk concilie van de Katholieke Kerk (1962-1965), waarvan de documenten (zoals Gaudium et Spes) vaak worden geciteerd, bijv. in verband met de Kerk als "teken en instrument" van vreugde en hoop.

(320) **Veerkracht:** De psychologische weerstand of het vermogen om moeilijke levenssituaties en tegenslagen te overleven zonder blijvende schade.

(321) **Veilige ruimten voor innovatie:** Beschermde contexten (plaatsen, projecten, initiatieven) waarin nieuwe pastorale benaderingen, liturgische vormen of participatiemodellen kunnen worden uitgeprobeerd zonder onmiddellijke angst voor sancties.

(322) **Verantwoordelijkheid voor de schepping:** de theologische plicht of missie van de mens om de door God geschapen wereld te beschermen en te behouden.

(323) **Verantwoordelijkheidsethiek:** Een ethische benadering die zich richt op de verantwoordelijkheid van het individu voor de gevolgen van zijn daden en voor het welzijn van anderen, in tegenstelling tot starre regels of geboden.

(324) **Verantwoording:** De verplichting van verantwoordelijke partijen om verantwoordelijk te worden gehouden voor hun daden (of niet-handelen), vooral in de context van misbruik en doofpotaffaires.

(325) **Verdrag inzake het verbod op kernwapens (TPNW):** Een verdrag onder internationaal recht dat het bezit, de ontwikkeling, de productie, de inzet, de overdracht en het gebruik van kernwapens verbiedt.

(326) **Vereniging van Duitse Bisdommen (VDD):** Een orgaan dat de gemeenschappelijke belangen van de Duitse bisdommen behartigt en over een eigen budget beschikt.

(327) **Verlies van geloofwaardigheid:** Het verlies van vertrouwen en reputatie in de ogen van het publiek, in dit geval in relatie tot de kerk, als de overduidelijke problemen niet worden aangepakt.

(328) **Verplicht celibaat:** De canonieke verplichting voor priesters van de Latijnse Kerk om ongehuwd te leven.

(329) **Vertegenwoordigers van slachtoffers:** Organisaties en groepen van mensen die te maken hebben gehad met seksueel geweld in de katholieke kerk en die campagne voeren voor de rechten, ondersteuning en juiste afhandeling van de zaken. Zij eisen vaak een centrale rol op in de behandeling van deze zaken.

(330) **Vertrouwenscrisis:** Een situatie waarin het vertrouwen van de gelovigen en het publiek in het instituut van de kerk massaal is geschokt als gevolg van het misbruikschandaal en de manier waarop daarmee is omgegaan.

(331) **Verzoende verscheidenheid:** Een oecumenisch concept dat de eenheid van christenen niet ziet in uniformiteit, maar in de erkenning en waardering van verschillende tradities.

(332) **Vicaris-generaal:** belangrijkste vertegenwoordiger van de bisschoppen in het bestuur van het bisdom.

(333) **Vijgenblad:** Iets dat alleen dient als dekmantel of alibi, maar geen echte inhoud of effect heeft.

(334) **Viri Probati:** Bewezen mannen, meestal getrouwde mannen, die tot priester benoemd kunnen worden (ouder paradigma).

(335) **Vleesloze vrijdag:** Een traditioneel katholiek gebruik om op vrijdag geen vlees te eten, vaak als boetedoening of als herinnering aan het lijden van Christus. Hier geherinterpreteerd als een mogelijke bijdrage aan klimaatbescherming.

(336) **Volk van God:** Het geheel van gelovigen in de katholieke Kerk, zoals beschreven door het Tweede Vaticaans Concilie als een pelgrimerend geheel.

(337) **Voltijds personeel / vrijwilligers:** Mensen die professioneel (fulltime) of vrijwillig (honorair) in de kerk werken en die "dienende geesten" van de kerk worden genoemd.

(338) **Vrede in dit huis:** De titel van de nieuwe basistekst voor vredesethiek van de Duitse bisschoppenconferentie vanaf 2024.

(339) **Vredesethiek:** Theologische en morele reflectie op oorlog en vrede, geweld en geweldloosheid, gebaseerd op christelijke principes.

(340) **Vreugde in plaats van een religie van de dood:** een theologische implicatie vanuit Nietzsches standpunt dat een geloof zonder vreugde ongeloofwaardig wordt en kan verzinken in nihilisme.

(341) **Vrijheid van geweten:** Het recht en de morele plicht van het individu om zijn of haar eigen zorgvuldig gevormde geweten te volgen, zelfs als dit in tegenspraak kan zijn met de officiële leer (gebaseerd op het Tweede Vaticaans Concilie).

(342) **Waarheidscommissie van de staat:** Een onafhankelijke commissie die door de staat is ingesteld om uitgebreid onderzoek te doen naar gevallen van misbruik in instellingen (hier: de kerk) om de waarheid aan het licht te brengen en aanbevelingen te doen voor de toekomst.

(343) **Weerklank:** Het vermogen om een verbinding te maken en begrepen te worden; in de context van de tekst, het vermogen om verbinding te maken met de wereld waarin jongeren leven.

(344) **Wereld Economisch Forum Davos:** Een jaarlijkse bijeenkomst van leiders uit het bedrijfsleven, de politiek, de wetenschap en andere gebieden om mondiale problemen te bespreken.

(345) **Wereldkerk:** De katholieke kerk als wereldgemeenschap.

(346) **Wettelijke naleving:** Naleving van wettelijke normen en procedures.

(347) **Wijding van vrouwen:** De toelating van vrouwen tot kerkelijke ambten, in het bijzonder tot het priesterschap of bisschopsambt.

(348) **Zegenen:** Een kerkelijke handeling waarbij Gods zegen wordt aangeroepen over mensen, dingen of situaties; verwijst vaak naar de zegening van echtparen.

(349) **Zelfbeschikking (seksueel):** Het recht en vermogen van individuen om vrije en verantwoordelijke beslissingen te nemen over hun seksualiteit.

(350) **Zelfbeschikking van vrouwen:** Het recht van vrouwen om onafhankelijke beslissingen te nemen over hun lichaam en hun leven, een punt dat progressieve stemmen inbrengen in het debat over abortus.

(351) **Zelfverdediging:** Het recht van een individu of staat om zichzelf met gepaste middelen te verdedigen tegen een onwettige aanval.

(352) **Zij die afstandelijk zijn:** Mensen die weinig of geen contact hebben met de kerk of die tot andere religies/wereldbeschouwingen behoren.

(353) **Zonde:** In de christelijke theologie, een handeling of houding die wordt beschouwd als een afscheiding van God of een overtreding van Gods geboden.